भोरमदेव

[भोरमदेव-पचराही के फणि नागवंशियों का इतिहास]

अजय चंद्रवंशी

कबीरा खड़ा बाज़ार में ... प्रगतिशील वैचारिक मंच पिपरिया

भोरमदेव

[भोरमदेव-पचराही के फणि नागवंशियों का इतिहास]

ISBN-979-890540153-4

प्रथम संस्करण : 2026

मूल्य :पेपरबैक- 470, हार्डकवर-670

आवरण : भागवत साहू

प्रकाशक-कबीरा खड़ा बाज़ार में ...प्रगतिशील वैचारिक मंच

वार्ड न०.14 नगर पंचायत पिपरिया, कवर्धा

कबीरधाम (छत्तीसगढ़), पिन-491995

दूरभाष -989372820,7898408911

Email-Kabirakhadabazarme@gmail.com

Published by

Kabira Khada Bazaar Me...Pragatishil Vacharik Manch

Pipariya 2026

भाई विजय चंद्रवंशी (छोटू) की याद में

अनुक्रमणिका

अपनी बात

भोरमदेव के नज़दीकी शहर कवर्धा के निवासी होने के कारण उसके के प्रति स्वाभाविक आकर्षण रहा है। अस्सी के दशक में जब मै सम्भवतः चार -पाँच वर्ष का रहा होऊंगा माता -पिता के साथ मोटर साईकिल से भोरमदेव जाने की धुंधली से छवि स्मृति में है, ख़ासकर मड़वा महल का अंधकारमय गर्भगृह।

नब्बे के दशक में किशोरावस्था में मेला देखने की चाह में एक बार कुछ मित्रों के साथ पैदल भोरमदेव चला गया था। जाना तो आसान था मगर घर वापस पहुँचने में रात हो गई थी।

सन 2000 से मित्रों के साथ साईकिल से भोरमदेव जाने का सिलसिला शुरू हुआ तो उसके इतिहास को जानने की जिज्ञासा और बढ़ी। इसी क्रम में श्री शरद हलवाई का भोरमदेव के इतिहास से संबंधित एक फाइल मिली, जिससे काफ़ी जानकारी मिली। फिर कुछ अंतराल में श्री सीताराम शर्मा का 'भोरमदेव' और डॉ. गजेंद्र कुमार चंद्रौल का 'भोरमदेव प्रदर्शिका' मिलने से जानकारी में वृद्धि हुई।

इन पुस्तकों को पढ़ने से अलेक्जेन्डर कनिंघम के बारे में जानकारी मिली जो 1881-82 में भोरमदेव आये थे। उनकी क़िताब कवर्धा या रायपुर के पुस्तक दुकानों में उपलब्ध नहीं थी।विश्वविद्यालयों में रही होगी मगर वहाँ तक हम जैसों की पहुँच नहीं थी।

लगभग सन 2010 के बाद के दौर में इंटरनेट के विस्तार और एंड्राइड फोन के व्यापक चलन से गैर अकादमिक अध्येताओं के लिए भी इतिहास, पुरातत्त्व की पुरानी रिसर्च जनरलों की सामाग्री सहजता से उपलब्ध होने लगी। मैंने इससे लाभ उठाया।

कनिंघम, राय बहादुर हीरालाल, बालचंद्र जैन, संतलाल कटारे, वि. वि. मिराशी,एस. एन. मनवानी के भोरमदेव संबंधी अध्ययन को प्राप्त कर अध्ययन किया।तथापि इनमे से कुछ की सामाग्री काफ़ी बाद में मिली।

भोरमदेव पर प्रथम किताब डॉ. गजेंद्र कुमार चंद्रौल(1984) की है। उसके बाद डॉ. सीताराम शर्मा ने भोरमदेव पर शोध कार्य किया और उनकी दो महत्वपूर्ण किताबें प्रकाशित हुईं,'भोरमदेव'(1989) और 'भोरमदेव क्षेत्र : पश्चिम दक्षिण कोसल की कला (1990)। दरअसल पहली पुस्तक दूसरी का संक्षिप्त रूप है। इसके बाद 2007-2009के दौरान एस. एस. यादव और अतुल प्रधान के नेतृत्त्व में हुए पचराही उत्खनन की रिपोर्ट Excavation at Pacharahi [2010]से फणिनागवंशियों के बारे में कई महत्वपूर्ण जानकारियां प्राप्त हुईं।

भोरमदेव के इतिहास का विवेचन अभी तक कनिंघम और रायबहादुर हीरालाल द्वारा प्रदत्त अभिलेखिय जानकारी के आधार पर किया जाता रहा है, जबकि बालचंद्र जैन के कोटेरा ताम्रपत्र के विश्लेषण(1962) तथा संतलाल कटारे के भोरमदेव मंदिर के दक्षिणी प्रवेश द्वार से संबंधित आलेख (1960) प्रकाशित थे जिनमे नई जानकारियां थी, मगर बाद के अध्येता उनका उपयोग नहीं कर सकें।

सर्वाधिक महत्वपूर्ण अभिलेख मड़वा महल अभिलेख 1349 ई. का उल्लेख होता रहा, राय बहादुर हीरालाल द्वारा प्रस्तुत वंशावली का उपयोग होता रहा मगर अभिलेख का पाठ प्रस्तुत करने का किसी ने प्रयास नहीं किया। यह बात मुझे आश्चर्यजनक लगती थी। हीरालाल जी ने जो जानकारियां दी हैं उससे स्पष्ट है उन्होंने शिलालेख को पढ़ा था मगर उन्होंने भी इसका सारांश ही प्रस्तुत किया। श्लोकवार पाठ कहीं प्रकाशित नहीं कराया।

मगर ऐसा नहीं था, विद्वान् इस पर ध्यान दे रहे थे। संतलाल कटारे ने 1960 में भोरमदेव मंदिर के दक्षिणी प्रवेश द्वार सम्वत् 1608 (1551 ई.) का पाठ प्रकाशित कराया था, जिसमे उन्होंने मड़वा महल अभिलेख के कुछ श्लोकों को उद्धरित किया था। बालचंद्र जैन ने 1962 में भोजदेव के कुटेरा ताम्रपत्र पाठ पाठ प्रकाशित कराया था जिसमे संतलाल जी के विवेचन का विश्लेषण करते हुए भोरमदेव मंदिर के

निर्माता पर चर्चा की गई थी।सन 2000के बाद के दिनों में सम्भवतः विष्णु सिंह ठाकुर जी भी भोरमदेव के इतिहास पर ध्यान दे रहे थे। मड़वा महल अभिलेख से वे कई जगह उद्धरण दे रहे थे, जिससे पता चलता है वे उसके पाठ की ओर अग्रसर थे।

श्री बालचंद्र जैन ने 1963 में मड़वा महल अभिलेख को मंदिर से महंत घासीदास संग्रहालय रायपुर में स्थानांतरित किया और उसका अध्ययन प्रारम्भ किया था। उन्होंने उसका पाठ तैयार कर लिया था और उसके आधार पर एक आलेख Mandva Mahal Inscription of Ramchandra V. S. 1406 भी लिखा था जिसमे अभिलेख के सभी महत्वपूर्ण बातों का उल्लेख है। मगर किन्ही कारण वश उन्होंने इन्हे प्रकाशित नहीं कराया था। बाद में यह सामाग्री 1986-87 के लगभग उन्होंने श्री राहुल कुमार सिंह को दे दिया था। राहुल जी ने 2023 में इसे अपने ब्लॉग 'सिंहावलोकन' में प्रकाशित किया जिससे वह अध्ययन के लिए सर्वसुलभ हो सका।

इस तरह मड़वा महल अभिलेख के पाठ उपलब्ध हो जाने से भोरमदेव के इतिहास को समझने में बहुत सी नयी जानकारियां मिलीं जिससे इसके इतिहास में कई बिंदु जोड़े जा सकते हैं। मेरा प्रयास यही है।

इस क़िताब के प्रकाशन तक की यात्रा में उन मित्रों की याद स्वाभाविक है जिनके साथ सन 2000 से भोरमदेव की यात्रा करते रहा हूँ। इनमे पहले पड़ाव में साईकिल से धंन्नू, पप्पू, गोलू, शोरी, मुकेश, रिंकू,शत्रुहन, मनोज आदि थे। फिर आगे बाइक से मित्र लखन पटले, और दिशा ग्रुप के साथ। 2010 के बाद कभी मित्र प्रहलाद पात्रे और राजाराम हलवाई के साथ भी जाना हुआ। राजाराम ने समय-समय पर मुझे शरद हलवाई जी की भोरमदेव संबंधी जानकारी उपलब्ध करायी।

लगभग 2015 के बाद से महेश आमदे सर के साथ भोरमदेव क्षेत्र के अध्ययन/सर्वे में जा रहा हूँ। वे उम्र में मुझसे वरिष्ठ होकर भी मित्रवत मुझे सहयोग देते रहें।वे स्वयं इतिहास में रूचि रखते हैं और क्षेत्रीय इतिहास के अच्छे जानकार हैं।

श्री राहुल कुमार सिंह ने बालचंद्र जैन कृत मड़वा महल का पाठ और विश्लेषण उपलब्ध कराकर महत्वपूर्ण सहयोग दिया है। मै भोरमदेव और छत्तीसगढ़ के इतिहास को समझने में उनके ज्ञान का लाभ लेता रहा हूँ।

भागवत साहू आलेखों के कंप्यूटर में संयोजन का कार्य करते रहे हैं। अंत में कबीरा खड़ा बाज़ार में ... प्रगतिशील वैचारिक मंच पिपरिया का आभार जिन्होंने पुस्तक को प्रकाशित करने में रूचि दिखाई।

इस पुस्तक में पहली बार मड़वा महल अभिलेख का श्लोकवार पाठ और अनुवाद प्रस्तुत किया जा रहा है। उम्मीद है विद्वतजन इस पर ध्यान देंगे।

अजय चन्द्रवंशी
कवर्धा
01/06/2026

1. भोरमदेव का सामान्य परिचय

भोरमदेव छत्तीसगढ़ के कबीरधाम जिले के बोड़ला विकासखंड में स्थित है। जिला मुख्यालय कवर्धा से इसकी दूरी लगभग 18 किलोमीटर उत्तर-पश्चिम दिशा में है। इसकी अक्षांशीय स्थिति 21 से 22.05 उत्तरी अक्षांश तक एवं 80.05 से 81.05 पूर्वी देशांतर है। भोरमदेव मैकल पर्वत श्रेणी के वृत्ताकार पहाड़ियों के तलहटी पर स्थित है जो सतपुड़ा पर्वत श्रेणी की एक शाखा है। पास ही से सकरी (शंकरी)नदी बहती है जो आगे शिवनाथ की सहायक हाफ नदी से मिल जाती है। इस तरह यदि भोरमदेव मंदिर को केंद्र माना जाय तो इसके ठीक पश्चिम में मैकल पर्वत, पूर्व में पहाड़ों के बीच संकीर्ण प्रवेश द्वार, जिसमे आज भोरमदेव पहुँच का मुख्य मार्ग है, दक्षिण में सकरी नदी तथा उत्तर में विशाल तालाब जिसके पीछे पहाड़ों की श्रृंखला है।

यद्यपि यहाँ यह भी ध्यान रखना आवश्यक है कि भोरमदेव स्थल नाम न होकर मंदिर का नाम है, मगर आज इसे स्थल नाम की तरह उपयोग करने लगे हैं। वस्तुतः भोरमदेव मंदिर ग्राम चौरा की सीमा में आता है। इसके ठीक पूर्व में ग्राम छपरी तथा दक्षिण में सकरी नदी के दायी ओर ग्राम छेरकी कछार है।

भोरमदेव के भौगोलिक स्थिति के बारे में कनिंघम ने 1881-82 में लिखा है -

"The temple of Boram Deo is situated in a small circular valley of the Mekal range of hills near the village of chapri, 11 miles to the east of the town of Kawardha, or Kamardha, as it is written in the maps. The valley is about one mile in diameter, with two narrow openings on east, which are covered by a long low ridge, standing out about a quarter of a mile from the foot of the range. The village of Chapri lies in the southern gap behind the ridge. The Boram Deo temple stands at the western end of a long embarkment which forms a large lake at the north side of the valley."

भोरमदेव की भौगोलिक स्थिति राज्य के सुरक्षा के दृष्टि से अनुकल थी। तीन ओर पहाड़ों से घिरे इस स्थल में केवल पूर्व की तरफ से ही संकीर्ण मार्ग से प्रवेश किया जा सकता था। पानी की आपूर्ति के लिए सकरी नदी थी। इसके अलावा यहाँ के शासकों ने कई तालाब भी खुदवाये।

****

भोरमदेव का शिव मंदिर

संदर्भ

1. भोरमदेव क्षेत्र: पश्चिम-दक्षिण कोसल की कला 1990, डॉ.सीताराम शर्मा ।
2.कनिंघम आर्कियोलॉजिकल सर्वे रिपोर्ट वॉल-17, 1881-82 अलेक्जेंडर कनिंघम ।

2. फणि नागवंशी कौन थे?

नागवंशी राजाओं का इतिहास पौराणिक काल से ऐतिहासिक काल तक मिलता है। पुराणों में नागवंशी राजाओं का उल्लेख मिलता है, जिनमें से कुछ प्रमुख नागवंशी राजाओं के नाम इस प्रकार हैं- वृषनाग, भीमनाग, स्कन्दनाग, वसुनाग, वृहस्पतिनाग, गणपतिनाग, देवनाग, नागसेन। पुराणों के अनुसार मथुरा में ७ तथा पद्मावती में ९ नागवंशी राजाओं ने शासन किया। नागवंशियों का राज्य भारत के कई स्थानों में था, जैसे मथुरा, पद्मावती, कान्तिपुरी और विदिशा। पुराणों में नागों के प्रमुख पाँच कुलों का उल्लेख है अनंत, वासुकी, तक्षक, कर्कोटक और पिंगला।

भारत के नागवंशी राजाओं (Nāga rulers) का इतिहास गुप्त-पूर्व और गुप्त-समकालीन काल (लगभग 2री–5वीं शताब्दी ई.) से जुड़ा है। विद्वानों के अनुसार ऐतिहासिक रूप से नागवंश का संस्थापक वृषनाग था जिसने दूसरी शताब्दी ई. के अंतिम भाग में विदिशा में इस वंश की स्थापना की। "नाग" का उल्लेख पुराणों, शिलालेखों, सिक्कों और स्थानीय परंपराओं में व्यापक रूप से मिलता है। यह एक ही स्थान का वंश नहीं था, बल्कि भारत के विभिन्न भागों में फैले अनेक नागवंशी शासक परिवार थे। भारत में नागवंशियों के प्रमुख केंद्र-

1. मध्य भारत (विदिशा–पद्मावती–ग्वालियर क्षेत्र) यहाँ नागवंशी शासकों का सबसे प्रमुख राज्य था। प्रसिद्ध शासक: गणपति नाग, भव नाग, स्कन्द नाग, वृष्णि नाग, वृद्ध नाग। इनकी राजधानी पद्मावती (वर्तमान पावई या पद्मावती ग्वालियर–विदिशा क्षेत्र में) मानी जाती है। इन नागों ने शकों और कुषाणों के पतन के बाद शक्ति पाई। गुप्त साम्राज्य के उदय तक इनकी सत्ता महत्वपूर्ण रही।

2. पूर्वी भारत (बिहार–झारखंड–ओड़िशा) यहाँ छोटानागपुर के नागवंशी राजपूत प्रसिद्ध हैं। इनका वंश खुद को "नाग" वंशज बताता है, और राजधानी खुखरा/रांची क्षेत्र में थी। ये शासक 10वीं शताब्दी से लेकर आधुनिक काल (ब्रिटिश समय तक) बने रहे। ओड़िशा में भी "नागवंशी" छोटे-छोटे राजाओं का उल्लेख मिलता है।

3. उत्तर भारत (मथुरा–कांत्यपुर क्षेत्र) नागवंश का एक और प्रमुख केंद्र कांतिपुरी (कांत्यपुर, मथुरा क्षेत्र) था। यहाँ के नाग शासक वृष्णियों और यादवों से संबंधित परंपराओं में भी जुड़े हैं। पुराणों में कांति-नागों का उल्लेख है।

4. दक्षिण भारत-आंध्र प्रदेश और तेलंगाना में नाग वंश का प्रभाव स्थानीय परंपराओं और शिलालेखों में मिलता है। दक्षिण में कई राजवंश अपने को नागवंशीय मूल से जोड़ते हैं, जैसे इक्ष्वाकु और चालुक्य परंपरा में "नाग" प्रतीकात्मक रूप से आता है।

5. पश्चिम भारत (राजस्थान–मालवा–गुजरात) राजस्थान और मालवा के प्राचीन शिलालेखों में नागों की उपस्थिति मिलती है।

नागवंशीय राजपूत परंपरा (विशेषकर नागवंशी क्षत्रिय) राजस्थान की वंशावली में भी मिलती है।

छत्तीसगढ़ के बस्तर क्षेत्र में एक और नागवंश छिंदक नागवंश का पता चलता है। राय बहादुर हीरालाल ने उनकी उत्पत्ति के बारे में. 'मध्य प्रदेश का इतिहास' में लिखा है "नागवंशी प्रतापी राजा थे। उनका एक घराना हैदराबाद के यलवरगा में राज करता था। इन लोगों की मूल राजधानी भोगावती में थी, परन्तु उसका अभी तक पता नहीं लगा कि वह कहाँ थी। ये लोग छिंदक या सिंदवंशा भी कहलाते थे। इनकी कई शाखाएं हो गई थीं, जिन्होंने अपने लांछन और ध्वज-पताका या केतन अलग-अलग प्रकार से बना लिए थे। व्याघ्र सब घरानो के लांछनों में दिखलाया जाता था, क्योंकि उनकी उत्पत्ति की कथा में अहिराज द्वारा मूल पुरुष को बाघिनी का दूध पिलाकर जिलाए रखने का जिक्र है।

बस्तर में इनकी दो शाखाएं थी।" बस्तर के नागवंशियों ने भोरमदेव के फणि नागवंशियों से अपना कोई संबंध नहीं बताया है।

भोरमदेव के फणि नागवंशी अपनी उत्पत्ति एक ब्राह्मण कन्या और शेषनाग के संसर्ग से मानते हैं, जिसकी कथा मड़वा महल अभिलेख 1349 ई. में उत्कीर्ण है। राय बहादुर हीरालाल के अनुसार यह हैहयों (कलचुरियों) की उत्पत्ति कथा से मिलती जुलती है जहाँ वे अपनी उत्पत्ति अहि-हय अर्थात नाग पिता और घोड़ी माता से बतलाते हैं।

फणि नागवंशी भी अपने किसी अभिलेख में अन्य नागवंशी शासकों से अपना संबंध नहीं जोड़ते। इससे स्पष्ट है कि इन्होने अपना स्वतंत्र राज्य क़ायम किया।

यह विचारणीय है कि फणि नागवंश स्थानीय जन का उभार था या किसी अन्य क्षेत्र का कोई व्यक्ति/राजकुमार ने यहाँ आकर इसकी स्थापना की। मड़वा महल अभिलेख के उत्पत्ति कथा से इनके किसी अन्य स्थान से आप्रवास के संकेत नहीं मिलते। बहुत संभव है फणिवंश पूर्व के किसी स्थानीय नायक ने इसकी शुरुआत की हो। वैसे पचराही से फणिवंश पूर्व सोमवंश कालीन अवशेष प्राप्त हुए हैं मगर फणिवंश से उनको जोड़ने की कोई कड़ी नहीं मिलती।

प्राचीन काल से ही सूर्य, चंद्र आदि से अपनी वंश परम्परा को जोड़ने की शासकों की परम्परा रही है। उसी कड़ी में नागवंश को भी देखा जा सकता है। इस तरह की मिथकीय जुड़ाव से तत्कालीन समय में शासक को जन वैधता, गौरव, ऊर्जा, प्रेरणा, मिलती रही होगी। नाग(सर्प) से वैसे भी मनुष्य का सामना स्वभाविक रहा है। सर्पदंश से मृत्यु आदिकाल से होता रहा है। इससे भय मिश्रित श्रद्धा भी पैदा हुई होगी। इससे आगे यह 'टोटेम' का रूप लिया होगा।

लेकिन 'नाग' शब्द केवल सर्प विशेष के लिए नहीं होता रहा है। यह बहुअर्थी शब्द है। प्रसंगवश इसका अर्थ हाथी, पर्वत, काला आदि भी होता है। इसलिए बहुत से नागवंशिय जनजातियों का संबंध पर्वत में निवास अथवा गहरे रंग के संदर्भ में भी हो सकता है। बहरहाल फणि नागवंश का संबंध स्पष्ट रूप से नागसर्प से है जिसका शिल्पांकन भी

उनके स्थापत्य में दिखाई देता है। भोरमदेव शिव मंदिर के गर्भगृह में पाँच फणों वाले नाग की विशिष्ट मूर्ति है।

****

पांच फण युक्त शेषनाग, भोरमदेव मंदिर गर्भगृह

3. भोरमदेव मंदिर का नामकरण, निर्माण काल और निर्माता

छत्तीसगढ़ के खजुराहो के रूप में प्रसिद्द भोरमदेव का मंदिर अपने स्थापत्य और प्राचीनता के कारण छत्तीसगढ़ के इतिहास में विशिष्ट स्थान रखता है। जिस काल में छत्तीसगढ़ के अधिकांश हिस्से में कलचुरियो का आधिपत्य था, लगभग वही समय (9वीं से 14वीं शताब्दी) भोरमदेव क्षेत्र में फणिनागवंशी शासको के शासन का रहा है। इससे यह निष्कर्ष निकाला जा सकता है कि भोरमदेव के शासक रतनपुर के कलचुरियों की अधीनता स्वीकार करते थे अथवा उनके साथ सामंजस्यपूर्ण संबंध बनाये हुए थे। रामचन्द्र देव के मड़वा महल अभिलेख (1349 ई.) से ज्ञात होता है कि उनका विवाह हैहयवंशी (कल्चुरी) राजकुमारी अम्बिकादेवी (धन्यम्बिका) से हुआ था, इससे कलचुरियों के समक्ष फणिनागवंशियो की मजबूत स्थिति का पता चलता है।

भोरमदेव मंदिर का नामकरण और मंदिर निर्माता निर्धारण पर भ्रम की स्थिति रही है। अलग-अलग मत हैं, कोई अंतिम निर्णय नहीं हो सका है। मगर इस अस्पष्टता का एक कारण मड़वा महल अभिलेख का पाठ प्रस्तुत नहीं होना भी रहा है। अध्येता कनिंघम और रायबहादुर हीरालाल द्वारा प्रस्तुत जानकारी पर ही निर्भर रहें और ऐसा प्रतीत होता है कि वे संतलाल कटारे (1960) और बालचंद्र जैन (1962) के कार्यों से अपरचित रहें जिसके कारण भी कई महत्वपूर्ण तथ्य सामने नहीं आ सके।

नामकरण

श्री सीताराम शर्मा ने अपनी पुस्तक 'भोरमदेव क्षेत्र : पश्चिम दक्षिण कोसल की कला' (1990) में मंदिर के भोरमदेव नामकरण के संबंध में तीन मत व्यक्त किये हैं-

(1) जनश्रुति के अनुसार भोरमदेव नामक गोड़ राजा हुए थे, जिन्होंने मंदिर का निर्माण कराया। गर्भगृह में एक राजपुरुष की मूर्ति को भोरमदेव माना जाता है। लेकिन फणिनागवंशियो की वंशावली में भोरमदेव नामक कोई राजा का उल्लेख नहीं है, न ही इस नाम की कोई मुद्रा या अभिलेख प्राप्त होता है, इसलिए इसे युक्तियुक्त नहीं माना जा सकता।

(2) शिव का एक नाम क्षेत्रीय बोली में बोरमदेव (बोड़म देव) भी बताया जाता है। गोड़ भी परंपरा से शिव के उपासक होते हैं, अतः शिव मंदिर होने के कारण इसका नाम कालांतर मे बोरमदेव/बोड़म से भोरमदेव होना प्रतीत होता है। सीताराम जी बोड़म का अर्थ टोटका मानते हुए इसे मंदिर की एक मान्यता से जोड़ते हैं जिसके अनुसार पूर्व मे जिस दम्पति की कोई संतान न हो मंदिर आकर मनौती मांगने पर उन्हें संतान की प्राप्ति अवश्य होती है। इसके बाद आगामी वर्ष दम्पति यहाँ आकर बकरे की बलि देते हैं। इस प्रकार बोड़म (टोटका) एक प्रतीकात्मक देव के रूप मे स्थापित है। इसी आधार पर मंदिर को बोड़मदेव नाम दिया गया होगा जो बाद मे भोरमदेव हो गया होगा।

(3) बोड़मदेव (बोरमदेव, भोरमदेव) रायपुर के कल्चुरि नरेश ब्रह्मदेव का अपभ्रंश भी माना जा सकता है। सीताराम जी मानते हैं कि लक्ष्मीदेव का पुत्र सिंहण ने शत्रुओं से जो 18 गढ़ जीते उसमे 'चौरागढ़' भी हो सकता है। सम्भवतःकल्चुरियों के रायपुर शाखा की स्थापना के साथ कवर्धा क्षेत्र के फणिनागवंशी उनसे जुड़ गए होंगे। राजा रामचंद्र राय के पुत्र राजा ब्रह्मदेव ने सम्भवतया इस शिव मंदिर (भोरमदेव) का जीर्णोद्धार कराया होगा। तदनुरूप ब्रह्मदेव का अपभ्रंश बोरमदेव/बोड़मदेव होते हुए भोरमदेव हुआ होगा।

भोरमदेव को 'बोरमदेव/बोड़मदेव' नाम का जिक्र रायबहादुर हीरालाल (1916) भी करते हैं।

मगर 'भोरमदेव' नाम का जिक्र भी बहुत पहले से मिलता है। 1898 ई. की भोरमदेव के इतिहास से संबधित एक पाण्डुलिपि मे इसे 'भोरमदेव' ही कहा गया है।बाबु रेवाराम कायस्थ की 'तवारिख-ए-हैहयवंशी' (1858) मे 'भोरमदेव' शब्द का प्रयोग हुआ है।

(4) संतलाल कटारे (1960) भोरमदेव का नामकरण मंदिर के दक्षिणी प्रवेश दीवार अभिलेख सम्वत् 1608 (1551 ई.) मे उल्लेखित बाडम देव से अपभ्रंषित मानते हैं। यह बाडमदेव फणिनागवंश से भिन्न वंश का शासक जान पड़ता है जिन्होंने सम्भवतः फणिनागवंशियों के पतन के बाद कुछ समय तक इस क्षेत्र मे शासन किया था। श्री कटारे के अनुसार बाडम देव ही कलांनतर मे बोड़मदेव/भोरमदेव हुआ होगा। उनके अनुसार यह शासक बोड़म देव बाद मे गोंडो के देवता भोरमदेव से जुड़ गया होगा और राजा का नाम पीछे छूट गया होगा। श्री कटारे लिखते हैं कि उस समय तक (1960) कुछ लोग मंदिर को बोड़म देव कहते थे।

जेनकिन्स (1825) 'Bhyram Deo' (भैरमदेव) और कनिंघम (1881-82) ने 'Buram Deo', 'Borarm Deo' का प्रयोग किया है। जे. डब्लू. चीजम (1868-69) 'Booram Deo' तथा चार्ल्स ग्रांट (1867) 'Buramdeva' लिखते हैं। इनसे भी बोड़मदेव/भोरमदेव नाम के उस समय प्रचलित होने का पता चलता है।

(5) दक्षिणी प्रवेश द्वार में उत्कीर्ण अभिलेख सम्वत् 1608 (1551 ई.) में इस मंदिर को भुवनपालदेव का शिवालय (भुवनपाल तस्य शिवालय) कहा गया है, जो फणिनागवंशी शासको के 8 वे नम्बर के शासक थे। तो क्या भुवनपाल ही कालांतर में भोरमदेव हो गया है? ध्वनि साम्य की दृष्टि से यह असम्भव नहीं है।

मड़वा महल अभिलेख मे जिक्र आता है कि महाराजा भुवनैकमल्ल ने चतुरापूरी के उत्तर मे शिवमंदिर का निर्माण करवाया तथा विशाल तालाब खुदवाया। यह वर्तमान भोरम देव मंदिर को ही इंगित करता है। इस दृष्टि से मंदिर निर्माता भुवनैकमल्ल हुए। मगर हम मड़वा महल अभिलेख के अनुवाद सम्बन्धी पुरानी पाण्डुलिपियों मे देखते हैं कि अभिलेख के गलत पाठ के कारण हर जगह भुवनैकमल्ल को भुवनपाल पढ़ा गया है जिसके कारण मंदिर निर्माता त्रुटिवश भुवनपाल को समझ लिया गया। ऐसा प्रतीत होता है कि यह त्रुटि दक्षिणी प्रवेश द्वार अभिलेख मे भी हुई है। इसलिए यद्यपि भुवनपाल से ही भोरमदेव हुआ प्रतीत हुआ

है मगर यह मंदिर भुवनपाल देव का नहीं भुवनैकमल्ल का होना चाहिए।

1898 ई. की एक पाण्डुलिपि मे स्पष्ट लिखा है कि भुवनपाल (भुवनैकमल्ल) ने जो मंदिर बनवाया है उसे ही इस ज़माने मे भोरमदेव कहते हैं।

(6) रामचन्द्र देव के मड़वा महल अभिलेख में फणिनागवंश की उत्पत्ति की कथा बताई गयी है, जिसके अनुसार जातुकर्ण मुनि अपने दो पुत्रों तथा पुत्री मिथिला के साथ इस स्थान पर रहते थे। कुछ समय पश्चात् मिथिला शेषनाग के संपर्क में आयी और गर्भवती हो गयी, वस्तुस्थिति का ज्ञान न होने के कारण दोनों भाई एक दूसरे पर शक करने लगे बाद में यह भ्रम टुटा और वास्तविकता पता चला और मिथिला-शेषनाग का पुत्र अहिराज हुआ जो इस वंश का प्रथम शासक बना।

अपने अध्ययन के दौरान हमे भोरमदेव की दो अलग-अलग वृद्ध निरक्षर महिलाओं, ने लगभग यही कहानी सुनायीं और बताया कि मिथिला के दोनों भाइयों में गर्भ के प्रति जो भरम (भ्रम) था उसी के कारण मंदिर का भोरमदेव नाम पड़ा। यह मत (भरम से भोरम) ध्वनि साम्य की दृष्टि से आकर्षक है।

विभिन्न मतों के परीक्षण से इतना तो स्पष्ट है कि देव शब्द का जुड़ाव किसी देवता अथवा राजा के साथ ही हो सकता है। सीताराम शर्मा और संतलाल कटारे बोरमदेव/बोड़मदेव नामक गोंड देवता का जिक्र करते हैं, मगर इस क्षेत्र में निवासरत गोड़ अथवा बैगा जनजाति के देवतंत्र मे इस नाम के देवता का जिक्र नहीं मिलता। बहुत संभव है तत्कालीन समय मे स्थानीय स्तर पर उन्हें यह नाम बताया गया रहा हो अथवा इस नाम के देवता की मान्यता जुड़ गई हो।

इस दृष्टि से ब्रह्मदेव से भोरमदेव की अपेक्षा भुवनपाल से भोरमदेव अधिक संभावित प्रतीत होता है क्योंकि मंदिर निर्माता [भुवनैकमल्ल जिसे त्रुटिवश भुवनपाल समझा गया] की स्मृति लोकमानस मे बनी रहती है।

मंदिर का निर्माता

भोरमदेव मंदिर का निर्माता कौन था, इस पर मतभेद है। सीताराम शर्मा जी ने इस पर विस्तृत चर्चा किया है और बताया है कि निर्माता की दृष्टि से तीन नाम उभरकर आते हैं, (1) श्री गोपालदेव (1089 ई.) (2) श्री लक्ष्मण देव् राय (1349 ई.) से पूर्व (3) श्री रामचंद्र देव (1349 ई.) उन्होंने गोपालदेव को सर्वाधिक उपयुक्त बताया है, जिसे अधिकांश लोग मानते हैं.

भोरमदेव मंदिर निर्माता के संबंध में विचार करने की दृष्टि से निम्न अभिलेखिय साक्ष्य महत्त्वपूर्ण हैं

1. मन्दिर के सभा मण्डप में रखी हाथ जोड़े राजपुरुष [जिसे योगी की मूर्ति कहा जाता रहा है] की मूर्ति है जिसकी चौकी पर दाएं तरफ "सिद्धि सम्वत् 840 राणक गोपालदेव राज्ये" उत्कीर्ण है। इतिहासकार इसे कल्चुरी सम्वत् मानते हैं, क्योंकि कलचुरियो के व्यापक प्रभाव को देखते हुए ऐसा लगता है कि फणिनागवंशी कलचुरियो के अधीन रहे होंगे। इस दृष्टि से यह ई.सन 840+(248-49)=1088-89 का ठहरता है। भोरमदेव के निर्माण शैली को देखा जाय तो यह ग्यारहवीं-बारहवीं सदी के लगभग प्रचलित नागर शैली में निर्मित है। गोपालदेव का कार्यकाल भी ग्यारहवीं सदी ठहर रहा है, अतः सम्भावना है कि गोपालदेव इस मन्दिर के निर्माता रहे होंगे। फणिनागवंशियो के वंशावली में गोपालदेव छठवे नंबर के शासक हैं।

जैसा कि कनिंघम ने विचार किया है यदि सम्वत् 840 को शक सम्वत् माना जाय तो इस दृष्टि से यह ईस्वी सन 918(840 +78) होगा। यदि गोपालदेव को मंदिर का निर्माता माना जाय तो मंदिर निर्माण शैली जो की ग्यारहवीं शताब्दी के आस-पास ठहरता है, की दृष्टि से यह उपर्युक्त प्रतीत नहीं होता।

लेकिन जैसा कि हम जानते हैं बाद के शिलालेखों (रामचन्द्र देव का मड़वा महल अभिलेख, कुछ सती स्तम्भ) में विक्रम सम्वत् का प्रयोग हुआ है। समस्या यह है कि कहीं कल्चुरी सम्वत् , तो कहीं विक्रम सम्वत् का प्रयोग क्यों हुआ है? एक संभावित कारण यह हो सकता है कि शुरूआती दौर में जब कलचुरियों का प्रभाव अधिक रहा होगा तो कल्चुरी सम्वत् का प्रयोग हुआ होगा और बाद में जब उनका प्रभाव कम हुआ होगा तो विक्रम सम्वत् का प्रयोग हुआ होगा।

राजपुरुष की मूर्ति में ही एक अन्य लेख में लक्ष्मण देव, उसके पुत्र रामचन्द्र तथा कई रानियों (अथवा पुत्रियों) के नाम अंकित हैं। इसी कारण कनिंघम ने लक्ष्मण देव को मंदिर के निर्माता होने की सम्भावना व्यक्त किया है। उनके संकेतो के आधार पर वी.वी. मिराशी ने माना है कि लक्ष्मण राय गोपालदेव के अधीनस्थ सामंत (petty chief) रहे होंगे। मगर लक्ष्मण देव फणिनागवंश के 23 वे नंबर के शासक थे। एक ही मूर्ति में गोपालदेव और लक्ष्मण देव का लेख एक ही समय का नही हो सकता, क्योंकि दोनों के बीच 17 पीढ़ी का अंतर है। यदि वंशावली में कुछ कल्पित नाम मान भी लिया जाय तो भी यह दूरी काफी रह जाती है। इसलिए लक्ष्मण देव और गोपालदेव को एक ही समय का मानना उचित नही जान पड़ता। चूँकि लक्ष्मण देव के पुत्र रामचन्द्र देव 1349 ई. में वर्तमान थे, अतः लक्ष्मण देव का कार्यकाल 1300 ई. के बाद होना चाहिए। मंदिर निर्माण की शैली चूँकि ग्यारहवीं-बारहवीं सदी के आसपास की है, इस दृष्टि से लक्ष्मण देव बहुत बाद के हैं, अतः उनका मंदिर का निर्माता होना संभव प्रतीत नही होता। लगभग इसी समय रामचंद्रदेव द्वारा निर्मित मड़वा महल (1349) में कला का ह्रास स्पष्ट दिखाई देता है, इससे भी पता चलता है कि भोरमदेव का मुख्य मंदिर लक्ष्मण देव-रामचंद्रदेव के समय का नहीं हो सकता।

यहाँ यह भी ध्यान रखना आवश्यक है कि राजपुरुष की मूर्ति जिस चौकी पर रखी है वह उमा-माहेश्वर के किसी अन्य मूर्ति की चौकी प्रतीत होती है जिस पर किसी दौर मे उमा-महेश्वर

की मूर्ति की जगह राजपुरुष की मूर्ति रख दी गई है। इससे गोपालदेव और लक्ष्मणदेव के अलग-अलग समय के होने की समस्या का हल हो जाता है।

2. मड़वा महल से प्राप्त रामचन्द्र का विक्रम सम्वत् 1406 (1349 ई.) का प्रस्तर अभिलेख में फणिनागवंशियो की उत्पत्ति कथा तथा वंशावली का उल्लेख है। इससे यह भी पता चलता है कि रामचंद्रदेव ने एक शिव मंदिर (रामेश्वर शिव मंदिर) का निर्माण कराया था तथा उनका विवाह हैहयवंशी राजकुमारी अम्बिकादेवी (धन्यम्बिका) से हुआ था। रामचंद्रदेव ने जिस शिव मंदिर का निर्माण कराया था वह मड़वा महल ही होना चाहिए क्योंकि अभिलेख वहीं प्राप्त हुआ है। दूसरी बात रामचंद्रदेव का कार्यकाल 14 वीं शताब्दी का है जबकि भोरमदेव का मुख्य मंदिर 11-12 वीं शताब्दी के आस-पास का है, अतः रामचन्द्र देव मुख्य मंदिर के निर्माता नही हो सकतें।

3. भोरमदेव के दक्षिणी प्रवेश द्वार के बाएं पार्श्व में सम्वत् 1608 (1551) का एक अभिलेख है, जिससे ज्ञात होता है कि भुवनपाल देव के शिवालय के रत्नजड़ित कलश को मांडो पति साह ने तोड़ा तथा उसे रतनपुर के दादुराय ने विजय के प्रतीक के रूप में ले गया। सम्वत् 1608 कल्चुरी सम्वत् नही हो सकता क्योंकि 1856 ई. (1608+248) तक भोरमदेव साम्राज्य नष्ट हो चूका था। जेनकिन्स(1825) के समय और अलेक्जेंडर कंनिघम (1881-82) भोरमदेव आये थे तब साम्राज्य का अस्तित्व नही था। 1751 कवर्धा रियासत की स्थापना के समय भी भोरमदेव राज्य के अस्तित्वमान होने के साक्ष्य नहीं मिलते। अतः इसे विक्रम सम्वत् मानना उचित है।

   इस अभिलेख में मंदिर को भुवनपाल का शिवालय क्यों कहा गया है? तो क्या भुवनपाल ही मंदिर के निर्माता है? श्री शरद हलवाई ने अपने लेख में लिखा है "भुवनपाल देव मंदिर से अपभ्रंष होकर कालांतर में यह भोरमदेव मंदिर

कहलाने लगा होगा"। ध्वनि साम्य में यह उचित प्रतीत होता है। भुवनपाल देव फणिनागवंशियो में 8 वें नम्बर के शासक हैं। यदि गोपालदेव (6वें शासक) ग्यारहवीं शताब्दी (1088) में वर्तमान थे तो भुवनपाल देव बारहवीं शताब्दी के प्रारम्भ में हो सकते हैं, क्योंकि कभी-कभी युद्ध या महामारी आदि वजह से राजा जल्दी भी बदल जाते थे। इस दृष्टि से देखा जाय तो मंदिर निर्माण शैली (ग्यारहवीं-बारहवीं सदी) के हिसाब से भी भुवनपाल देव मंदिर निर्माता के रूप में उभरकर सामने आते हैं। चार्ल्स ग्रांट (गजेटियर ऑफ सेंट्रल प्रोविनेन्स 1870) को दक्षिणी दीवार अभिलेख की जानकारी मिली थी; हालांकि अभिलेख न देख पाने और स्पष्ट प्रतिलिपि प्राप्त न होने के कारण सम्वत् 1608 को उन्होंने 160 समझ लिया था। लेकिन उन्हें इस बात की जानकारी थी कि भुवनपाल ने एक शिव मंदिर का निर्माण कराया था। उन्होंने लिखा है –

"The inscription is at Chapra in the Kawarda State. I have not yet been able to obtain a perfectly accurate inscript, but the gist of it is that Raja Bhawani Pal, built a temple to Siva, which was partially destroyed by the Haihaya king".

आश्चर्य जनक बात यह है कि कंनिघम से लेकर सीताराम शर्मा जी तक किसी ने भुवनपाल देव पर विचार नहीं किया। श्री शरद हलवाई का ध्यान इस ओर गया लेकिन वे इसका गहन विश्लेषण नही कर सके।

मगर हम आगे देखेंगे कि इस अभिलेख का भुवनपाल वस्तुतः भुवनैकमल्ल है जो अभिलेख के गलत पाठ के कारण लिखा प्रतीत होता है।

4. दक्षिणी प्रवेश द्वार के ही दाहिने पार्श्व पर 'जोगी मगरध्वज 700' उत्कीर्ण है। ऐसा ही लेख कवर्धा के आस-पास के क्षेत्रो में और देश के अन्य क्षेत्रों में भी प्राप्त हुए हैं। श्री एस.एस. यादव और अतुल प्रधान के अनुसार ऐसा लेख नौ या दस जगह प्राप्त हुए हैं। लिपि को ध्यान दिया जाय तो यह लेख 1200 या 1300 ई. से पहले का प्रतीत नही होता। उन्होंने इसे हर्षवर्धन के कार्यकाल से जोड़ते हुए 606+700=1306 ई. होने की संभावना व्यक्त की है। यह विक्रम सम्वत् नही हो सकता, क्योंकि मंदिर उतना पुराना सिद्ध नही किया जा सकता।

लेकिन जैसा कि कनिंघम ने भी लिखा है, की जरुरी नही 700 कोई सम्वत् ही हो। शरद जी के अनुसार 'जोगी मगरध्वज 700' शिल्पकारों की टोली रही होगी, जिसके प्रमुख मगरध्वज और 700 उसके सहायक रहे होंगे, जो आस-पास के क्षेत्रो में घूम-घूम कर मंदिर बनाते रहे होंगे। यह कोई शुभ चिन्ह भी हो सकता है; मगर ऐसी किसी परंपरा का पता नहीं चलता या फिर कोई भ्रमणशील सन्यासी हो जो विभिन्न स्थानों पर अपने जाने के उपलक्ष्य में ऐसा उत्कीर्ण कराते रहें हो यही मत अधिक मान्य है; जिसके अनुसार मगरध्वज रतनपुर स्थित एक शैव मठ के मठाधीश थे जो जाजल्लदेव (प्रथम) के समय वर्तमान थे। मगर इसमें नाम तो समझ मे आता है; 700 की पहेली बनी रहती है सम्भवतः 700 उनकी शिष्य मंडली रही होगी। दूसरी बात नाम उत्कीर्ण कराना दीवारों में समझ में आता है मगर कहीं यह मूर्तियों के पादतल पर भी यह अंकित है (जैसा कि पचराही में) कहीं शिवलिंग पर जैसे देऊर बीजा, सोमनाथ में। शिवलिंग पर किसी 'व्यक्ति विशेष' का नाम अंकित करना सहज नही लगता। इससे प्रतीत होता है कि मगरध्वज की लोकमानस मे अत्यधिक प्रतिष्ठा रही होगी।

श्री जीतमित्र प्रसाद सिंहदेव के अनुसार रतनपुर के कलचुरियों के समय मे यह प्रथा प्रचलित थी कि मंदिर

> निर्माण करने वाले राजा, रानी, राज्य परिवार के संबंधी एवं अधिकारी अपनी प्रतिमा मंदिर में स्थापित करते थे। भोरमदेव मंदिर के गर्भगृह में भी ऐसी प्रतिमा है, जो राजपुरुष ही प्रतीत होता है, लेकिन उसमें कोई शिलालेख न होने से ज्ञात नही होता कि प्रतिमा किसकी है। बहुत सम्भव है यह मंदिर निर्माता की ही हो।

ऊपर उल्लेखित सभी मतों की सीमा यह थी कि विद्वानों के समक्ष मड़वा महल अभिलेख सम्वत् 1406 (1349 ई.) का पाठ उपलब्ध नहीं था। पाठ उपलब्ध नहीं होने से उनको इस बात की जानकारी नहीं थी कि अभिलेख मे इस मंदिर के निर्माता के संबंध मे जानकारी उपलब्ध है। उनके समक्ष केवल मड़वा महल अभिलेख का राय बहादुर हीरालाल (1916) द्वारा प्रस्तुत सारांश और वंशावली ही उपलब्ध थी। अभिलेख के पाठ तक जाने का कार्य सर्वप्रथम संतलाल कटारे (1960) का दिखाई पड़ता है जिन्होंने भोरमदेव मंदिर के दक्षिणी प्रवेश द्वार अभिलेख सम्वत् 1608 (1551ई.) के पाठ प्रस्तुत करने के दौरान मड़वा महल अभिलेख पर भी ध्यान दिया था और चार श्लोकों का पाठ भी दिया जिसमे मंदिर निर्माण का जिक्र है। आगे श्री बालचंद्र जैन ने 1962 मे कुटेरा ताम्रपत्र के विश्लेषण मे कटारे जी के कार्य का विश्लेषण किया। बालचंद्र जी ने इस कार्य को आगे बढ़ाते हुए 1963 मे मड़वा महल अभिलेख को मड़वा महल शिव मंदिर से महंत घासीदास संग्रहालय रायपुर मे स्थानांतरित किया और आगे उसका व्यवस्थित अध्ययन किया। इस संबंध मे मड़वा महल का उनके द्वारा किया गया पाठ और उसका विश्लेषण 2023 मे श्री राहुल कुमार सिंह ने अपने ब्लॉग 'सिंहावलोकन' मे प्रस्तुत किया है। ऐसा प्रतीत होता है कि बालचंद्र जी ने इसे कहीं प्रकाशित नहीं कराया था।

ऐसा प्रतीत होता है कि भोरमदेव पर बाद मे किताब लिखने वाले विद्वान श्री सीताराम शर्मा और डॉ. गजेंद्र कुमार चंद्रौल संतलाल कटारे और बालचंद्र जैन के कार्यों से परिचित नहीं हो सके थे क्योंकि उनकी किताबों इन महत्वपूर्ण कार्यों का उल्लेख नहीं है।

डॉ. संतलाल कटारे के मड़वा महल अभिलेख पाठ के अनुसार मड़वा महल अभिलेख में 'भुवनैकमल्ल' के बारे में कहा गया है –

"श्रीखड्गदेवाद्भुर्वंनकमल्लस्तनूभवोभूद्भुजवीं र्यशाली
आसाद्य राज्यं फरिणवंशकेतोः शशास पृथ्वीं चतुरर्णावान्तां ॥४७॥

जित्वा वैरिबलानि खड़्गमुह्रदा दोषणा स पूष्णा समस्ते जस्वी चतुरः पुरीमरचदद्दूर्गावलीं दुर्गमां।यस्या दक्षिणतः स्वयं सुरनदी बाहोदरी शङ्करी, यत्तीरे हटकेश्वरे फणिकुले--स्वयं निर्गतः ॥४८॥आराधिता तेन राज्ञा ब्रह्माणी देवता स्वयं । आरक्षको कृता यस्याः खड्गस्येवाधि देवता ॥४९॥तामुत्तरेण नगरों तरुणेन्दुमौलेरभ्र लिहो विरचितो निलयः शिवस्य ।सिन्धो सपन्न इव तत्र तरंगलेखाभूभंग भीषणतरश्च महांस्तडागः ॥५०॥"

बालचंद्र जैन जी का पाठ भी किंचित अंतरों के साथ यही है।

श्लोक से स्पष्ट कहा गया है कि भुवनैककमल्ल ने किलाबन्द चतुरापुरी (चौरागढ़) नगर बनाया जिसके दक्षिण में शंकरी नदी बहती है। इस नदी के किनारे हटकेश्वर मन्दिर खड़ा है, जहां राजा ब्राह्मणी देवी की पूजा करने जाता है। उसने इस नगर के उत्तर में विशाल शिव मंदिर बनवाया और वृहत तालाब खुदवाया।

इस अभिलेखिय साक्ष्य से तो भोरमदेव मन्दिर का निर्माता 'भुवनैक-मल्ल' ही होना चाहिए। क्योंकि चतुरापुरी के किले (कोधईधोना तालाब वाला क्षेत्र) के उत्तर मे शिव मंदिर और तालाब वर्तमान मंदिर की ओर संकेत करते हैं। यह महत्वपूर्ण अभिलेखिय साक्ष्य है। भोरमदेव के मुख्य मन्दिर का स्थापत्य लगभग ग्यारहवीं शताब्दी के आस-पास का माना जाता है मगर यह बारहवीं शताब्दी का भी हो सकता है।

भुवनैकमल्ल का समय बारहवीं शताब्दी का पूर्वार्ध ठहरता है, इसलिए मुख्य मंदिर का निर्माण काल बारहवीं शताब्दी हो सकता है। भोरमदेव मन्दिर के उत्तर में भी एक ईंट निर्मित शिव मंदिर और है, मगर उसे मुख्य मंदिर के पूर्व का माना जाता है। अभिलेख में स्पष्ट उल्लेख होने के कारण डॉ. संतलाल कटारे और बालचंद्र जैन भुवनैकमल्ल को ही मन्दिर का निर्माता मानते हैं। संतलाल कटारे मानते हैं कि भोरमदेव मन्दिर के दक्षिणी दीवार अभिलेख सम्वत् 1608 (1551 ई.) में

उल्लेखित 'भुवनपाल' वास्तव में 'भुवनैकमल्ल' होना चाहिए और उत्कीर्णकर्ता से त्रुटिवश ऐसा हुआ होगा। हमारी समझ से सम्भावना यह भी है कि उस समय भी मड़वा महल अभिलेख के 'भुवनैकमल्ल' का त्रुटिपूर्ण पाठ कर भुवनपाल अंकित किया गया हो सकता है, जैसा कि बाद के पाण्डुलिपियों मे दिखाई पड़ता है।

डॉ. कटारे भुवनैकमल्ल के कार्यकाल को 1270-1295 ई. के बीच के लगभग मानते हैं और मन्दिर निर्माण के समय को लगभग 1280 ई. मानते हैं.

डॉ. कटारे ने अभिलेखिय साक्ष्य का जो सन्दर्भ दिया है वह मजबूत तर्क है। हमारी समझ से डॉ. सीताराम शर्मा डॉ. संतलाल कटारे और श्री बालचंद्र जैन के कार्य को सम्भवतः देख नहीं सके थे इसलिए उनका जिक्र नहीं कर सके हैं।

मंदिर का निर्माण-काल

भोरमदेव मंदिर का स्थापत्य 11-12वीं शताब्दी मे मध्यभारत मे प्रचलित नागर शैली मे है।

कुटेरा ताम्रपात्र के विश्लेषण मे बालचंद्र जैन जी लिखते हैं कि भोजदेव का संबंध मड़वा महल अभिलेख सम्वत् 1406 (1349 ई.) में उल्लेखित फणिनागवंश से है। इस अभिलेख में फणिनागवंशियों की वंशावली दी हुई है। उनमें से एक शासक भुवनैकमल्ल के बारे में अभिलेख में कहा गया है कि उसने (वर्तमान भोरमदेव शिव मंदिर की तरह) एक शिव मंदिर का निर्माण कराया था। बालचंद्र जी मानते है कि वह मंदिर भोरमदेव का वर्तमान शिव मंदिर ही है। श्री संत लाल कटारे भी उक्त उल्लेख के आधार पर भुवनैलमल्ल को वर्तमान शिव मंदिर का निर्माता मानते हैं।

श्री संतलाल कटारे अपने विश्लेषण में भोरमदेव शिव मंदिर का निर्माण काल लगभग 1280 ई. मानते हैं।

बालचंद्र जी मानते है कि चूंकि भुवनैकमल्ल भोज के दादा के पिता (great –grand –father) थे और भोज 1204 ई. में शासन कर रहे थे इसलिए भोरमदेव शिव मंदिर का निर्माण काल (भुवनैकमल्ल का समय) 1140 ई. के लगभग होना चाहिए न कि 1280 ई.। बालचंद्र जी लिखते हैं कि श्री कटारे का मत मड़वा महल के उस व्यक्तव्य के आधार पर है जिसमे रामचंद्र देव विक्रम सम्वत् 1406(1349 ई.) में शासन कर रहे थे और उनके और भुवनैकमल्ल के बीच दो पीढ़ियों का सम्मिलन (intervened) हुआ है। (यानी रामचंद्र से तीन–चार पीढ़ी पूर्व लगभग लगभग 1280 ई. में भुवनैकमल्ल रहे होंगे)

इस तरह भोरमदेव मंदिर का निर्माण काल बारहवीं शताब्दी प्रतीत होता है।

फणिनागवंशियो की वंशावली (राय बहादुर हीरालाल की सूची से)

मड़वा महल अभिलेख सम्वत् 1406 (1349 ई.) के अनुसार
फणिनागवंशियो की वंशावली इस प्रकार है-

(1) अहिराज (2) राजल्ल (3) धरणीधर (4) महिमदेव (5) सर्व वदन या शक्तिचंद्र (6) गोपालदेव (7) नलदेव (8) भुवनपाल देव् (9) कीर्तिपाल (10) जयत्र पाल (11) महिपाल (12) विषमपाल (13) ज(न्हु) (14) जनपाल/विजनपाल/जुवपाल? (15) यशोराज (16) कन्नड़ देव या वल्लभ देव (17) लक्ष्मा वर्मा (18) खड्ग देव् (19) भुवनैकमल्ल (20) अर्जुन (21) भीम (22) भोज (23) लक्ष्मण देव (24) रामचन्द्र ।

****

गरुणासीन लक्ष्मीनारायण, सभा मंडप भोरमदेव मंदिर

उत्तरी प्रवेशद्वार, भोरमदेव मंदिर

सन्दर्भ

(1) भोरमदेव क्षेत्र:पश्चिम दक्षिण कोसल की कला - डॉ. सीताराम शर्मा (1990)।
(2) भोरमदेव मन्दिर प्रदर्शिका- डॉ. गजेंद्र कुमार चन्द्रौल (1984)।
(3) Kotela Copper Plate Inscription of Bhojadeva Saka Year 1126-Journal of Indian History Vol. XL, Part-2 1962, Balchandra Jain.
(4) कंनिघम सर्वे रिपोर्ट भाग-17 (1881-82), शरद हलवाई का लेख (1988-92)।
(5) अष्ट-राज्य- अंभोज-धानू लाल श्रीवास्तव (1925)।
(6) दक्षिण कोशल का सांस्कृतिक इतिहास- जीतमित्र प्रसाद सिंहदेव।
(7) मध्यप्रदेश का इतिहास- राय बहादुर डॉ. हीरालाल (1939)।
(8) छत्तीसगढ़ का इतिहास- प्रो. रमेन्द्र नाथ मिश्र।
(9) इस्क्रिप्सन इन सी.पी. एंड बरार-राय बहादुर हीरालाल(1916)।
(10) कार्पस इस्क्रिप्सन इंडिकेटम वॉल्यूम 4, पार्ट 2- वी.वी. मिराशी (1955)।
(11) गजेटियर ऑफ सेंट्रल प्रोविनेन्स- चार्ल्स ग्रांट (1870)।
(12) मड़वा महल अभिलेख में भुवनैकमल्ल सम्बन्धी श्लोक के लिए देखे डॉ. संतलाल कटारे का आलेख 'Bhoram Deo Temple and it's Transcription, V.S. 1608 [I.H.Q. Nos.2 & 3 1960] ।
(13) श्री बालचंद्र जैन का आलेख ' Mandawa Mahal Inscription of Ramchandra V.S.1406 सम्भवतः सत्तर के दशक में लिखित, सिंहावलोकन ब्लॉग, राहुल कुमार सिंह।

4. भोरमदेव का शिव मंदिर

भोरमदेव का शिव मंदिर अपनी स्थापत्य की उत्कृष्टता और पुरातत्विक समृद्धि के लिए प्रसिद्ध है। उस पर सुरम्य भौगोलिक स्थिति पर्यटकों के मन मे उसके प्रति आकर्षण को और भी बढ़ा देता है। फणिवंशियो ने इस क्षेत्र में कई मंदिर बनवाये हैं जिनमे भोरमदेव का शिव मन्दिर कलात्मक रूप से उत्कृष्ट और सुरक्षित है। नागर शैली में निर्मित इस मंदिर के बाह्य दीवारों में मिथुन मूर्तियों की बहुलता तथा शिल्प में समानता के कारण इसकी तुलना खजुराहो के मंदिरों से की जाती है, और इसे छतीसगढ़ का खजुराहो भी कहा जाता है। इसकी वास्तु शैली 11-12 वीं शताब्दी के मालवा के परमारों के भूमिज शैली के अनुरूप है।

भोरमदेव का यह मंदिर जिला मुख्यालय कवर्धा से 18 किलोमीटर की दूरी पर उत्तर-पश्चिम दिशा में मैकल श्रेणी की पहाड़ियों के बीच चौरा ग्राम में स्थित है। मंदिर से लगा हुआ उत्तर में वृहत जलाशय है। इस मंदिर के बारे में हमे प्रथम जानकारी आर.जेनकिन्स (1825) से मिलती है, जिन्होंने केवल उत्कीर्ण लेखों का ही जिक्र किया है। जेनकिन्स इसे 'Bhyram Deo' कहा है तथा दक्षिणी दीवार अभिलेख और योगी मूर्ति अभिलेख का जिक्र किया है। कनिंघम (1881-82) ने मंदिर के बारे थोड़ा विस्तार से लिखा है-

"The temple of Boram Deo is situated in a small circular valley of the Mekal range of hills near the village of chapri, 11 miles to the east of the town of Kawardha, or Kamardha, as it is written in the maps.The valley is about one mile in diameter, with two narrow openings on east, which are covered by a long low ridge, standing out about a quarter of a mile from the foot of the range. The village of Chapri lies in the southern gap behind the ridge. The Boram Deo temple stands at the western end of a long embarkment which forms a large lake at the north side of the valley".

"This temple of Boram Deo is often quoted as a proof of the antiquity of the Gond rule in Chattisgarh. I have already disposed of its antiquity as based on a misreading of a modern inscription. I can now add that it's attribution to the Gonda is equally without foundation. The temple was certainly not dedicated to the Gond deity Boram Deo, but to Vishnu, Whose image is placed over the middle of the three entrances. It is said that the figure of the snake-god is the only image inside the temple, but this was not the case at the time of my visite, as there was a large figure of a bearded man sitting with join hands, which I take to be the image of the Raja's religious adviser."

"The real sculpture that belonged to the temple is now standing under a tree a few paces to the eastward. It is a large group of Vishnu and Lakshmi sitting on Garud.Vishnu has the usual four arms, holding the club, Shell and discus. The sculpture is 3 feet 9 inches high and 2 feet broad. As Vishnu is represented with his wife, the temple must have been dedicated to Lakshmi Narayan. Under the same tree there is a second group of Vishnu and Lakshmi, 1 foot 10 inches high and 1 foot 9 inches broad."

"But whatever may be the date of the Boram Deo temple, whether it be assigned to the 10th, the 11th, or the 12th century, it is certain that it's founder must have been both wealthy and powerful, as it is one of the most richly decorated temples that I have seen."

"The temple of Boram Deo, or Buram Deo, is built on the common plane of most of it the medieval temples, with a square Mandapa, or hall, leading through a small antaral, or anteroom, into the sanctum. The temple faces the east, and has three entrances on the north, south, and east sides. It's extreme dimensions are 60 feet in length by 40 feet in breadth. The Mandapa is 18 feet square inside, with four central pillars 8 feet apart and 12 side pillars or pilasters let into the surrounding walls. Each entrance has a small porch or anteroom 8 feet by 4 feet. The floor of the hall is raised 5 feet above the ground; but the floor of the sanctum is on the ground-level, and is reached by a descent by 5 steep steps from its ante-room. The sanctum is nearly 9 feet square, and at present contains a Lingam, which shows that the name of Boram Deo must be posterior to the time when the figure of Vishnu was removed to make way for the symbol of Siva. The name of Boram Deo was, no doubt, imposed by the Gonda, when they came into power. This probably took.place between five and six hundred years ago, as I found several Sati monuments dated early in the 15th century of the Vikramaditya Samvat. The earliest certain date is Samay 1422, or A.D. 1365, and there are others of 1430, 1433, and 1445. These are all Sati records, and I take them to Belong to the Gonda, because the Haihayas had an era of their own named the Chedi Samvat and the Kalachuri Samvat, which is used in all their inscriptions."

"The Mandap of Boram Deo has a low roof of overlapping stones inside, but the outside is broken. The tower of the sanctum is complete up to the circular Amalaka fruit, which forms the base of the pinnacle. On the east side of the tower there is a very highly ornamented circular opening, which was most probably intended to lessen the pressure over the entrance to the sanctum. The walls are decorated with three rows of figure of Vishnu and his different Avatar as, with Siva, Kali, and Ganesa, and many obscene groups.In the uppermost row the figure are 1 foot in heigh, in the middle row 1.5 foot, and in the lower row 2 feet in height. The plinth consists of four mouldings, rising to 4 feet. The upper course is ornamented with a continuous procession of elephants and lion boldly sculptured. The tower is complete up to the top of the Amalaka fruit, but the too of the pinnacle is gone".

कनिंघम के इस विस्तृत उद्धरण से कई बातें उभर कर आती हैं।

(1) पहले दक्षिणी प्रवेश दीवार के अभिलेख सम्वत् 1608 (1551ई.) को सम्वत् 160 पढ़ा गया था; और इस कारण मंदिर को छत्तीसगढ़ में गोड़ शासकों के प्राचीनता के लिये साक्ष्य माना जाता था। यह त्रुटि 'गजेटियर ऑफ सेंट्रल प्रोविनेन्स' (1870, चार्ल्स ग्रांट) में हुई थी; जबकि जेनकिन्स (1825) इसे 1608 उल्लेखित कर चुके थे।

(2) कनिंघम के अनुसार उन्हें बताया गया था कि मंदिर में केवल 'नाग' की मूर्ति है; लेकिन जब वे वहां गए तो वैसी स्थिति नही थी। वहां (सभामंडप ने) दाढ़ी युक्त 'योगी' की मूर्ति भी थी। यह मूर्ति आज भी वहां है। इसके अलावा गर्भगृह में राजपुरुष की मूर्ति, एक और योगी की मूर्ति भी है। कनिंघम ने इनके बारे में कुछ नही कहा है।

(3) कनिंघम के अनुसार मंदिर 'गोंड़ों के देवता भोरमदेव' को समर्पित नहीं है; बल्कि यह विष्णु को समर्पित है; जिसकी मूर्ति को सभामंडप में रख दिया गया है (यह मूर्ति अभी भी सभामंडप में है)। फिर वे आगे कहते हैं कि मंदिर की वास्तविक मूर्ति पश्चिम में कुछ कदम की दूरी पर एक पेड़ में नीचे रखी गरुणासीन विष्णु-लक्ष्मी की मूर्ति है।

(4) कनिंघम के अनुसार आज से चार-पांच सौ वर्ष पूर्व गोंड़ शासकों के शक्तिशाली होने से मंदिर के गर्भगृह से विष्णु की मूर्ति को हटाकर वहां शिवलिंग स्थापित किया गया होगा। इस संदर्भ में वे प्राप्त सती स्तंभ लेखों का हवाला देते हैं, जो मुख्यतः चौदहवीं -पंद्रहवीं शताब्दी के हैं, और जिनमे विक्रम सम्वत् का प्रयोग हुआ है। कनिंघम के अनुसार कलचुरी सम्वत् के बदले विक्रम सम्वत् का प्रयोग शासन व्यवस्था में बदलाव के कारण हुआ होगा।

(5) कनिंघम ने इसे अपने द्वारा अब तक देखे गए सर्वाधिक अलंकृत मंदिर कहा है, तथा निर्माणकर्ता के शक्तिशाली और समृद्ध होने की बात कही है; जो उचित है।

विष्णु मंदिर अथवा शिव मंदिर

कनिंघम ने भोरमदेव मंदिर को मूलतः विष्णु मंदिर मानते हुए अपने तर्क दिए हैं; जिनमे मुख्यतः बाद के दौर में गोड़ शासकों के शक्तिशाली होने पर गर्भगृह से विष्णु की मूर्ति को हटाकर शिवलिंग स्थापित करने की बात कही गयी है। इस सम्बंध में वे बाद के दौर में कलचुरी सम्वत् के बदले विक्रम सम्वत् का प्रयोग तथा मंदिर में विष्णु और उसके अवतारों से सम्बद्ध मूर्तियों की बहुलता को साक्ष्य बताया है।

डॉ. सीताराम शर्मा कनिंघम से असहमति प्रकट करते हुए मंदिर के शिव मंदिर होने के सम्बंध में दो महत्वपूर्ण तर्क प्रस्तुत किये हैं-

(1) गर्भगृह सांधार है जो शिवलिंग प्रतिष्ठित करने के लिए निर्मित है। छत्तीसगढ़ अंचल तथा अन्यत्र सांधार गर्भगृहों में शिवलिंग प्रतिष्ठित है।

(2) गर्भगृह के बाहर उत्तर की ओर प्रनाली है। जिसके छोर में व्यालमुख है। इससे शिवलिंग पर अभिषेक किया हुआ जल बहकर बाहर प्रनाली से होते हुए कुंड में एकत्र होता है।

इन दो महत्वपूर्ण तर्कों के अलावा कुछ अन्य तर्क भी दिये जा सकते हैं-

(3) मंदिर के दक्षिणी प्रवेश दीवार के अभिलेख सम्वत् 1608 (1551ई.) में मंदिर को भुवनपाल का शिवालय (भुवनपाल तस्य सिवालय) कहा गया है। अभिलेखीय साक्ष्य से स्पष्ट है कि मंदिर शिवालय है।

(4) अवश्य मंदिर में विष्णु और उसके अवतारों की मूर्तियां पर्याप्त संख्या में है, मगर शिव से सम्बंधित मूर्तियां भी कम नही है। मंदिरो में विभिन्न देवी -देवताओं के मूर्तियां उत्कीर्ण करने की परंपरा रही है।

(5) चौदहवीं-पंद्रहवीं शताब्दी में कलचुरी सम्वत् के बदले विक्रम सम्वत् का प्रयोग कलचुरियों के समक्ष फणिवंशियों की मजबूत स्थिति अथवा कलचुरियों के दबाव कम होने के कारण भी हो सकता है। डॉ. गजेंद्र कुमार चंद्रौल के अनुसार यह क्षेत्र गोंड़ शासकों के अधीन सर्वप्रथम 16 वीं शती ई. में गोंडराजा संग्रामशाह के शासनकाल में आया। यह बात सत्य हो सकती है क्योंकि चौदहवीं-पंद्रहवीं शताब्दी के बाद फणि वंशियी के साक्ष्य प्राप्त नही हुए हैं। मगर सत्ता परिवर्तन एक बात है मंदिर का शिव अथवा विष्णु का होना दूसरी बात है।

(6) डॉ. गजेंद्र कुमार चंद्रौल के अनुसार गर्भगृह के प्रवेश द्वार तोरण पर उत्कीर्ण शिव प्रतिमाओं से यह सिद्ध हो जाता है कि मंदिर मूलतः शिव मंदिर है।

(7) डॉ. संतलाल कराटे (1960) ने मन्दिर के पूर्वी द्वार के सम्मुख नन्दी के स्थापित होने को शिव मंदिर होने का साक्ष्य माना है।

(8) मड़वा महल अभिलेख सम्वत् 1406 (1349 ई.) में स्पष्ट लिखा है कि भुवनैकमल्ल ने चतुरा पूरी किले के उत्तर में शिव मंदिर बनवाया और विशाल तालाब खुदवाया। यह वर्तमान मंदिर को ही इंगित करता है।

मंदिर का स्थापत्य

पूर्वाभिमुख प्रस्तर निर्मित यह मंदिर नागर शैली के मंदिरों का सुंदर उदाहरण है। इस मंदिर में तीन प्रवेश द्वार है- प्रमुख द्वार का मुख पूर्व दिशा की ओर है तथा उत्तर और दक्षिण में एक-एक प्रवेश द्वार है। निर्माण योजना की दृष्टि से इसमें तीन द्वार पर तीन अर्धमंडप, बीच मे चौकोर मंडप, उसमे लगा हुआ अंतराल और अंत मे गर्भगृह है। 1.53 मी. ऊंचे अधिष्ठान पर इस मंदिर का निर्माण हुआ है। मंदिर की कुल लंबाई 18.30 मी. तथा चौड़ाई 12.20 मी. है। प्रत्येक प्रवेश द्वार के अर्धमंडप वर्गाकार (2.44×2.44 मी.) माप वाले तथा दोनों पार्श्व में दो-दो स्तंभों पर आधारित है। मंडप भी वर्गाकार है (5.50×5.50 मी.) तथा 16 स्तंभों पर आधारित है। गर्भगृह भी वर्गाकार (2.80×2.80 मी.) है। गर्भगृह का धरातल प्रांगण के धरातल पर ही है अतः अंतराल से सीढ़ियों द्वारा गर्भगृह में नीचे उतरते हैं, जहां अंधेरा रहता है।

पूर्वी द्वार का अर्ध मंडप

यह प्रमुख प्रवेश द्वार का अर्धमंडप है। द्वार-शाखा लता-बेलों से अलंकृत है। निचली चौखट पर एक-एक शार्दूल दोनों कोनों पर है। दोनों द्वार शाखाओं पर त्रिभंग में खड़े हुए शिवजी का सुंदर अंकन हुआ है। उसके एक ओर द्विभुजी परिचारक खड़े हुए हैं एवं दूसरी ओर हाथ मे चंवर लिए हुए परिचारिका खड़ी हुई है। शिवजी के सिर पर जटा, मुकुट, कानो में कुंडल, गले मे मुक्ताओ की माला एवं हार, कमर में करधनी, हाथों में कड़े, बाजुओं में भुजबन्द तथा पैरों में पायजेब आदि आभूषण हैं। ऊपरी दाहिने हाथ मे त्रिशूल, ऊपरी बायें हाथ मे सर्प तथा निचले हाथ मे दण्ड आयुध है। नीचे का दाहिना हाथ अभय मुद्रा में है। द्वार के ललाट बिम्ब में नागराज तपश्चर्या में रत दिखाए गए हैं, जिनके सिर पर पांच फनों का आटोप है। इनकी दो भुजाएं हैं। द्वार अलंकरण में ही एक अंकन शिव-पार्वती का चौसर खेलने का अंकन भी प्रतीत होता है, यद्यपि यहाँ अपने परम्परागत वेशभूषा में नहीं हैं।

उत्तरी द्वार का अर्ध मंडप

इस अर्धमंडप की छत पर तीन अलंकृत फुल्ले बने हैं। इसके दाहिने एवं बाई ओर कटि तक ऊँची दीवार है। द्वार-तोरण के सिर दल के दाहिने कोने पर एक बैठे हुए योगी तथा मध्य में पंचफण भोगयुक्त मानव विग्रह में नागराज तथा बायें कोने पर भी पंचफण युक्त नागराज की बैठे हुए मूर्तियों का अंकन है।

दक्षिणी द्वार का अर्धमंडप

द्वार तोरण के दक्षिणी भाग पर 'जोगी मगरध्वज 700' उत्कीर्ण लेख है। द्वार के बाई ओर 19 पंक्तियों का सम्वत् 1608 तिथियुक्त अभिलेख है। इस द्वार के सिरदल में बाई ओर दो हंस तथा आमने-सामने खड़े दो गज;दाहिनी ओर शार्दूल मुख उकेरे गए हैं। इनके अतिरिक्त अन्य अलंकरण उत्तरी द्वार की ही भांति है।

मंडप

मंडप वर्गाकार है (5.50×5.50 मी.)। तीनों दिशाओं के दोनों पार्श्व में एक-एक स्तम्भ है, जिनकी यष्टि अष्टकोणीय है। स्तम्भ का शीर्ष अधोमुखी विकसित कमल के सदृश्य है जिसपर भारवाही कीचक की आकृति है जो मंडप के छत का भार थामे हुए मुखाकृति युक्त है। इन स्तंभों के सामने चारो कोनों में चार स्तम्भ हैं, जो अलंकरण युक्त है। मंडप की आंतरिक दीवार के कोनों पर चार दीवार स्तम्भ हैं। इस प्रकार सभामंडप में स्तंभों की कुल संख्या 16 है। मंडप की छत की वास्तु रचना एक के ऊपर दूसरे पाषाण को रख कर की गई है। सभामंडप की भूमितल से छत की ऊंचाई अधिक नही है। छत पर शतदल कमल की आकृति उभरी हुई बनायी गयी है। बाह्य भाग में दोनों ओर मगर की अलंकृत मुखाकृति है। इससे पानी का निकास होता है।

अंतराल

सभामंडप और गर्भगृह के मध्य आयताकार अंतराल है, जो छोटे आकार का होते हुए भी भव्य है। अंतराल की तलभूमि सभामंडप से 20 से. मी. ऊँची है। लंबाई 2 मी. और चौड़ाई 90 से.मी. है। इसके ऊपर की छत सादी है तथा उस पर शिलापट्टों की रचना दर्शनीय है। इस भाग को मंदिर का द्वितीय मंडप भी कहा जाता है जो सभामंडप और गर्भगृह, दोनों अंगों को संयुक्त करता है।

गर्भगृह का प्रवेश द्वार

गर्भगृह का प्रवेश द्वार अत्यंत अलंकृत है। इसमें पाँच शाखाएं हैं। सिरदल पर दो-दो मालाधारी विधाधरो का दोनों छोर पर अंकन हुआ है। प्रवेश द्वार के ललाट बिम्ब पर उत्कीर्ण आकृति अस्पष्ट है।

बायीं द्वार शाखा पर त्रिभंग में चतुर्भुजी शिव (अथवा शिव गण) खड़े हूए हैं, जिनके ऊपरी बायें हाथ मे त्रिशूल ऊपरी दायें हाथ मे डमरू तथा निचले दायें हाथ से बायें पैर के समीप दण्ड पकड़े हुए हैं, जबकि उनका निचला बांया हाथ अभय मुद्रा में है। वामपार्श्व ने खड़े हुए एक पुरुष परिचारक (गण) और शिव के बीच मे एक परिचारिका खड़ी हुई है। जबकि शिवजी के दाहिनी ओर त्रिभंग में दो खड़ी हुई नारी सेविकाएं अंकित है।

दाहिने द्वार शाखा पर भी यही दृश्य अंकित है अंतर मात्र इतना है कि इनके दाहिने ओर एक उपासक दम्पति है, और द्वार के वामपार्श्व में दो द्विभुजी सेविकाएं खड़ी हैं।

गर्भगृह

गर्भगृह सांधार है। प्रवेश द्वार से पांच सीढियां उतरकर यहां पहुंचते हैं। गर्भगृह वर्गाकार है (2.80×2.80 मी.)। इसमें बीचो-बीच जलधारी पर कृष्णप्रस्तर निर्मित शिवलिंग प्रतिष्ठित है। इसकी सीध में ऊपर की छत पर अलंकृत शतदल कमलाकृति है। भीतरी दीवार सपाट और अनलंकृत है।

गर्भगृह के अंदर दीवार के सहारे टिकी हुई चार मूर्तियां हैं- (1) उपासक दम्पति (राजपुरुष) (2) ध्यानस्थ योगी (3) नृत्त गणपति की अष्टभुजी प्रतिमा (4) पंचमुखी नाग प्रतिमा

मंडप की छत

मंदिर के मंडप की छत का निर्माण एक के ऊपर दूसरे प्रस्तर को जमाकर किया गया है। किंतु यह छत अपेक्षाकृत ऊँची नही है। अलंकरण युक्त मंडप की छत के दोनों किनारे पर एक-एक नक्र मुख प्रणाली है जो छत के पानी का निकासी करती है।

पीठ एवं अधिष्ठान

भोरमदेव मंदिर भूमिज मंदिरो की योजना के अनुसार है। तदनुरूप तरकाकृत तथा पंचरथ शैली में निर्मित है।पूर्व, उत्तर एवं दक्षिण दिशा में इसकी पीठ पांच भूमियों में बनी है। इसके ऊपर गज रथ है। इसमें गजो एवं सिंहो को गतिशील स्थिति में दर्शाया गया है।

जंघा एवं कटि

गर्भगृह के भाग में जंघे की तीनों दिशाओं में अलिंद या रथिका बिम्ब बने हुए हैं जिनकी संख्या तीन है। जिनमे विभिन्न देवी देवताओं की मूर्तियां अवस्थित है। सभा मंडप, अंतराल एवं गर्भगृह के बह्यभाग में देव, मानव, नायक-नायिका, आयुधधारी, नृत्य संगीत दृश्यों के साथ ही मिथुन-मूर्तियां हैं। जंघों की दीवाल की चौड़ाई में देवी -देवताओं की मूर्तियां लगाई गई है। कुछ प्रमुख मूर्तियों में नटराज, हरिहर, अर्ध नारीश्वर,वामन, नृसिंह, दक्षिणा मूर्ति, महिसासुर मर्दिनी, गणेश, स्थानक विष्णु, लकुलीश, वैष्णवीं , हैं।

शुकनाशा

शिखर के सामने अंतराल के ऊपर जो निर्माण किया जाता है उसे शुकनाशा कहते हैं। इसके अनुसार भोरमदेव मंदिर के शुकनाशा अंग में एक वृत्ताकार गवाक्ष है, जिसके ऊपर सज्जापट्टी आमलक तक गई है। तीनों ओर "कूट' बनाये गयें हैं।

शिखर

इस मंदिर का शिखर ज्यों-ज्यों ऊपर उठा है, त्यों-त्यों सकरा सकरा होता गया है और अंत मे आमलक को स्पर्श करता हुआ प्रतीत होता है। यही भाग स्कंध है। स्कंध के ऊपर आंवले के आकार की शिला लगा दी है। आमलक के ऊपर कमलदल से अलंकृत "चंद्रिका" इस मंदिर में नही है। न तो आमलसारिका है न विशाल कलश। मंदिर की भव्यता को देखते हुए निश्चय ही चन्द्रिका, आमलक, कलश आदि संश्लिष्ट रूप में रहा होगा जो अब नही है। दक्षिणी दीवार अभिलेख सम्वत् 1608(1551ई.) से यह ज्ञात होता है कि मंदिर के रत्न जड़ित कलश को किसी मांडोपति ने तोड़ा और रतनपुर के दादूराय ने विजय प्रतीक के रूप में ले गया।

शिखर चार सज्जा पट्टियों से चार भागों में विभक्त है। ये सज्जा पट्टियां शुकनाशा के पास चौड़ी हैं तथा शिखर स्कंध तक पहुंचते-पहुंचते सकरी होती गई है।

डॉ. सीताराम शर्मा के अनुसार ध्वंसावशेष से यह प्रतिभाषित होता है कि मंदिर में तीन शिखर रहे होंगे। प्रथम शिखर जो गर्भगृह के ऊपर है, दूसरा सभामंडप के ऊपर तथा तीसरा प्रवेश मंडपों के ऊपर।

अंतराल के ऊपर कुछ अंग शिखरकाओं की रचना कर वृत्ताकार अलंकृत गवाक्ष बना है। अंदर एक आयताकार कक्ष है, जिसका प्रयोजन गर्भगृह के ऊपर प्रवेश द्वार के ऊपर भार को कम करना एवं प्रकाश का समावेश करना सम्भव है। मुख्य शिखर भूमितल से लगभग 100 फीट ऊंचा है।

शिखर के कलश विहीन होने का कारण

भोरमदेव मंदिर के कलश विहीन होने का अभिलेखिय साक्ष्य उपलब्ध है। मंदिर के दक्षिण द्वार के पार्श्व में जड़े हुये 19 पंक्ति के प्रस्तर अभि-लेख से ज्ञात होता है कि सम्वत् 1608 (1551 ई.) में महाराजाधिराज भुवनपाल (आठवें नागवंशी शासक गोपालदेव के पौत्र) के शिवालय के कलश (भोरमदेव मंदिर का कलश) को माडव के पति (माड़व के राजा) ने तोड़ा और रतनपुर का महाराजा दादूराय उसे विजय के रुप में ले गया अर्थात इसका आशय यह हुआ कि भोरमदेव मंदिर में अन्य मंदिरों के समान पूर्व में आमलक के उपर कलश विद्यमान था परन्तु मध्यकाल में अर्थात 16 वीं शताव्दी में रतनपुर के शासक दादूराय आक्रमण कर उसके कलश को अपने साथ विजयप्रतीक के रुप में ले गया था उस कलश को तोड़ने में माड़व के राजा ने सहयोग दिया था। यद्यपि इस अभिलेख का भुवनपाल त्रुटिवश अंकित हुआ प्रतीत होता है क्योंकि मड़वा महल अभिलेख के अनुसार इस मंदिर का निर्माता भुवनैकमल्ल है।

पूर्वी प्रवेश द्वार/प्रवेश द्वार, गर्भगृह

संदर्भ

(1) आर्कियोलॉजिकल सर्वे ऑफ इंडिया, भाग-17 -ए. कनिंघम (1882)।

(2) भोरमदेव मंदिर प्रदर्शिका- डॉ. गजेंद्र कुमार चंद्रौल (1984)।

(3) भोरमदेव- सीताराम शर्मा (1989)।

(4) डॉ. संतलाल कटारे का आलेख 'Bhoram Deo Temple and it's Transcription, V.S. 1608 [I.H.Q. Nos.2 & 3 1960]।

5. मड़वा महल शिव मंदिर

भोरमदेव के 'मुख्य' मंदिर के उत्तर में लगभग आधे किलोमीटर की दूरी पर प्रस्तर निर्मित एक शिव मंदिर है; जो जनमानस में 'मड़वा महल' अथवा 'दूल्हा देव' के नाम से चर्चित है। स्थापत्य कला और प्राप्त शिलालेखों से यह मंदिर लगभग चौदहवीं शताब्दी का प्रतीत होता है।मड़वा महल अभिलेख (1349 ई.) में इसे रामेश्वर शिव को समर्पित कहा गया है। अभिलेख के अनुसार इस मंदिर का निर्माता रामचंद्र (1349 ई. में वर्तमान) है। यह मंदिर सामान्य से इस अर्थ में भी भिन्न है कि यह पश्चिमाभिमुख है। जेनकिन्स (1825) मंदिर के बारे में कोई जानकारी नही देतें; केवल मंड़वा महल अभिलेख के बारे में लिखते हैं "Stone under the Mandwa, loose, Sak Vikram 1406, Jyam Soontser".

जेनकिन्स के बाद सर एलेक्जेंड कनिंघम ने अपने सर्वे (1881-82) में मंदिर के बारे में थोड़ा विस्तार से लिखा है-

"The temple of Dulha Deo, known also as the Marwa or Mandawa Mahal, is large Lingam temple built on the usual plan, with an open square Mandap in front of the sanctum .The true name of the temple has been lost since the general acceptance of the popular appellations mentioned above, which were by the Gond villagers. The open pillared hall reminded them of the open shed, supported on wooden pillars and ornamented with flowers, which is prepared on most festive occasion, but more particularly for marrige festivities. Marwa and Mandawa are only corrupt forms of Mandapa, and the other name Dulha means simply the "bridegroom". Both names, therefore, refer to the open shed erected for the celebration of weddings..........The Mandap, or open hall, of Dulha Deo is 31 feet square, leading to a small ante-room in front of the sanctum, which is 14.5 feet square outside.The chamber inside is 11 feet 4 inches by 8 feet 10 inches. The roof of the Mandap is supported on four rows of square pillars, 15 inches square, with a few plain moulding, but no carving of any kind. The centre pillars are 8 feet high. The roof of the Mandap is formed by three courses of overlapping stones in each square, close by a single stone at top ornamented with a lotus flower. The tower of the temple is built entirely of granite, which has once been plastered.It has two rows of sculptures outside, nearly all of which are obscene. In the centre of each of the three faces there is a small niche now empty".

कनिंघम में अनुसार मंदिर का कुछ और नाम रहा होगा, और 'मड़वा', 'मंडप' का ही बिगड़ा हुआ रूप है। चूंकि मंदिर के सामने हिस्से में बड़ा मंडप है, जो विवाह के लिये बनाये जाने वाले मंडप से सादृश्यता रखता है इसलिए उस क्षेत्र के निवासियों (गोड़ जनजातियों) द्वारा बाद के समय मे यह नाम प्रयोग में आया होगा। 'दूल्हा देव' के संदर्भ में भी वे यही तर्क देते हैं। सम्भव है यहां विवाह भी होते रहे होंगे। वैसे दूल्हा देव गोड़ जनजाति के देवता भी हैं। मड़वा महल अभिलेख में यह मंदिर 'रामेश्वर' शिव को समर्पित है।

श्री एस. एन. मनवानी (1984) मंदिर के द्वार चौखट की कालात्मकता, जो 12 वीं शताब्दी के मंदिरों के अनुरूप है, को देखकर मानते हैं कि वर्तमान मंदिर किसी 12 वीं शताब्दी के मंदिर के अवशेष पर बना होगा। मगर इस संबंध में पर्याप्त साक्ष्य नहीं हैं। छेरकी महल का द्वार चौखट भी बाह्य दीवारों की अपेक्षा अधिक अलंकृत है। वस्तुतः द्वार चौखट के उत्कृष्ट पत्थरों के प्रयोग भी इसके कलात्मक होने का एक कारण हो सकता है।

मंदिर के स्थापत्य के बारे में डॉ. गजेंद्र कुमार चंद्रौल (1984) और डॉ. सीताराम शर्मा (1989) ने भी लिखा है। प्रस्तुत विवरण डॉ. चन्द्रोल से लिया गया है-

गर्भगृह

इस मंदिर का गर्भगृह (2.50×2.50 मी.) वर्गाकार है जिसके मध्य में शिवलिंग प्रतिष्ठित है। वर्तमान में मंदिर के शिखर का ऊपरी भाग नही है। सम्भवतः ऊपरी भाग में स्थित आमलक और कलश टूट कर नष्ट हो गये हैं।गर्भगृह के अंदर शिवलिंग विहीन जलहरी आधी से अधिक तिरछी गड़ी हुई है। दक्षिणी भित्ति पर बने आले पर चामुण्डा की (खण्डित) मूर्ति रखी है जो 40 से.मी. ऊँची तथा 37 से.मी. चौड़ी है गर्भगृह की छत में ऊपर गोल अलंकृत शतदल कमल बना हुआ है। गर्भगृह की अंदर की दीवारें सादी तथा प्लास्टर रहित है जबकि बाह्य भित्तियों पर 6 से.मी. मोटाई का प्लास्टर है। जिस पर पूर्व में पीला रंग पुता था।

टीप- (1) डॉ. सीताराम शर्मा में अनुसार गर्भगृह में वर्तमान में स्थापित शिवलिंग वास्तविक नहीं है।

(2) गर्भगृह में आधी गड़ी हुई शिवलिंग विहीन जलहरी नही है। ऐसी स्थिति भोरमदेव के मुख्य मंदिर के उत्तर में स्थित ईंट निर्मित शिव मंदिर में अवश्य है। सम्भवतः डॉ. चन्द्रोल की पुस्तक छपाई के समय चूक हुई है। इसी तरह चामुंडा की मूर्ति भी वर्तमान में नहीं है।

द्वार चौखट

इस मंदिर की प्रस्तर निर्मित द्वार चौखट अलंकृत है। चौखट चार भागों में टूट चुकी है। द्वार शाखाओं के ऊपरी भाग में पुष्प वल्लरी का अंकन है। वाम पार्श्व की द्वार शाखा पर ललितासन में चतुर्भुजी गणेश बैठे हुये हैं। निचले हिस्से में शिव परिवार की आकृतियां हैं। शिव चतुर्भुजी है, उनके ऊपरी बायें हाथ मे सर्प निचले दाहिने हाथ मे त्रिशूल आयुध धारण कीये हुये हैं। इनका ऊपरी दाया हाथ अभय मुद्रा में है। तथा

निचले बांये हाथ में शिवलिंग लिये हुये है। शिव के सिर पर जटा मुकुट कानों में कुंडल गले मे माला एवं यज्ञोंपवित धारण किये हुए हैं।चौकी पर नीचे नंदी बैठा हुआ है। शिव के पार्श्व में घटधारिणी खड़ी हुई है तथा किनारे पर एक परिचारिका हाथ मे चंवर लिये हुये खड़ी है। उसके ऊपर मानव विग्रह में अंजलिबद्ध मुद्रा में नागराज प्रदर्शित है जिनके सिर पर सिर्फ फण छत्र है।

मंडप (सभामंडप)

मंड़वा महल का मंडप आयताकार (8.50 मी. लंबा तथा 7 मी. चौड़ा) है। यह कुल 16 चौकोर स्तंभों पर आधारित था। उनमें से तीन स्तम्भ खण्डित हो चुकें हैं। अतः मंडप में अब 13 स्तम्भ हैं। मंडप के मध्य के स्तम्भ 2.44 मी. ऊंचे हैं जबकि किनारे के स्तम्भ 1.96 मी. ऊंचे हैं। वर्तमान में यह मंडप ध्वस्त होने की स्थिति में है। जो समुचित संरक्षण के अभाव में मलवे कभी भी गिर सकते हैं।

टीप- मंदिर का पुरातत्व विभाग द्वारा 2002-03 में जीर्णोद्धार कराया गया है जिससे मंदिर पूर्व स्वरूप में आ गया है।

मंदिर का शिखर ग्रेनाइट प्रस्तर के शिलापट्टों से निर्मित था जिसके ऊपर बाद में प्लास्टर कर दिया गया।वर्तमान में शिखर का अधिकांश हिस्सा ध्वस्त हो गया है। भोरमदेव मंदिर की भांति इसके बाह्य भित्तियों पर कटिभाग में दो पंक्तियों में काम कला सम्बन्धी मिथुन दृश्य अंकित हैं। भोरमदेव के मुख्य मंदिर की तुलना में यहां कला का ह्रास दिखाई देता है।

मड़वा महल अभिलेख सम्वत् 1406 (1349 ई.)

भोरमदेव के इतिहास में सर्वाधिक महवपूर्ण अभिलेख मड़वा महल अभिलेख को माना जा सकता है; जिसमें फणिनागवंश की उत्पत्ति कथा तथा रामचन्द्र देव तक उनकी वंशावली दी हुई है। यह अभिलेख मड़वा महल से प्राप्त हुआ है जिसे श्री बालचंद्र जैन ने अध्ययन एवं सुरक्षा की दृष्टि से 1963 में महंत घासीदास संग्रहालय रायपुर में स्थानांतरित किया था। कनिंघम इस अभिलेख के बारे में लिखते हैं-

" In the Mandap there is a loose slab, broken in two pieces, which is covered with a long inscription in modern Nagari characters, It's date is curiously described as "Vikram Saka, 1406, Jayanama Samvatsara." This is clearly intended for the Vikramaditya era, and is therefore equivalent to A.D. 1349, which corresponded in its latter half with the Jaya Samvatsara of the 60-year cycle of Jupiter, according to the northern reckoning........The inscription is 5 feet 3 inches long by 2 feet 3 inches broad, and contains 37 lines. It is nearly complete; but has not yet been translated. It is said to contain a genealogy of 22 kings, which, if they were generations, would place the earliest of them 550 years before the date of the record, or about A.D. 800."

कनिंघम ने लिखा है कि इसमें 22 राजाओं की वंशावली होने की बात कही जाती है मगर अभी तक इसका अनुवाद नही किया गया है। राय बहादुर हीरालाल (1916) जिस तरह से अभिलेख में उल्लेखित बातों का जिक्र करते हैं, उससे पता चलता है कि उन्होंने अभिलेख को पढ़ा था। अभिलेखों का सम्पूर्ण पाठ प्रस्तुत करना सम्भवतः उनकी योजना में ही नहीं था। मिराशी (1955) ने भी इस अभिलेख का पाठ प्रस्तुत नहीं किया ह। इस अभिलेख सम्पूर्ण पाठ और विश्लेषण बालचंद्र जैन (1972 के लगभग) ने प्रस्तुत किया।

अहिराज से रामचन्द्र तक वंशावली[राय बहादुर हीरालाल के अनुसार] इस प्रकार है-

(1)अहिराज (2)राजल्ला(प्रथम का पुत्र) (3)धरणीधर (पुत्र) (4) महिमदेव (पुत्र) (5)सर्ववंदन या शक्तिचन्द्र(पुत्र) (6)गोपालदेव(पुत्र) (7)नलदेव (पुत्र) (8)भुवनपाल(पुत्र) (9)कीर्तिपाल (पुत्र) (10)जयत्रपाल[9 वें का भाई] (11)महिपाल(पुत्र) (12)विषमपाल(पुत्र) (13)ज(न्हु)(पुत्र) (14)जन-पाल या विजनपाल(पुत्र) (15)यशोराज(पुत्र) (16)कन्नड़देव या वल्लभ (पुत्र) (17)लक्ष्मीवर्मा(पुत्र) (18)खड्गदेव्(पुत्र) (19)भुवनैकमल्ल(पुत्र) (20)अर्जुन(पुत्र) (21)भीम(पुत्र) (22)भोज(पुत्र) (23)लक्ष्मण[लक्ष्मीवर्मा के भाई के पंथी के पंथी] (24)रामचन्द्र(पुत्र) (25)अर्जून(पुत्र)

इस तरह वंशावली में पिता-पुत्र की मुख्यधारा में दो बार बदलाव हुआ है। पहली बार दसवें शासक जयत्रपाल कीर्तिपाल के भाई है। दूसरी बार लक्ष्मण लक्ष्मीवर्मा के पंथी के पंथी है (great-great-grandson)

मड़वा महल सती स्तम्भ लेख सम्वत् 1407 (1349-50)

यह लेख 2003 में मंदिर के अनुरक्षण कार्य के समय प्राप्त हुआ था। वर्तमान मे यह लेख मंदिर प्रांगण में ही अवस्थित है। इसका पाठ सर्वप्रथम श्री राहुल कुमार सिंह ने प्रकाशित कराया था। प्रस्तुत पाठ 'उत्कीर्ण लेख' से लिया गया है। लेख सात पंक्तियों में उत्कीर्ण हैं।

(1) सम्वत् 1407 वषे (वर्षे) घोरे

(2)11 सोमे सौ त (-) डग्रे

(3) फणिवंस (श) राजो सरदा-

(4) ते गार्य (-) राजेन महि (धर)

(5) पुत्र: श्री महाराज सतीम--

(6) --रनं राउत घाघम पुत्र (त्री)

(7) दुई कुल उधरे (उद्धारे) सहगमन

लेख का महत्व इस बात में है कि इसमें 'फणिवंश के राजा 'सरदा' एवं महाराज 'सतीम' का नामोल्लेख मिलता है। लेख के अंतिम दो पंक्तियों में पितृकुल तथा पति के कुल के उद्धार के लिए राउत घाघम की पुत्री के सहगमन (सती होने) का उल्लेख है। फणि वंश के अज्ञात राजाओं के नाम तथा राउत जाति के नारी के सती होने की जानकारी के कारण यह सतीलेख विशेष महत्वपूर्ण है।

गर्भगृह मड़वा महल

मड़वा महल (जीर्णोद्धार पूर्व)

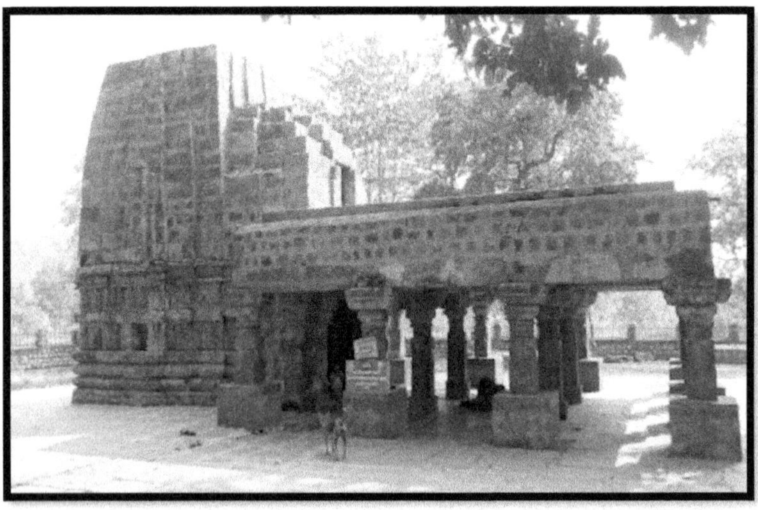

मड़वा महल (जीर्णोद्धार के बाद)

संदर्भ

(1) एशियाटिक रिसर्चेस वाल्यूम 15- आर.जेनकिन्स(1825)

(2) कनिंघम आर्कियोलॉजिकल सर्वे रिपोर्ट वाल्यूम-17 अलेक्जेंडर कनिंघम (1882)

(3) इस्क्रिप्सन इन सी.पी. एंड बरार- राय बहादुर हीरालाल (1916)

(4) कार्पस इस्क्रिप्सन इंडिकेटम वाल्यूम 4, पार्ट 2- वीं .वीं . मिराशी(1955)

(5) अष्टराज्य अंभोज-धानू लाल श्रीवास्तव (1925)

(6) भोरमदेव मंदिर प्रदर्शिका- गजेंद्र कुमार चन्द्ररौल-1984

(7) भोरमदेव- सीताराम शर्मा (1989)

(8) उत्कीर्ण लेख- बालचंद्र जैन ,परिवर्धित संस्करण 2005

(9) The Temple - Art of the Kalchuris of Ratanpur (PhD thesis)- S. N. Manwani1884

(10) श्री बालचंद्र जैन का आलेख 'Mandawa Mahal Inscription of Ramchandra V.S.1406 एवं अभिलेख का पाठ [सम्भवतः सत्तर के दशक में लिखित, सिंहावलोकन ब्लॉग, राहुल कुमार सिंह]

6. मड़वा महल अभिलेख (भोरमदेव) का पाठ

(बालचंद्र जैन के आलेख के अनुसार)

भोरमदेव का मड़वा महल अभिलेख विक्रम सम्वत् 1406 (1349 ई.) भोरमदेव के इतिहास को समझने का अब तक का सबसे महत्वपूर्ण अभिलेखीय साक्ष्य है; मगर दुर्भाग्य से अभी तक इस अभिलेख का 'पाठ' प्रस्तुत नहीं हो सका था। कवर्धा रियासत के पुराने राज पुरोहित द्वारा अभिलेख पढ़े जाने का जिक्र तो होता रहा है, मगर कुछ सारांश और वंशावली के अतिरिक्त पूरा पाठ प्राप्त नहीं हो सका है। कनिंघम (1881-82) में भोरमदेव आयें तो उन्होंने अभिलेख को अनपढ़ा कहा। उन्होंने स्वयं कई अभिलेखों का पाठ किया है मगर न जाने किस कारण से इस अभिलेख का पाठ नहीं किया। कलचुरी कालीन महत्वपूर्ण अभिलेखों का पाठ प्रस्तुत करने वाले विद्वान वीं .वीं . मिराशी ने भी इस अभिलेख का पाठ प्रस्तुत नहीं किया।

राय बहादुर हीरालाल ने 'इंस्क्रिप्सन इन सीपी एंड बरार' (1916) में जिस तरह से इस अभिलेख का परिचय दिया है, उससे स्पष्ट है कि उन्होंने अभिलेख को पढ़ा था, मगर सम्भवतः उनकी योजना में ही अभिलेख का पूरा पाठ प्रस्तुत करना नहीं था।

यह अभिलेख श्री बालचंद्र जैन द्वारा 1963 में महंत घासीदास संग्रहालय रायपुर लाया गया था। बालचंद्र जी इस पर कार्य कर रहे थे। इससे पूर्व वे फणिनागवंशियों से संबंधित कुटेरा ताम्रपत्र का पाठ (1962 में) प्रस्तुत कर चुके थे।

बालचंद्र जी ने आगे इसका पाठ तैयार किया और उसका विश्लेषण Madava Mahal Incripotin Of Ramchandra Sanvat V.S.1406 नाम से किया था। मगर किन्ही कारणों से सम्भवतः उसे प्रकाशित नहीं कराये थे। अब यह पाठ और आलेख श्री राहुल कुमार सिंह के सौजन्य से प्राप्त है। राहुल जी ने लिखा है कि बालचंद्र जी ने यह सामग्री उन्हें 1986-87 में दी थी। आलेख के शुरुआत में उन्होंने दुर्ग-राजनांदगांव

जिला शब्द का प्रयोग किया इससे प्रतीत होता है कि यह आलेख सत्तर के दशक के शुरुआत का हो सकता है।
बालचंद्र जैन जी ने इस आलेख में जहां मड़वा महल अभिलेख का पाठ कर श्लोकवार जानकारी दिया है, वहीं पूर्व के कार्यों का विश्लेषण भी किया है जिससे आलेख का महत्व और बढ़ गया है। हम यहां उनके पाठ और विश्लेषण पर बिंदुवार चर्चा करेंगे।

(1) मड़वा महल अभिलेख पहले मन्दिर के मंडप में रखा था जिसे वहां से हटाकर एक पेड़ के नीचे रख दिया गया था। इस अभिलेख को 1963 में बालचंद्र जैन की निगरानी में महंत घासीदास संग्रहालय रायपुर में प्रतिस्थापित किया गया।

(2) अभिलेख अभी तक असंपादित था जिसे श्री बालचन्द्र जैन ने मूलतः शिलालेख से इंक इम्प्रेसन 'चीफ एपिग्राफिट्स ऑफिस से प्राप्त कर अध्ययन किया।

(3) शिलालेख दो भागों में खंडित है। दायां भाग बाएं भाग से तीन गुना बड़ा है और उसकी तुलना में बेहतर संरक्षित है। बाँया भाग के ऊपरी और निचला हिस्सा खंडित है। शिलालेख में लंबे समय के मौसम का भी प्रभाव पड़ा है, खासकर निचले हिस्से में।

(4) शिलालेख की लंबाई 160 से.मी. और चौड़ाई 70 से. मी. के लगभग है। अभिलेख में कुल 37 पंक्तियां हैं। प्रथम पंक्ति के ऊपर चार अतिरिक्त अक्षर उत्कीर्ण हैं, जिनमे से तीन अक्षरों का सम्बन्ध तीसरी पंक्ति से है, जहां वे छोड़ दिये गए थे।

(5) अभिलेख चौदहवीं शताब्दी में प्रचलित नागरी लिपि में है, जिसमे 'क्ष' और 'ध' विकसित हो चुके हैं। पृष्ठ मात्राएं अनुपस्थित है। अभिलेख की भाषा संस्कृत है और पूरा अभिलेख छंदबद्ध है।

(6) अभिलेख में कुल 96 छंद हैं, लेकिन उत्कीर्ण कर्ता के त्रुटि के कारण क्रमांक केवल 95 है। उसने छंद 23 को 22 उत्कीर्ण कर दिया है और यह त्रुटि आगे जारी है।

(7) अभिलेख में वर्तनी सम्बन्धी कुछ विशिष्टताएं हैं, जैसे 'ब' के लिए 'व', श/ष(sh) के लिए 'ख'(kh) और 'ख'(kh) के लिए श/ष (sh), 'री' (Ri) के लिए 'रि'(ri), श/ष के लिए 'स', 'ग्गा'(gga) 'ग्र'(gra) के रूप में लिखा है।

(8) अभिलेख की तिथि अभिलेख की अंतिम पंक्ति में है जो काफी क्षतिग्रस्त हो गई है। इसका उल्लेख 'विक्रम सक 1406 जय' के रूप में हुआ है। कनिंघम ने इसे विक्रम सम्वत् माना है, इस तरह यह 1349 ई. ठहरता है। राय बहादुर हीरालाल ने भी इसे विक्रम सम्वत् माना है तथा 'सक' शब्द का अर्थ केवल वर्ष के रूप में स्वीकार किया है। इस तरह के प्रयोग का कारण उन्होंने प्रशस्तिकार के दक्षिण भारतीय होने को माना है।

(9) इस अभिलेख के प्रशस्तिकार क नाम छंद संख्या 86 में उत्कीर्ण है। उसका नाम 'विट्ठल' है जो 'दक्षिणायत्य' (दक्षिण का) है।

(10) अभिलेख के उत्कीर्णकर्ता का नाम सम्भवः छंद संख्या 94 में था, जो नष्ट हो चुका है।

(11) इस अभिलेख को 'रामेश्वर शिव मंदिर' (आज का मड़वा महल) के निर्माण के उपलक्ष्य में उत्कीर्ण कराया गया था, जो 'चतुरापुरा' (चौरापुर/चौरागढ़) नगर के पूर्व में संकरी (शंकरी) नदी के किनारे स्थित है।

(12) इस मंदिर का निर्माण 'फणिपतिवंश' के राजा रामचन्द्र ने कराया था। उन्होंने एक 'वापिका' (छोटा तालाब/बावड़ी) का निर्माण कराया था तथा 'रजपुरा' नामक एक गांव को जो धनधान्य में सम्पन्न था, भगवान के भोगराग के लिए (भोगीश्वर-भूषण) दिया था।

(13) मंदिर (मड़वा महल) का वास्तुकार 'महादेव' था, जो शिल्प शास्त्र का ज्ञाता था।

(14) मन्दिर के शिल्पकला का छंद 94 में चित्रण है तथा स्वयं मन्दिर का चित्रण छंद 77 में है।

(15) मन्दिर के 'प्रतिष्ठा' के तिथि और मास की जानकारी सभवतः छंद 88 में थी, जो नष्ट हो गई है।

(16) छंद संख्या 83 से राजा द्वारा कुछ 'अग्रहार' (ब्राम्हणों को भूमिदान था 'अनुदान' देने की जानकारी मिलती है। एक ग्राम 'कुंभीपुर' महेश नामक ब्राम्हण को दिए जाने का ज़िक्र है जो द्विजों (ब्राम्हणों) में श्रेष्ठ था। इस छंद से यह भी पता चलता है कि राजा रामचन्द्र के एक पुत्र (जिसका नाम नष्ट हो गया है) ने भी कुछ अनुदान और ग्राम दान दिए थे।

(17) छंद 86 में 'वोपराज', 90 में 'गोपालदेव', 91 में 'हिमदेव' का जिक्र है मगर उनसे सम्बंधित विवरण नष्ट हो चुका है।

(18) राजा रामचन्द्र के प्रधानमंत्री/राज्यमंत्री 'रामदेव' है जिनका जन्म 'नारायण' के परिवार में हुआ था।

(19) पुरोहित (राजपुरोहित) का नाम 'हरिहर' है जो कई जादुई शक्तियों 'स्तम्भन', 'उच्चाटन','मोहन''विद्रवण', 'आकर्षण' और 'वा-क्रिया (va-ikriya)आदि में दक्ष है(छंद 70-71)

(20) छंद 73 में पशुपति सम्प्रदाय के उपदेशक 'जगज्ज्योति' का उल्लेख है जिसका नाम 'इहुनभीरा'(Ihunbhira) छंद 79 में दिया प्रतीत होता है।

(21) राजा रामचन्द्र के रानियों और पुत्रों के नाम शिलालेख में इस प्रकार हैं

1. रानी सुभम्बिका। उससे तीन पुत्र थे- 1. कन्हड़देव [Kanha] dadeva 2. चन्दन 3. तीसरे का नाम नष्ट हो गया है (छंद62-63)।

2. रानी धन्यम्बिका। इनका जन्म हैहय परिवार (वंश) में हुआ था। इन्होंने भी तीन पुत्रों को जन्म दिया। उनमें से एक 'अर्जुन' हुआ। (छंद 64-65)

3. रानी रामम्बिका। इनका बेटा था 'लक्षी-ब्रह्मा' [Lakshi-Brahma?] (छंद 66)

4. रानी भिलम्बा [Bhil-amba] इनका पुत्र था 'हर्षपाल'। (छंद 67)

5. रानी पद्मा। इनका जन्म 'कमलजवंश'[Kamalajavam sa] में हुआ था। (छंद 68)

6. छठवें नम्बर की रानी का नाम 'भ' से शुरू होता है जिनका जन्म नागवंश (परिवार) में हुआ था (छंद 69)

7. रानी वाचम्बा। इन्होंने अपने पति द्वारा बनवाये मन्दिर को कुछ दान दिया था (छंद 82)

(22) अभिलेख में फणिवंश की वंशावली दी है जिससे राजा रामचन्द्र सम्बंधित हैं।

(23) अभिलेख में इस परिवार(फणिवंश) के उत्पत्ति की कहानी भी दी हुई है। जिसके अनुसार नर्मदा नदी के दक्षिण में विंध्य पर्वत में एक ब्राम्हण साधु रहते थे जिनका नाम 'जातुकर्ण' था। उनकी पत्नी 'व्रता' (Vrata) थी। उनके दो पुत्र थे 'सुशर्मा' और 'देवशर्मा' और एक पुत्री 'मिथिला' थी। छंद संख्या 10 से पता चलता है कि समयांतराल में वहां एक छोटा नगर बसा जिसे 'पर्णपुटी' या 'पत्रपुटी' कहते थे।

अपने बेटों को चौदह विद्याओं की शिक्षा देकर, पुत्री को उनको सौंपकर, जातुकर्ण अपनी पत्नी के साथ स्वर्ग चला गया।

(छंद 11)। सर्पराज के एक सेवक ने जब मिथिला अपने आँगन में अपनी गुड़िया (doll) के साथ खेल रही थी उसे देखा और जाकर अपने स्वामी को इसकी ख़बर दी। सर्पराज साधु की पुत्री (मिथिला) को देखने को उत्सुक हुआ। उसने एक ब्राम्हण युवा का रूप धारण किया और उसकी कुटी गया। दोनों में प्रेम संबन्ध हो गया और उन्होंने विवाह कर लिया। और इस सम्बंध से 'अहिराज' का जन्म हुआ। (छंद 16-2)

(24) अहिराज ने आस-पास के राजाओं (chiefs) पर विजय प्राप्त किया और 'अहिकुल' राजवंश का स्थापना किया। उसका बेटा 'राजल्ला' हुआ। राजल्ला का बेटा 'धरणीधर' हुआ लेकिन अपने पिता के निधन के समय वह अल्पवयस्क था इसलिए 'धारल्ला' (Dharalla) को शासक बनाया गया, जो राजल्ला का भाई प्रतीत होता है (छंद 33)। धारल्ला पर 'महिमदेव' ने विजय प्राप्त किया। छंद में महिमदेव की पहचान नहीं बताई गई है मगर वह कोई और नहीं बल्कि 'धरणीधर' है जिसे अपने चाचा से संघर्ष करना पड़ा क्योंकि उसके वयस्क हो जाने के बाद भी चाचा (धारल्ला) की उसे शासन की बागडोर देने की इच्छा नहीं थी।

(25) महिमदेव का पुत्र 'शक्तिचन्द्र'? हुआ। शक्तिचन्द्र का पुत्र 'गोपालदेव' हुआ जो इस वंश का शक्तिशाली शासक हुआ। गोपालदेव का पुत्र 'नलदेव' हुआ। उसका पुत्र 'भुवनपाल' हुआ। भुवनपाल के बाद उसके दो पुत्र 'कीर्तिपाल' और 'जयत्रपाल' वरिष्ठता के क्रम में शासक हुए। जयत्रपाल का बेटा 'महिपाल' हुआ। महिपाल के बाद उसका बेटा 'विषमपाल' राजा हुआ। उसका बेटा 'जहुना' (जन्हु?) Jahuna हुआ। वह अपने पुत्र 'जगपाल' को राज सौंपकर तपस्वी हो गया। जगपाल का पुत्र 'यशोराज' हुआ (छंद45)। अगले छंद 46 में उसे 'जसराज' कहा गया है। यह भी प्रकट होता है कि उसके 'चन्दना/चंदन' और 'खड़गदेव' सहित कई पुत्र थे। चन्दन अपने पिता के बाद 'कन्हड़देव' के नाम से राजा बना। उसके बाद युवराज 'खड़गदेव' ने 'लक्ष्मावर्मन' (Lakshmavarman) के नाम से शासन किया।

(26) खड़गदेव का पुत्र 'भुवनैकमल्ल (Bhuvanaikamalla) हुआ। उसने क़िलाबन्द (fortified) 'चतुरापुरी' (चौरापुरी) नामक नगर को बनाया जिसके दक्षिण में संकरी नदी बहती थी। उस नदी के किनारे 'हटकेश्वर' का मंदिर (हटकेश्वर शिव मंदिर) खड़ा है (स्थित है)। उस मन्दिर में राजा देवी ब्राह्मणी की पूजा करने जाते हैं (छंद 49-50)। भुवनैकमल्ल ने नगर के उत्तर में शिव का विशाल मंदिर का निर्माण करवाया और एक तालाब खुदवाया (छंद 51)

(27) शिलालेख से यह पता चलता है कि 'चंदन' का बेटा 'विज्जन' (Vijjan), जो खड़गदेव का बड़ा भाई है भुवनैकमल्ल के शासन में युवराज नियुक्त हुआ था। आगे बताया गया है कि भुवनैक-मल्ल के बाद उसका बेटा 'अर्जुन' राजा हुआ और 'विज्जन' का पुत्र 'विज्जन' युवराज नियुक्त हुआ (छंद 53)। 'भीम' अर्जुन का पुत्र था जो अपने पिता के बाद राजा बना। 'मलुगिदेव' (Mal-ugideva) जो विज्जन का पुत्र प्रतीत होता है, फिर युवराज नियुक्त हुआ।

(28) भीम के बाद उसका पुत्र 'भोज' राजा हुआ। उसके शासनकाल में मलुगिदेव का पुत्र 'लक्ष्मण' (Laksmana) युवराज की तरह व्यवहार किया (छंद 55)। छंद 56 से ज्ञात होता है कि 'भोज' की निःसन्तान मृत्यु हो गई इसलिए 'रामचन्द्र' जो लक्ष्मण के पुत्र अथवा दामाद थे मंत्रियों द्वारा राजा नियुक्त हुए। यह अभिलेख इसी रामचन्द्र के समय उत्कीर्ण हुआ।

(29) इस अभिलेख में जिन भौगोलिक नामों का उल्लेख हुआ है वे हैं 'विंध्य पर्वत', 'नर्मदा नदी', 'पर्णपुटी', 'चतुरापुरी', 'संकरी नदी', 'राजापुर' और 'कुंभीपुरी'। इनमें विंध्य और नर्मदा नदी बहुचर्चित हैं। 'पर्णपुटी' चिन्हांकित नहीं किया जा सका है। हालांकि पुराणों में नागों के राजधानी के रूप में 'पुरिका' (Purika) का जिक्र आता है (Dny. of Kali age दौहित्रः शिशुकोनाम पु-रकायां नृपोऽभवत्)।

(30) 'चतुरापुरी' अथवा 'चौरापुर' निश्चित रूप से चौरा ग्राम है जिसकी सीमा में अभिलेख प्राप्त हुआ है। 'संकरी' नदी वही संकरी नदी है जो अभिलेख प्राप्ति से आधा किलोमीटर से भी कम दूरी पर है। 'राजापुर' चौरा से पाँच किलोमीटर की दूरी पर स्थित ग्राम 'रजपुरा' हो सकता है। 'कुंभीपुरी' का पता नहीं चल सका है।

विश्लेषण

(1) मड़वा महल शिव मंदिर का अभिलेख के अनुसार नाम 'रामेश्वर' शिव मंदिर है। मड़वा महल नाम जैसा कि कनिंघम ने भी संकेत किया है इस क्षेत्र में गोड़ राजाओं के आधिपत्य के बाद स्थानीय निवासियों द्वारा मन्दिर के मंडप के विवाह मंडप से सादृश्यता के कारण मंडप से बिगड़कर मड़वा हुआ होगा।

(2) मड़वा महल शिव मंदिर के निर्माता रामचन्द्र ने एक 'वापिका' (बावड़ी) का निर्माण भी कराया था। सम्भवतः यह वही तालाब है जो मन्दिर के लगभग पचास फुट पीछे की तरफ है।

(3) कलचुरी कन्या जिस 'अम्बिका देवी' का विवाह रामचन्द्र से होने का जिक्र होता रहा है उसका अभिलेख में नाम 'धन्यम्बिका' है।

(4) अभिलेख में उल्लेखित 'गोपालदेव' के बारे में बालचंद्र जी का मानना है कि यह निश्चित रूप से नहीं कहा जा सकता कि यह वही गोपालदेव है जो छपरी (भोरमदेव) के उमामहेश्वर की मूर्ति में उत्कीर्ण राणक गोपालदेव सम्वत् 840 या 1048-49 ई. के रूप में उल्लेखित है।

यहां ऐसा प्रतीत होता है कि बालचंद्र जैन जी से थोड़ी असावधानी हुई है। सम्वत् 840 को कलचुरी सम्वत् माना जाय तो वह ई.सम्वत् 1088-89 होगा न कि 1048-49 ई.।

बालचंद्र जी आगे लिखते हैं कि पुजारीपाली अभिलेख का गोपालदेव और शिवरीनारायण के जाजल्लदेव के सम्वत् 919 (1167-68 ई.) के अभिलेख में उल्लेखित गोपालदेव किसी भी तरह इस अभिलेख के गोपालदेव नहीं हो सकते क्योंकि इन दोनों का सम्बन्ध कलचुरियों की एक शाखा से है।

(5) 'यशोराज' के बारे में बालचंद्र जी लिखते हैं कि हम जानते हैं सहसपुर मूर्ति अभिलेख सम्वत् 934 (1182 ई.) और बोरिया (पचराही) अभिलेख सम्वत् 910? (1158 ई.) क्रमशः महाराणक 'जसराज देव' और 'यशोराज' से सम्बंधित है। सहसपुर अभिलेख में उसकी पत्नी लक्ष्मा देवी, दो पुत्र भोजदेव और राजदेव तथा एक पुत्री जासल्ला देवी का उल्लेख है। लेकिन हमें चंदन या खड़गदेव का नाम नहीं मिलता जो इस अभिलेख (मड़वा महल) के अनुसार उसका बड़ा बेटा है। इससे यह पुनः इस वंशावली की प्रमाणिकता संदिग्ध प्रतीत होती है। बालचंद्र जी भी मानते हैं कि इस वंशावली में कुछ कल्पित नाम हो सकते हैं।

(6) बालचंद्र जी अभिलेख के बारे में लिखते हैं कि भुवनैकमल्ल खड़गदेव का बेटा था। उसने क़िलाबन्द नगर चतुरापुरी (चौरापुर) बनाया जिसके दक्षिण में संकरी नदी बहतीं थी। उस नदी के किनारे 'हटकेश्वर मन्दिर' खड़ा था। राजा उस मन्दिर में देवी ब्राह्मणी की पूजा करता था। भुवनैकमल्ल ने नगर के उत्तर में एक विशाल शिव का मंदिर बनवाया और एक बड़ा तालाब खुदवाया। वह अद्‌भुत शिव मंदिर वर्तमान भोरमदेव का शिव मंदिर ही है। आगे डॉ. संतलाल कटारे के भोरमदेव के दक्षिणी दीवार अभिलेख के पाठ और विश्लेषण (I.H.Q. XXXVI, Nos 2 and 3,1960) के आधार पर वे लिखते हैं कि भोरमदेव मन्दिर का सम्वत् 1608 (1551ई.) में 'महाराजाधिराज श्री घाघुजी (Ghaghuji) द्वारा जीर्णोद्धार कराया गया था। यह अभिलेख बताता है कि मन्दिर 'भुवनपाल' का है, जिसके बारे में संतलाल जी लिखते हैं कि भुवनैकमल्ल त्रुटिवश भुवनपाल उत्कीर्ण हो गया होगा। और वे मन्दिर का निर्माण काल 1280 ई. स्थिर करते हैं। इस पर बालचंद्र जी उचित ही

लिखते हैं कि भोरमदेव मन्दिर को 12वीं शताब्दी के बाद का स्थिर नहीं किया जा सकता। वे स्वयं इसका निर्माण 1140 ई. मानते हैं। इस सम्बंध में उनका विश्लेषण Journal of India History Vol XL,part 2,1962 में प्रकाशित है।

(7) रामचन्द्र के पूर्वज मुलगिदेव और भोजदेव के बारे में जानकारी दो ताम्रपत्रों जो कि बालोद के पास ग्राम कुटेरा से प्राप्त हुए थे, से मिलती है। इसका सम्पादन बालचंद्र जैन जी ने ही ऊपर सन्दर्भित जनरल में किया था। ये दोनों ताम्रपत्र क्रमशः शक सम्वत् 1106 (1184-85 ई.) तथा सम्वत् 1126 (1204) ई. के हैं। दोनों में मलुगिदेव और भोजदेव को 'महाराणक' कहा गया है। मलुगिदेव को परममहेश्वर तथा भोजदेव को पँचमहाशब्द का अधिकारी कहा गया है। ताम्रपत्रों में दोनों राजाओं की वंशावली नहीं दी गई है क्योंकि ताम्रपत्र सीमित व्यावसायिक उद्देश्य के लिए जारी किए जाते थे। महाराणक शब्द के प्रयोग से प्रतीत होता है कि वे किसी बड़ी शक्ति सम्भवतः कलचुरियों के अधीन थे।

(8) बालचंद्र जी लिखते हैं कि मैंने Journal of India History Vol XL, part 2,1962 में मैंने कुटेरा ताम्रपत्र के आधार पर दिखाया है कि ताम्रपत्र का महाराणक भोजदेव और सहसपुर मूर्ति अभिलेख सम्वत् 934 (1182 ई.) का भोज और इस अभिलेख के भीम का पुत्र भोज की समानता ढूंढी है। चूंकि यशोराज 1182 में शासन कर रहे थे इसलिए उनका बड़ा बेटा भोजदेव का 1200 ई. के आस-पास शासन हो सकता है। कुटेरा ताम्रपत्र से इसका समर्थन होता है जिसमे भोजदेव का शासन 1204 ई. है। लेकिन इस अभिलेख में उल्लेखित भोज को भीम का पुत्र कहा गया है जो खड़गदेव के नाती का नाती (great grandson), भुवनैकमल्ल का नाती तथा अर्जुन का पुत्र कहा गया है। इससे पुनः वंशावली की सन्दिग्धता बढ़ जाती है।

(9) बालचंद्र जी लिखते हैं कुटेरा ताम्रपत्र से मलुगिदेव का समय 1184-85 ई. ज्ञात होता है। इससे यह निष्कर्ष निकलता है कि

इस अभिलेख के भोज के पिता (भीम) मुलगिदेव के समकालीन थे। सहसपुर अभिलेख के यशोराज के पुत्र भोज 1182 ई. में शासन कर रहे थे। यह इस बात का प्रमाण है कि इस अभिलेख का भीम और सहसपुर अभिलेख का यशोराज एक ही व्यक्ति हैं। बोरिया अभिलेख का जसराज देव सहसपुर के यशोराज के समकक्ष हो सकते हैं यदि अभिलेख को शक सम्वत् 1110 (1188 ई.) माना जाय जैसा कि कनिंघम ने पहले यही निर्धारित किया था। लेकिन यदि इसे कलचुरी सम्वत् 910 (1158-59 ई.) पढ़ा जाय तो यह सहसपुर मूर्ति अभिलेख के यशोराज से काफी पहले हो रहा है और संगति नहीं बैठती। आगे बालचंद्र जी लिखते है यह अनुमान है और आगे नए साक्ष्यों के आलोक में ही वस्तुस्थिति स्पष्ट होगी।

इस विश्लेषण से देखा जाय तो बालचंद्र जी भी तीनों 'यशोराज' और तीनों 'भोज' की संगति बैठाने का प्रयास करते हैं मगर दोनों परिस्थितियों में दो की ही संगति बैठती है और एक छूट जाता है। इसका एक कारण जैसा की सभी विद्वानों ने वंशावली में कुछ असंगति और कल्पित नाम होने की सम्भावना को माना है।

(10) भोरमदेव शिव मंदिर का निर्माता जैसा कि अभिलेख में जिक्र है "भुवनैकमल्ल ने नगर के उत्तर में एक विशाल शिव का मंदिर बनवाया और एक बड़ा तालाब खुदवाया। "यह वर्तमान मन्दिर को ही इंगित करता है मगर समस्या भुवनैकमल्ल के समय को लेकर आती है। उनका समय यशोराज (1182 ई. लगभग) और रामचन्द्र (1349 ई.) के बीच किसी समय होना चाहिए। मन्दिर स्थापत्य मुख्यतः ग्यारहवीं शताब्दी निर्धारण से यह दूर जान पड़ते हैं मगर अभिलेख में निर्माता के रूप में स्पष्ट उल्लेख से उनका नाम विचारणीय है।

(11) भोरमदेव मन्दिर के दक्षिणी दीवार अभिलेख सम्वत् 1608 (1551ई.) में मन्दिर को 'भुवनपाल का शिवालय' कहा गया है। भुवनपाल के पितामह गोपालदेव चूंकि 1088 ई. में वर्तमान थे इसलिए भुवनलाल का कार्यकाल बारहवीं शताब्दी का प्रारंभ

हो सकता है,इसलिए मन्दिर निर्माता के रूप में उनके नाम पर विचार किया जा सकता है। मगर मड़वा महल अभिलेख में भुवनैकमल्ल का नाम स्पष्ट: मन्दिर निर्माता के रूप में आने के कारण डॉ. संतलाल कटारे दक्षिणी दीवार अभिलेख में त्रुटिवश भुवनैकमल्ल की जगह भुवनपाल उत्कीर्ण हो जाना मानते है।

(12) हटकेश्वहर शिव मंदिर-मड़वा महल अभिलेख में यह जिक्र आता है कि "भुवनैकमल्ल खड़गदेव का बेटा था। उसने क़िलाबन्द नगर चतुरापुरी (चौरापुर) बनाया जिसके दक्षिण में संकरी नदी बहतीं थी। उस नदी के किनारे 'हटकेश्वर मन्दिर' खड़ा था। राजा उस मन्दिर में देवी ब्राह्मणी की पूजा करता था।" इससे स्पष्ट है कि सकरी नदी के किनारे हटकेश्वर शिव मंदिर का निर्माण उस समय किया गया था। वर्तमान में नदी किनारे यह मंदिर नहीं है। डॉ. सीताराम शर्मा ने अपनी पुस्तक 'भोरमदेव' (1990) में भोरमदेव मन्दिर क्षेत्र के जो निरीक्षण चित्र दिया है उसमे संकरी नदी के किनारे तीन अन्य मन्दिर के अवशेषों का संकेत किया है। सम्भव है यह मंदिर उन्ही में से कोई रहा हो। वर्तमान में इस क्षेत्र में कृषिकार्य होने और फार्महाउस आदि के निर्माण हो जाने से इन अवशेष सम्भवतः दब गए हैं ।

(13) बालचंद्र जैन जी ने फणिवंश की जो वंशावली दिया है उसमे राय बहादुर हीरालाल से कुछ पाठ भिन्नता है।

```
            1. Ahiraj
                |
      -------------------------------------------------
      |                               |
2. Rajalla                      Dharalla
3. Dharanidhara
4. Shaktichandra
5. Gopaladeva
6. Naladeva
7. Bhuvanapala
          |
      --------------------------------------------------
      |                                      |
8. Kiratipala                        9. Jayatrapala
                                    10.  Mahipala
                                    11. Vishamapala
                                    12. Jahnu
                                    13. Jagapala
                                    14. Ysoraja or
                                        Jasaraja deva
                                              |
              ---------------------------------------------------------
              |                                  |
15.  Chandana.                      16. Khadagdeva
(Kanhadadeva)                       (Lakshmavarman)
17x Vijjana                          17. Bhuvanaikmalla
Vijjana                              18.  Arjun
Malugideva                           19.  Bhima
Lakshmana.                           20.  Bhoja
21.  Ramachandra
```

मड़वा महल अभिलेख

7. छेरकी महल शिव मंदिर: भोरमदेव

भोरमदेव मंदिर के दक्षिण-पश्चिम में लगभग एक कि.मी. की दूरी पर चौरा ग्राम में एक ईंट-प्रस्तर निर्मित, पूर्वाभिमुख शिव मंदिर है,जो जनमानस में 'छेरकी महल' के नाम से जाना जाता है। 'छेरकी महल' के नाम के पीछे यह कारण हो सकता है कि मंदिर खुला होने से 'छेरी' अर्थात बकरी आदि पशु मंदिर में बैठ जाया करते रहे होंगे। वैसे यह मंदिर का मूल नाम न होकर लोक प्रचलित नाम प्रतीत होता है। कनिंघम (1881-82) ने इस मंदिर के बारे लिखा है-

"The nameless temple is a Lingam shrine with a small figure of Durga over the entrance, with Siva himself and Parvati on the jambs. The building is upwards of 7 feet square inside, and rather more than 15 feet square outside.It is curious as being built of stone inside and of brick plastered outside. The roof of the sanctum is formed of large slabs placed so as to cover the corners from center to center of each side. This is repeated four times, and the small square thus left is covered by a single stone."

कनिंघम ने इसे 'नाम विहीन' मंदिर कहा है। मगर 1898 ई. की भोरमदेव से सम्बंधित एक पाण्डुलिपि में इसे छेरकी महल कहा गया है इससे प्रतीत होता है कनिंघम के समय भी यह नाम प्रचलित था और उन्हें यह जानकारी नहीं मिल सकी। मगर कनिंघम ने द्वार शाखा के ललाट बिंब में स्थित लक्ष्मी की मूर्ति को दुर्गा समझा था। मंदिर के स्थापत्य को देखते हुए यह 14-15 वीं शताब्दी के लगभग का प्रतीत होता है। यहां कोई अभिलेखीय साक्ष्य प्राप्त नही हुए हैं।

श्री विष्णु सिंह ठाकुर ने इस मंदिर को विष्णु मंदिर होने की संभावना व्यक्त की है। तथा द्वार चौखट के ललाट बिम्ब में लक्ष्मी के अंकन को भी इसका प्रमाण माना है।

उन्होंने लिखा है-

"छेरकी महल मन्दिर - फणिनागवंशी नरेश महाराज रामचन्द्र के द्वारा एक विष्णु मन्दिर के निर्माण किये जाने का उल्लेख मड़वामहल अभिलेख में हुआ है। छेरकी महल मन्दिर के प्रवेश द्वार के सिरदल पर तीन छद्म देवपीठ मूर्तांकित है। इनके मध्य में बायीं से दायीं दिशा की ओर क्रमशः अर्धपर्यंकासन में बैठे गणेश, मध्य में पद्मासन मुद्रा में बैठी दोनों हाथों पद्मपुष्प धारण की हुई श्री लक्ष्मी तथा दक्षिण में अर्धपर्यंकासन में वींणावादन करती सरस्वती का मूर्तांकान है। प्रवेश द्वार के मध्यवर्ती ललाट बिम्ब पर लक्ष्मी के मूर्तांकन से इस मन्दिर को मूलतः विष्णु को समर्पित मन्दिर स्वीकार करना साक्ष्यसिद्ध कहा जा सकता है। "

मड़वा महल अभिलेख में जिक्र आता है

"मंत्रीस्वरो रामदेवोत्र राज्ये नारायणस्यां न्वयलव्धजन्या। प्रज्ञावतां नीतिविदा........"

"मन्त्रीस्वर रामदेवो नारायणस्य आन्वयलव्धजन्यः"

"प्रधान मंत्री रामदेव, जो नारायण कुल (वंश) का था ..."

यहाँ रामदेव मंत्री है और वह "नारायण-कुलोत्पन्न" बताया जा रहा है। बालचंद्र जैन ने भी यही अर्थ लिया है। जो उचित जान पड़ता है, क्योंकि आगे उसे बुद्धिमान [प्रज्ञावतां] और नीति का ज्ञाता [नीतिविदा] कहा गया है।

इसलिए अभिलेखिय साक्ष्य से मंदिर को विष्णु मंदिर नहीं कहा जा सकता। ललाट बिम्ब में लक्ष्मी का अंकन कुछ संकेत करता है मगर शिल्पशास्त्र के प्राचीन ग्रंथों के अनुसार गर्भगृह-द्वार पर द्वारपाल, गङ्गा-

यमुना, लक्ष्मी आदि का अंकन मंगलकारी देवी के रूप में किया जा सकता है।

वर्तमान में मंदिर में उत्तर में जल निकासी हेतु प्रनाली नहीं है मगर समय प्रवाह में इसके नष्ट हो जाने की भी सम्भावना है। मंदिर का स्थापत्य प्रथम दृष्टया चौदहवीं शताब्दी का जान पड़ता है जो रामचंद्र के समय से मेल खाता है। द्वार शाखा में शिव, पार्वती, गणेश का अंकन भी शिव मंदिर होने के संकेत देते हैं।

स्थापत्य (गजेंद्र कुमार चन्द्रौल और डॉ. सीताराम शर्मा के अनुसार)

भू-विन्यास की दृष्टि से यह एकायतन शैली का मात्र गर्भगृह वाला मंदिर है। गर्भगृह निरांधार है। प्रवेश द्वार की द्वार शाखा में उद्भूत आकृतियों के आधार पर इसे शिव मंदिर कहा जा सकता है। मंदिर का शिखर भाग नीचे चौकोर तथा ऊपर क्रमश: सकरा होता गया है।

प्रवेश द्वार

चौखट काले पत्थर की बनी है। यह अलंकृत है, मगर अब इसमें दरार आ गई है। द्वार चौखट के सिरदल के मध्य में (ललाट बिम्ब) चतुर्भुजी लक्ष्मी बैठी हुई है। सिरदल के बाएं कोने पर चतुर्भुजी गणेश बैठे हुए प्रदर्शित हैं। द्वार शाखा के वाम पार्श्व की द्वार शाखा में नीचे चतुर्भुजी शिव एवं द्विभुजी पार्वती खड़े हुए हैं। शिव के ऊपरी बायें हाथ मे सर्प, निचले दाहिने हाथ मे रुद्राक्ष माला धारण किये हैं। गले मे एक लड़ी की माला, मुक्ताहार तन पर यज्ञोपवींत पहने हुए है। इनके अतिरिक्त कानो में कुंडल, कटि में मेखला, भुजाओं में वलय एवं केयूर आदि आभूषण सुशोभित है। पार्वती का एक हाथ वरद मुद्रा में है तथा दूसरे हाथ मे दर्पण है। पार्वती के पार्श्व में एक चँवरधारिणी खड़ी है। द्वार शाखा के दाहिने भाग में प्रकान्तरेण यही दृश्य है। अंतर मात्र इतना है कि दायीं तरफ शिव के आयुधों में ऊपरी दाहिने हाथ मे डमरू तथा निचले दाहिने हाथ मे माला है जबकि ऊपरी बायें हाथ में खट्वांग धारण किये हुए है।

गर्भगृह

इस मंदिर का गर्भगृह वर्गाकार (1.40×1.40 मी.) है। गर्भगृह के मध्य में जलहरी पर कृष्ण प्रस्तर निर्मित शिवलिंग स्थापित है। आकार-प्रकार से यह मूल स्वरूप से अलग दिखाई देता है। यह बाद में स्थापित किया हुआ प्रतीत होता है। दीवार का भीतरी भाग प्रस्तर निर्मित है तथा बाहर में कटि भाग तक ईंटो से बनी है तथा चुने के गारे से जोड़ी गई है। उस पर शिखर तक पलस्तर किया हुआ है, जिस पर पीले रंग से पुताई की गई थी। गर्भगृह में बाहर से लाई हुई एक गणेश प्रतिमा रखी है। गर्भगृह की दीवारें सपाट एवं अलंकरण-विहीन हैं। गर्भगृह की छत पर एक अलंकृत शतदल कमल उकेरा गया है। गर्भगृह के चारो कोनों पर दो-दो दीवार स्तम्भ हैं।

****

छेरकी महल शिव मंदिर

छेरकी महल शिव मंदिर

संदर्भ

(1) कनिंघम आर्कियोलॉजिकल सर्वे रिपोर्ट वाल्यूम 17(1882)- सर अलेक्जेंडर कनिंघम

(2) भोरमदेव मंदिर प्रदर्शिका(1984)- डॉ. गजेंद्र कुमार चन्द्रौल

(3) भोरमदेव(1989)- डॉ. सीताराम शर्मा

(4) विष्णु सिंह ठाकुर के टिप्पणी के लिए देखें राहुल कुमार सिंह के ब्लॉग सिंहावलोकन का आलेख 'भोरमदेव- 2006

8. ईंट निर्मित शिव मंदिर: भोरमदेव मंदिर प्रांगण

भोरमदेव मंदिर की परिसीमा में ही मुख्य मंदिर के पार्श्व में उत्तर की ओर दो मीटर की दूरी पर एक ईंट निर्मित शिव मंदिर विद्यमान है। यह मंदिर भी पूर्वाभिमुख है। तल विन्यास की दृष्टि से इसके मंडप एवं गर्भगृह दो अंग हैं। इसका मंडप मूलतः छः स्तंभों पर आधारित था। वर्तमान में बायें पार्श्व के केवल तीन स्तम्भ ही सुरक्षित हैं, बांकी पूरा मंडप ध्वस्त हो चुका है। मंडप का फर्श सफेद रवेदार प्रस्तर पट्टों से निर्मित है जो आंगन से 34 से.मी. ऊँचा है। मंडप में गर्भगृह की ओर मुंह किये हुये एक नन्दी बैठा हुआ है।

गर्भगृह का प्रवेश द्वार काले प्रस्तर से निर्मित है; जिसके दोनों पार्श्व के निचले आधे हिस्से सपाट हैं। ऊपरी हिस्से अलंकृत हैं, जिसमें अलंकृत घट अंकित है। द्वार के ललाट बिम्ब में चतुर्भुजी गणेश उत्कीर्ण है। गर्भगृह वर्गाकार (2.60×2.60 मी.) है। इसके मध्य में मात्र जलाधारी है, मूल शिवलिंग अपने स्थान पर नहीं है जो सम्भवतः विनष्ट हो चुका है। गर्भगृह की दीवारें सपाट एवं सादी हैं, अलंकरण के रूप में मंदिर के बाह्य भित्तियों पर मूर्तियों अथवा कलात्मक अभिप्रायों का अंकन नही हुआ है। बाह्य भित्तियों पर रथिकाएँ उभरी हुई हैं। मंदिर का शिखर भाग ध्वस्त हो चुका है।

यह मंदिर गुप्तकालीन ईंटो के मंदिर की परंपरा से निर्मित हुआ है। इसका निर्माण लगभग 9 वीं शती ईसवीं में प्रतीत होता है। ईंटो के मंदिर का इससे पूर्ववर्ती सुंदर उदाहरण छत्तीसगढ़ में ही सिरपुर का आठवी शती में निर्मित लक्ष्मण मंदिर है।

इस मंदिर के बारे में कनिंघम (1881-82) ने लिखा है -

"Immediately to the Noth of Boram Deo there is an old red brick temple of peculiar plan, which was first noticed by Mr. Beglar in the Great Temple of Udayapur in Malwa. There are the usual projections on each of the three faces of the sanctum, but the short angular projections which join the faces are not right angles as is usual, but acute and obtuse angles, whose points are laid out on the circumference of a circle. In the Udayapur and the other examples given by Mr. Beglar, these projections are all acute angles of equal size; but the present case is quite unique, as the central angular projection is larger than the projection on each side. The points of the angles also are broken by two indents, which add very much to the general effect of the exterior view of the building.

This brick temple apparently had no Mandap, but simply a porch in front of the entrance on the east. The sanctum, however, is of the same size as that of Boram Deo, and the tower would, therefore, have been of about the same height. But the upper half of the tower is entirely gone, and only a few carved bricks, which were found in clearing away the surrounding rubbish, now remain to show that the exterior was not quite plain.

The porch, or entrance to the sanctum, was built entirely of stone, of wich one outer pillar and three pilasters still remain standing. Inside there is an Argham in situ, which shows that this was a Lingam shrine dedicated to Siva. A small group of Hara-Gauri also declares the same thing. There is a second group of a king and queen with crowns on their heads, and their hands joined in an attitude of worship. This group most probably represent the founder of the temple. There is nothing to show the age of the building; but it is probably of about the same age as Boram Deo."

कनिंघम ने मंदिर के स्थापत्य की विशिष्टता का उल्लेख किया है, जिसमे मंदिर के तीनों तरफ के बाह्य उभार (रथिकाएँ) सामान्य योजना में हैं, मगर तीनों को जोड़ने वाला छोटा कोणीय उभार समकोण में न होकर न्यून और अधिक कोण में है। जिसके नोक वृत्त के परिधि में हैं तथा केंद्रीय कोणीय उभार दोनों तरफ के उभारों से बड़ा है। मंदिर में 'अर्घ' स्थित होने से कनिंघम ने इसे शिव मंदिर कहा; तथा प्रांगण में हर-गौरी की मूर्तियों को इससे सम्बद्ध माना। राज-पुरुष दम्पति की एक अन्य हाथ जोड़े मूर्ति को उन्होंने इस मंदिर के निर्माता होने की संभावना बताई है। यह मूर्ति भी मुख्य शिव मंदिर के गर्भगृह में रखी हुई है, जो काले प्रस्तर निर्मित राज-पुरुष दम्पति के अतिरिक्त है।

मुख्य मंदिर के सभामंडप में रखी राजपुरुष /योगी की मूर्ति में अन्य अभिलेखों के अलावा "उमा माहेस्वर सुन्दरतरं... साधु धांगु सुतेन कारितं" उत्कीर्ण है। स्पष्ट इसमें उमा महेश्वर की सुंदर प्रतिमा का धांगु के पुत्र साधु द्वारा बनाये जाने का उल्लेख है। वीं .वीं . मिराशी ने इस मूर्ति (राजपुरुष /योगी की) को पूर्व में इस मंदिर में होने की सम्भावना व्यक्त की है, तथा इसमें उल्लेखित उमा-महेश्वर को इसी मंदिर से सम्बंधित होने की संभावना व्यक्त किया है।

इस मंदिर के गर्भगृह ने जमीन में धसा हुआ खण्डित वृहत जलहरी है जिसे जनमानस ने नगाड़ा कहा जाता रहा है।

एस. एन. मनवानी इस मंदिर के बारे में लिखते हैं

"On the left side of the doorway are the steps leading to the upper storey or chamber of the temple now gone. This follows the Parvati temple at Nachna and Siva temple at Bhumbra, both in Satra district.And, since they belong to the Gupta period, this temple could be the assigned the

7th-8th century A.D., the time when quite a few other brick-temples were built is Kosala."

मनवानी जी मंदिर के ध्वस्त शिखर में कक्ष होने की संभावना व्यक्त करते हैं।

एक विलुप्त (विनष्ट) मंदिर

बहुत कम लोगों को यह मालूम होगा कि ईंट निर्मित शिव मंदिर के बगल में (उत्तर दिशा, वर्तमान काली मंदिर के आस-पास) उससे लगा हुआ एक छोटा ईंट निर्मित मंदिर था जिसके अब अवशेष के चिन्ह भी नही हैं। काल के प्रवाह में सब कुछ विनष्ट हो गया है। इस मंदिर के बारे में हमें जानकारी कनिंघम के विवरण से मिलता है। कनिंघम जब भोरमदेव (1881-82) आये थे, तब इसके अवशेष विद्यमान थे। उन्होंने लिखा है-

"Close by there is a small brick temple in ruins. All the front portion is gone, and only the brick wall and parts of the two side walls now remain. This temple was, however, a very small, as the sanctum was only 4.5 feet square inside, and only 8 feet square outside. It's dome was formed by overlapping bricks, in 15 laps of two bricks each, the bricks bring 12 by 6.5 by 2.75 inches."

पुरातत्व विभाग यदि उस स्थल का उत्खनन कराये तो मंदिर की नींव और अन्य पुरातत्व सामाग्री प्राप्त होने की संभावना है।

ईट निर्मित शिव मंदिर

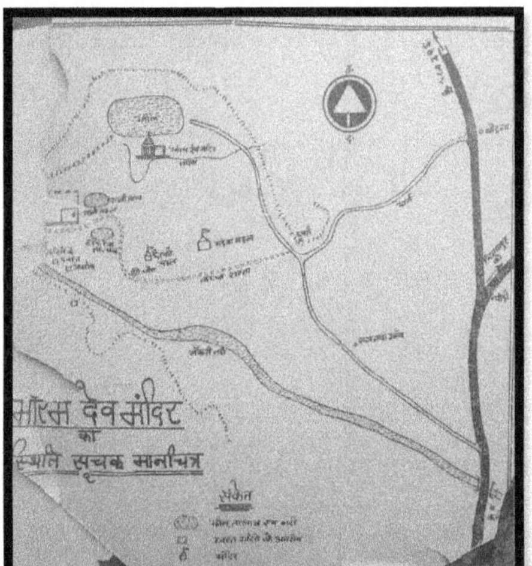

भोरमदेव का मानचित्र (सीताराम शर्मा)

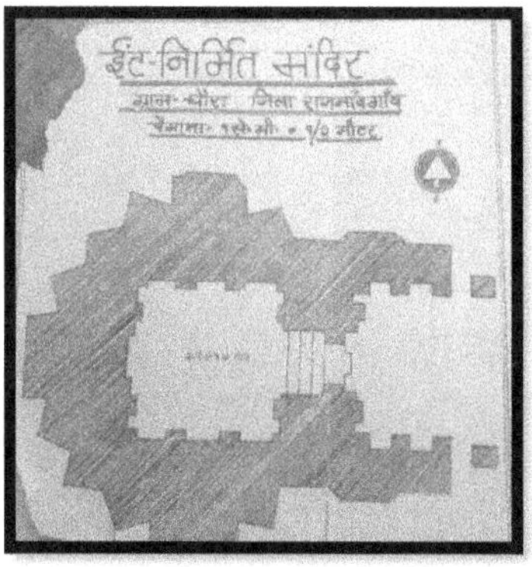

मंदिर की द्वार शाखा

संदर्भ

(1) कनिंघम आर्कियोलॉजी सर्वे रिपोर्ट, भाग 17- ए. कनिंघम (1882)

(2) कार्पस इस्क्रिप्सन इंडिकेटम वाल्यूम 04, पार्ट 02- वीं . वीं . मिराशी (1955)

(3) भोरमदेव मंदिर प्रदर्शिका -डॉ. गजेंद्र कुमार चन्द्रौल

(4) भोरमदेव- डॉ. सीताराम शर्मा (1989)

(5) The Temple-Art of the Kalchuris of Ratanpur -S. N. Manwani (1984)

9. सहसपुर के पुरातात्विक अवशेष और मूर्ति अभिलेख

भोरमदेव क्षेत्र में फणिनागवंशी कालीन पुरातत्विक अवशेष दूर-दूर तक बिखरे हुए हैं। ये अवशेष मुख्यतः मैकल श्रेणी के समानांतर पर्वतीय क्षेत्रों में मिलते हैं। पचराही, राजाबेंदा, हरमो, सहसपुर, बिलहरी, कटंगी घटियारी ऐसे ही ज्ञात स्थल हैं। सहसपुर भोरमदेव से दक्षिण दिशा में लगभग 25 किलोमीटर की दूरी पर तथा कवर्धा शहर से लगभग 18 किलोमीटर पर मैकल पहाड़ी श्रृंखला के तलहटी पर एक छोटा गांव है। पास ही लोहारा क़स्बा है जिसे सहसपुर लोहारा इसी गांव के कारण कहा जाता है। रियासत काल मे यहां गोंड़ों की ज़मीदारी रही है। यहां पहाड़ी के तलहटी पर एक बृहत जलाशय है। जलाशय पहाड़ियों से घिरा है; केवल एक ओर ही दो पहाड़ियों के बीच बधान की आवश्यकता पड़ी है। इसी बधान के दोनों ओर क्रमशः दायें पहाड़ी पर कबीर चौरा है तथा बायें पहाड़ी पर देवी मंदिर है।

पूर्व में यहां इसी जलाशय के पीछे 'छेरका तालाब' किनारे इमली पेड़ के नीचे एक मूर्ति रखी हुई थी जिसे जनमानस में सहस्त्रबाहु/सहस्त्रार्जुन की मूर्ति समझी जाती रही। इसके आधार भाग में एक अभिलेख उत्कीर्ण है, जिससे फणिवंशी शासक 'यशोराज' के बारे जानकारी मिलती है। निश्चित रूप से 'सहसपुर' नाम भी सहस्त्रबाहु/ सहस्त्रार्जुन से व्युत्पन्न है; जिससे पता चलता है कि इस मूर्ति से गांव की सम्बद्धता काफी पुरानी है। गांव से जलहरी और स्थापत्य खण्ड प्राप्त होने से प्रतीत होता है कि यहां पूर्व में शिव मंदिर रहा होगा। प्रसंगवश कलचुरी सहस्त्रार्जुन को अपना आदिपुरुष मानते हैं। वर्तमान में यह मूर्ति खैरागढ़ वि. वि. के संग्रहालय में रखी हुई है। मूर्ति को देखने से यह स्पष्ट हो जाता है कि यह किसी राजपुरुष की मूर्ति है न कि देवपुरुष की। चूंकि मूर्ति के पादतल में महाराज यशोराज के गुणों का वर्णन है और उनके परिवार के सदस्यों का नाम है; इससे स्पष्ट होता है कि मूर्ति में उत्कीर्ण राजपुरुष यशोराज ही है। डॉ. सीताराम शर्मा के अनुसार

सहस्त्रबाहु यशोराज की उपाधि अथवा उपनाम हो सकता है। कनिंघम (1881-82) के समय यह मूर्ति गांव में ही थी।

सहसपुर का मुख्य पुरातात्विक स्थल वर्तमान बांध के ठीक पीछे पहाड़ी के तलछटी में है। ऐसा प्रतीत होता है कि अन्य पुरावशेष उसी स्थल से वर्तमान बांध के बधान (पार) के आस-पास लाये गए होंगे। बांध अधिक पुराना नहीं जान पड़ता क्योंकि पहाड़ी के तलछटी में जो स्थल है, वहां पूर्व में मन्दिर सहित रहवास होना प्रतीत होता है। यह स्थल वर्तमान बांध के जलभराव की सीमा में है, ज़ाहिर है ऐसे स्थल में निर्माण नहीं कराया जा सकता था। फिर इस स्थल के ठीक उत्तर में लगभग सौ मीटर पर एक तालाब है जिसे स्थानीय लोग 'छेरका तालाब' कहते हैं जिसके उत्तर में बैगा बहुल 'पड़की पारा' गाँव है। स्पष्ट है बांध से लगा हुआ कोई तालाब नहीं बनवाया गया है। कुल मिलाकर पहाड़ी के तलछटी में इस स्थल के रहवासियों के निस्तार के लिए तालाब बनाया गया रहा होगा। वर्तमान बांध का भराव क्षेत्र तब मैदान अथवा जंगल रहा होगा। बांध के बन जाने से स्थल का स्वरूप बदल गया है। सीताराम शर्मा के अनुसार बांध लगभग 100 वर्ष (1989 में) पुराना है। जेनकिन्स रिपोर्ट (1825) से स्पष्ट है बांध उसके बाद का है और उल्लेखित इमली का वृक्ष अवशेष स्थल के किनारे ही 'छेरका तालाब' के पास था,जहां मूर्ति रखी हुई थी। डॉ. सीताराम शर्मा के संकेत से यही प्रतीत होता है। ऐसी स्थिति में बांध कनिंघम के आने के बाद का होगा।

इस स्थल में वर्तमान में तत्कालीन समय के ईंट, प्रस्तर खण्ड, दिखाई पड़ते हैं। एक बड़ा अनगढ़ प्रस्तर स्तम्भ है जो भवन निर्माण के लिए लाया गया रहा होगा। इसे जनमानस में 'मंगरोहन' कहा जाता है और इसका संबंध भोरमदेव से जोड़ा जाता है कि दोनों के बीच वैवाहिक संबंध था। छेरका तालाब भी भोरमदेव की याद दिलाता है। यहाँ का कुछ हिस्सा टीला नुमा है तथा जंगल उग आने से ढका हुआ है। सफाई और उत्खनन से पुरावशेष मिलने की संभावना है। पास ही एक खुला शिव मंदिर स्थानीय निवासी द्वारा बनवाया गया है जिसमे स्थल के ही जलहरी और शिवलिंग को स्थापित किया गया है। इससे प्रतीत होता है कि यहां रहवास के अलावा शिव मंदिर रहा होगा।

चूंकि इस स्थल से 'यशोराज' की मूर्ति प्राप्त हुई है जो भोरमदेव के फणिनाग वंशियों के पन्द्रहवें शासक थे, इससे यह यह स्थल उनके ही अधीन क्षेत्र रहा होगा। स्थानीय जनश्रुति में भी इस स्थल का सम्बन्ध भोरमदेव के मड़वा महल से जोड़ा जाता है।

सहसपुर मूर्ति अभिलेख कलचुरी सम्वत् 934(1182 ई.): भोरमदेव क्षेत्र

इस मूर्ति अभिलेख के बारे में सर्वप्रथम जानकारी हमे जेनकिन्स (1825) से मिलती है। उन्होंने अभिलेख की केवल सूचना दी है-

"Sahezpur Near the tank of the place is a tamarind tree, under which an image called Sahasra Bahu's imaze. Samvat 934 below the feet, Kartik Shud Panchmi Roj Budhawar."

कनिंघम (1881-82) थोड़ा विस्तार से जानकारी देते हैं-

"Sir R. Jenkins mentions an inscription on an image standing under a tamarind tree, near a tank at Sahaspur.The image is still there, and is still known as 'Sahasra-bahu' or the hundred armed, which is a title of Sahasra Arjun, The progenitor of the Haihay race of chedi. The date is quarter as S. 934 Karti ka Sudi 5, Budhavar. But the day of the month is the 15th Sudi, and not the 5th."

"Sahaspur is the residence of the Gond Chief of Lahara Sahaspur. It is 12 miles to the south- west of Kamardha, and 60 miles to the north-west of Raypur."

"The inscription is engraved on the base of the satatue, and is in very fair condition. It is dated in Samvat 934, Kartika sudi 15, Budhe, or on "Wednesday, the 15th of the waxing moon of Karti ka in the year 934, or A.D. 1183." That the Samvat here mentioned is the Chedi or Kalachuri era is provided by the correspondence of the week day, as the 15th of Kartika Sudi in A.D. 1183 was a Wednesday. I conclud, therefore, that this part of Chattisgarh, at the end of the 12th century A.D. must have been subject to the Haihay princes. It is quite possible, however, that the actual ruler of the district in which Sahaspur is situated may have been a Gond tributary of the Haihay Raja of Mahakosala."

"The inscription on the base of the status consists of 4 short lines, followed 4 half lines on the left, giving the names of the donor's family, and by 2.5 lines on the right giving the the date. The Raja is named Yasa Pala, and the whole of the upper four lines are taken up with his praises. He was equal to Guru (Brihaspati) in eloquence, and the Bala in liberality. He was beautiful as Kama Deva, and as skilful in war as Kartikeya, a destroyer of his enemies, and protector like Siva. His Queen was Lakshman Devi, his son were Prince Bhojan Deva and Prince Raja Deva, and his daughter was the Princess Jasalla Devi."

"As this record is only one year later than the Kharod inscription of Ratna Deva, which is dated in Chedi Samay 933, Raja Yasa Pala must have been a feudatory of Ratna Deva, the Haihay Raja of Ratanpur. It seems probable, however, that he was a Haihaya himself, as his inscription is engraved on a statue of Sahasra -Arjuna, the ancestor of all the Hahayas. As the town of Sahaspur also derives it's name from Sahasra-Arjuna, the Sahaspur family was almost certainly a scion of the Ratanpur Haihayas up to the end of the 12th century, and therefore the Gonds, who now hold this part of Chattisgarh had not succeeded in displacing the Haihayas."

कनिंघम ने अभिलेख को पढ़ा है और उसका पाठ चित्र (फोटोजिनकोग्राफ) भी प्रस्तुत किया है। कनिंघम 'यशोराज' को रतनपुर के कलचुरियों के अधीनस्थ सामंत मानते हैं; जो उचित प्रतीत होता है, क्योंकि उस समय रतनपुर के कलचुरी सशक्त थे और भोरमदेव क्षेत्र के अभिलेखों में कलचुरी सम्वत् का प्रयोग हुआ है। चूंकि कलचुरी सहस्त्रबाहु/सहस्त्रार्जुन को अपना आदि पुरुष मानते हैं और सहसपुर का नाम भी उसी से व्युत्पन्न प्रतीत होता है, इसलिए कनिंघम सहसपुर के शासक परिवार को रतनपुर के हैहयों के वंशज मानते हैं। सहसपुर का सहस्त्रबाहु से संबंध निश्चित रूप से कलचुरियों उसके सम्बंध को बताता है। मगर शासकों के उनके वंशज होने के हमारे पास प्रमाण नही है।

कनिंघम पचराही से प्राप्त अभिलेख सम्वत् 910 (1158 ई.) के यशोराज से इसका सम्बन्ध जोड़ते हैं, जो उचित प्रतीत होता है; मगर कनिंघम मड़वा महल अभिलेख सम्वत् 1406 (1349 ई.) को नहीं पढ़े थें इसलिए वंशावली में उल्लेखित पंद्रहवे शासक यशोराज से इन दोनों 'यशोराज' का सम्बंध नही जोड़ पाएं; न ही वे 'फणिनागवंश' शब्द से परिचित प्रतीत होते हैं; इसलिए उनका जोर यहां के शासकों को कलचुरियों के वंशज दिखाने में अधिक रहा, न कि उनसे भिन्न 'फणिवंश' के रूप में। कनिंघम के काल गणना में भी त्रुटि बाद के इतिहासकारों ने बताई। किलहार्न के अनुसार अभिलेख में उल्लेखित तिथि 13 अक्टूबर 1182 को पड़ रही है: जो मान्य है।

जैसा कि हमने ऊपर उल्लेख किया है; भोरमदेव क्षेत्र में तीन यशोराज का पता चलता है - (1) बोरिआ अभिलेख कलचुरी सम्वत् 910 (1158 ई.) में उल्लेखित (2) सहसपुर अभिलेख कलचुरी सम्वत् 934 (1182 ई.) में उल्लेखित (3) मंड़वा महल अभिलेख विक्रम सम्वत् 1406 (1349 ई.) में उल्लेखित पंद्रहवे शासक यशोराज। क्या तीनों यशोराज एक ही व्यक्ति है? इसमें पहले दोनों की संगति तो आसानी से बैठ जाती है, मगर मंड़वा महल अभिलेख में उल्लेखित यशोराज में थोड़ी समस्या है।

भोरमदेव शिव मंदिर के सभामंडप में रखी योगी की मूर्ति अभिलेख से हम जानते हैं कि फणिवंश के छठवें शासक गोपालदेव कलचुरी सम्वत्

840 (1089 ई.) में वर्तमान थें। इसलिए पंद्रहवे शासक यशोराज का 1150-1200 के बीच होना कठिन प्रतीत होता है; क्योंकि लगभग 100 वर्षों के अंतराल में छः शासक/पीढ़ी का बदलना असम्भव सा लगता है। मगर जैसा कि हम जानते हैं कई बार वंशावली में कल्पित नाम भी हो सकते हैं, अथवा सत्ता का हस्तानांतरण भाई, चाचा आदि समानांतर भी हो जाता है, जो कई बार वंशावली में पिता-पुत्र के रूप में दर्ज हो जाया करता है। यदि मंड़वा महल अभिलेख में ऐसा कुछ हुआ है तभी तीनों यशोराज की संगति बैठ पायेगी।

दूसरी समस्या यशोराज के पुत्रों को लेकर है। मंड़वा महल अभिलेख में यशोराज का पुत्र का नाम 'कन्नड़ देव् या वल्लभ' है ; जबकि सहसपुर अभिलेख में यशोराज के पुत्र 'भोजदेव' और 'राजदेव' उल्लेखित है। डॉ. सीताराम शर्मा के अनुसार इस समस्या का हल इस तरह हो सकता है कि 'कन्नड़ देव्' उक्त दोनों बाद के उत्पन्न हुआ भाई हो अथवा दोनों में से किसी का अन्य नाम हो। इस सम्बंध में डॉ. सीताराम शर्मा ने कवर्धा से प्राप्त एक पांडुलिपि का अंश दिया है, जो भाषा-शैली को देखने से बीसवीं शताब्दी के आरम्भ के आस-पास का प्रतीत होता है। उसमें फणिवंश की वंशावली है; जिसके अनुसार "जसोराज के बहुत पुत्र भये सो उनमें दो लड़का खंगदेव व चन्दनदेव बड़ भय, सो पहिले राजा ब्रम्हानदेव नाम के लड़का भये तेके पीछे खंगदेव को राज मिला"। इसके पता चलता है कि यशोराज के कई पुत्र हो सकते हैं। श्री बालचंद्र जैन के मड़वा महल अभिलेख सम्बन्धी आलेख से भी इसकी पुष्टि होती है। बहरहाल अभिलेखीय साक्ष्य अधिक प्रमाणित होते हैं और इसमें अभी और शोध अपेक्षित है ।

अभिलेख का पाठ

इस अभिलेख का सबसे पहले अनुवाद कनिंघम ने प्रस्तुत किया है। इसके बाद राय बहादुर हीरालाल ने अभिलेख में उल्लेखित बातों का विवरण दिया है। वीं .वीं . मिराशी ने लेख का सूक्ष्म पाठ प्रस्तुत किया है। प्रस्तुत पाठ मिराशी से लिया गया है।

(1) वक्तृत्वे समतां सदा सुरगोरोद्धोने व [ब] लेभूर्भुजः

(2) लावण्ये मकरध्वजस्य गिरिजाशू (सू) नोः सुशक्तौ स्थितिः।

(3) प्रत्यायातरिपुश्च दुष्टमपि [यः] यस्तद्रक्षणे य शिविः [बिः]

(4) सोयं चात्र विराजते भुवि यशोराजो जितारिः स्वय [यम्] [।।1।।*]

(5) राज्ञी श्रीलक्ष्मादेवी ।।। स्वस्ति।।सम्व [त्] 934

(6) कुमार श्रीभोजदेवः ।।। कार्तिक सुदि 15 वु[बु]धे ।।

(7) कुमार श्रीराजदेवः।

(8) कुमा[रि][री] [श्री] जासल्लदेवि[वीं] ।

अनुवाद

(1-4 पंक्ति)

महाराज यशोराज की कीर्ति सम्पूर्ण पृथ्वी में व्याप्त है। जिन्होंने अपने शत्रुओं को पराजित किया है। जो ज्ञान में बृहस्पति के समान हैं। सुंदरता (लावण्य) में कामदेव (मकरध्वज) के समान हैं। शक्ति में गिरिजापुत्र स्वामी कार्तिकेय के समान हैं। और शरणागत की रक्षा करने में राजा शिवि के समान हैं।

(5 वीं पंक्ति)

लब्धप्रतिष्ठित महारानी लक्ष्मादेवी

(6वीं पंक्ति)

लब्धप्रतिष्ठित राजकुमार भोजदेव

(7 वीं पंक्ति)

लब्धप्रतिष्ठित राजकुमार राजदेव

(8 वीं पंक्ति)

लब्धप्रतिष्ठित राजकुमारी जासल्लादेवी

शिलालेख का बायां हिस्सा

शुभ! सम्वत् 934 कार्तिक सुदी 15 बुधवार

अभिलेख में महाराज यशोराज और उनकी पत्नी लक्ष्मा देवी, पुत्र भोजदेव तथा राजदेव और पुत्री जासल्ला देवी का जिक्र है।

प्रथम चार पंक्तियों में यशोराज के 'गुणों' के वर्णन में जो काव्यात्मकता है उससे अभिलेख रचयिता के काव्य प्रतिभा के उत्कृष्टता का पता चलता है। हालांकि उसने अपना नाम नही दिया है।

****

सहसपुर के अवशेष

यशोराज की मूर्ति

संदर्भ

(1) कनिंघम आर्कियोलॉजिकल सर्वे रिपोर्ट भाग 17-अ कनिंघम (1882)

(2) इंडियन एन्टीक्यूरी भाग 17- किलहार्न की चेदि सम्वत् पर रिपोर्ट(1888)

(3) इस्क्रिप्सन इन सी. पी. एंड बरार- राय बहादुर हीरालाल(1916)

(4) कार्पस इस्क्रिप्सन इंडिकेटम वॉल.4, पार्ट 2- वीं . वीं मिराशी (1955)

(5) भोरमदेव क्षेत्र: पश्चिम दक्षिण कोशल की कला- सीताराम शर्मा (1990)

10. फणि नागवंशी शासक भोजदेव और मलुगिदेव के कुटेरा (बालोद) से प्राप्त ताम्रपत्र

भोरमदेव के फणि नागवंशियों का शासन क्षेत्र सामान्यत: भोरमदेव और पचराही तक सीमित कर देखा जाता रहा है। यद्यपि डॉ. सीताराम शर्मा ने इसका विस्तार पूरे पश्चिम दक्षिण कोसल तक लेते हुए अपने शोध प्रबंध का नाम 'भोरमदेव क्षेत्र: पश्चिम दक्षिण कोसल की कला' रखा और उसमे उत्तर में पचराही,भोरमदेव से लेकर दक्षिण की तरफ गंडई, खैरागढ़, राजनांदगांव तक कला में समानता के आधार पर इसका विस्तार मानकर कला का विवेचन किया किया था। यह क्षेत्र मैकल पर्वत श्रेणी से लगा हुआ उसके समानांतर है।

मगर फणि नागवंशियो का विस्तार पूर्व ओर विस्तारित करते हुए मुंगेली, बेमेतरा, दुर्ग, बालोद जिलों के कुछ हिस्सों तक विस्तारित मानना समुचित होगा। इसके समर्थन में जनश्रुति के साथ–साथ अभिलेखिय साक्ष्य प्राप्त हुए हैं। गंडई, देवकर, देवर बीजा, देव बलौदा के मंदिरों को जनश्रुति में फणि नागवंशियों द्वारा निर्मित माना जाता है।

महाराणक भोजदेव और परम माहेश्व मलुगिदेव के अलग-अलग ये दोनों ताम्रपत्र बालोद से 24 किलोमीटर दूर स्थित ग्राम कुटेरा से 1882 ई. के लगभग खेत की खुदाई के दौरान एक साथ प्राप्त हुए थे, जिसे 1959 ई. मे श्री बालचंद्र जैन ने प्रशासन के सहयोग से अध्ययन के लिए ठाकुर नेपाल सिंह से प्राप्त कर महंत घासीदास संग्रहालय रायपुर मे संग्रहित किया। श्री बालचंद्र जैन ने सम्भवतः दोनों का पाठ तैयार किया और महाराणक भोजदेव वाले ताम्रपत्र का विश्लेषण 'Journal of Indian History vol 40 part-2, 1962 ई.मे Kotela Copper Plate Inscription of Bhojadeva Saka Year 1126 के शीर्षक से प्रकाशित कराया। 'उत्कीर्ण लेख', (द्वितीय संस्करण,2005) में दोनों ताम्रपत्रों का पाठ प्रस्तुत किया गया है जिसे श्री राहुल कुमार सिंह और श्री जी. एल. रायकवार ने तैयार किया है। दोनों ताम्रपत्रों के पाठ के लिए विद्वान् द्वय द्वारा उपर्युक्त आलेख का संदर्भ दिया गया है। लेकिन Journal of

Indian History vol 40 part 2 में केवल भोजदेव के ताम्रपत्र का पाठ और विश्लेषण है। मलुगिदेव के ताम्रपत्र के बारे में बालचंद्र जी ने पृष्ठ 255 में केवल इतना लिखा है

A copper plate of the time of Malugideva, together with the present plate is dated in Saka Samvat 1106,informing thereby that Malugideva was rulling in circa

महाराणक भोजदेव का ताम्रपत्र शक सम्वत् 1126 (1204ई.)

यह भोजदेव का एकमात्र ज्ञात ताम्रपत्र है। बालचंद्र जी ने इसका पाठ शक सम्वत् 1126 (1204 ई.) किया है, जबकि डॉ. विष्णु सिंह ठाकुर इसे शक सम्वत् 1226 (1304 ई.) पढ़ते हैं। ताम्रपत्र की लम्बाई - चौड़ाई 20.5×12.5 से. मी. है। लेख दस लाइनों में है। लेख तत्कालीन देवनागरी लिपि में तथा भाषा संस्कृत है। लेख में वर्तनी संबंधी कुछ असमान्यताएं हैं, जैसे 'श' के लिए 'स' तथा 'ब' के लिए 'व' का प्रयोग हुआ है।

मूलपाठ (उत्कीर्ण लेख, द्वितीय संस्करण से)

१. ओं[1]। स्वस्ति श्री साके (शाके) संवत् ११२६ अध्येह श्री बालोदात् समस्त प्रस (श) स्तोपे-

२. त महापंच शव्दा (ब्दा) नन्दित महाराणक श्री भोजदेव

३. तत्पादोपजीवीं प्रधान माल्ह रा श्री वेश्वपतौ[2] व्यापारं कुर्व्वति

४. एतस्मिन समये वर्तमाने धनिको ताम नामक (के) न पदुमताति तथा भा-

[1] प्रतीक चिन्ह द्वारा अंकित है

[2] 'विश्वपतौ' पढ़िए।

५. स्थ रा[3] राघव सहदेव एतेषां गृहीतम ग्राम कोटेला ग्रामस्यापरि[4] द -

६. त[5] मकर मुद्रांकित हट्ट व्यवहार दसरुपक आछु षष्टि सत अंके

७. पि आछु ६०० एतौ दत्वा गृहीतम यथा। सकाशतृणमधुकम्व्रसज्जा

८. लस सीमा पर्यन्त द्वादस वर्ष पर्यन्तम् भोक्तव्यं एत (द) थें साक्षी ठा[6] वा-

९. सुदेव गै[7] आह त देन्डल त नांदु गै मैवर एतौ साक्षिणौ - सु (श्रु)

१०. तार्थमिति प[8] देल्हणेन लिखितं यथा मंगलं महा श्रीः।

पाठ का सारांश

अभिलेख महाराणक भोजदेव के शासन से संबंधित है जिसे 'महा पंच शब्दानंदित'(having obtained five great sound) कहा गया है। यह एक व्यावसायिक दस्तावेज है जो 'वालोदा' से जारी किया गया था। वालोदा वर्तमान 'बालोद' ही होना चाहिए जिसके पास ही कुटेरा ग्राम स्थित है। यह लेख ग्राम कोटेला के 'ताम' नामक एक धनवान को पट्टा देने के परिप्रेक्ष्य में जारी किया गया है। गांव का संबंध (पट्टा का अधिकार) चार व्यक्तियों (संभवत: भाई–भाई थे) 'पदुमताती', 'भास्कर', 'राघव',और 'सहदेव' से था, जो इस पट्टा के बदले ६०० 'आछू' (सिक्के) भू–भाटक के रूप में चुका कर ग्राम सीमांतर्गत भूमि को बारह वर्ष के लिए आम, मधूक, जल, चारागाह से प्राप्त आय का उपयोग करने के

[3] 'भास्कर' पढ़िए
[4] ग्रामस्योपरि 'पढ़िए
[5] 'दत्त' पढ़िए
[6] 'ठाकुर ' पढ़िए
[7] 'गैता' पढ़िए
[8] 'पंडित' पढ़िए

अधिकारी थे। (अब अधिकार 'ताम' के पास चला गया)। भू स्वामित्व के इस स्थानांतरण प्रक्रिया के अवसर पर उपस्थित राज्याधिकारियों के साथ साक्षियों के नाम लेख में उत्कीर्ण है। इस स्थानांतरण के साक्षी 'ठाकुर वासुदेव', 'गैता आह', 'ताम्रकार देंडल', 'ताम्रकार नंदु' तथा 'गैता मैवर' थे। प्रधान मंत्री 'माल्ह' और राणक विश्वपति [राज्य की ओर से] स्वामित्व स्थानांतरण के समय कर्तव्य पर उपस्थित थे। इस संविदा लेख को पंडित देल्हन ने लिखा था। आछु मकर चिन्हांकित एक प्रकार के सिक्के को कहा जाता था जो दशरूपक के नाम से प्रचलित था।

लेख में भोजदेव की वंशावली नहीं दी गई है। इसका कारण संभवत: ताम्रपत्र का व्यावसायिक उद्देश्य के लिए लिखा जाना है। लेकिन 'महाराणक' और 'महा पंच शब्दांदित' उपाधि से उसके किसी बड़े शासक के अधीनस्थ सामंत होने के संकेत मिलते हैं। वह रतनपुर कल्चुरी शासक रत्नदेव तृतीय के पुत्र प्रतापमल्ल हो सकता है। प्रतापमल्ल की प्रारंभिक जानकारी 'पेंडराबंध ताम्रलेख' कल्चुरी सम्वत् 965 (1214 ई.) से मिलती है जिसमे कहा गया है कि यद्यपि वह बालक है फिर भी शक्ति में द्वितीय बाली है। इससे संकेत मिलता है कि प्रतापमल्ल अपेक्षाकृत युवा रहते ही 1200 ई. के आस –पास शासक बन गए थे। खरौद के लखनेश्वर मंदिर आलेख से पता चलता है उनके पिता प्रतापमाल तृतीय कल्चुरी सम्वत् 933 (1181–82 ई.) शासन कर रहे थे, परंतु 1204 ई. तक सत्ता में नहीं थे जब कुटेरा ताम्रपत्र जारी हुआ था।

मलुगिदेव का कुटेरा से प्राप्त ताम्रपत्र शक संवत् 1206 (1284-85 ई.)

इस शासक का यह एक मात्र ज्ञात ताम्रपत्र है। मलुगिदेव फणि नागवंशियों के परवर्ती शासकों की शाखा से संबंधित है। ताम्रपत्र में मलुगिदेव को परम माहेश्वर कहा गया है। उसके महा प्रधान भंडारी के द्वारा उपवालका के तीन देवालयों को एक समान रूप से सहस्त्र मुद्रायें प्रदान की गई थीं। इसी अवसर पर उपवालका के पंडित कोदू, नायक रामदेव तथा नायक श्री वरक की उपस्थिति में कापसी ग्राम की आय देवार्चन के लिए दिये जाने सम्बन्धी आज्ञा प्रसारित की गई। गायता सोणगा तथा ठाकुर वासुदेव इस राजाज्ञा के साक्षी थे।

श्री बालचंद्र जैन ने इस ताम्रलेख के संवत् को 1106 पढ़ा है। डॉ. विष्णुसिंह ठाकुर के अनुसार यह 1206 पठनीय है। ताम्रलेख में शक संवत् तथा पौष मास उल्लिखित है। शक संवत् 1206 मान्य करने पर यह ईस्वी सन् 1284-85 मालूगिदेव का शासन काल सिद्ध होता है। उपवालका ग्राम सम्भवतः आधुनिक बालोद है।

मूलपाठ (उत्कीर्ण लेख, द्वितीय संस्करण से)

१. ओम्। स्वस्ति सा (शा) के संवत् ११०६ पौषमासे य (अ) द्येह समस्त राजाव-

२. ली त्रय विराजमान परम माहेस्व (श्व) र-

३. श्री मन्मलुगिदेव विजयराज्ये ॥ महाप्रधान भङ्गा-

४. रीत्री (त्रि) देवसम । प्रदत्ताछुस (श) त मानका उपवालका-

५. द् (त) पंडित (पण्डित) कोंदू एवस्मिन (न्) समये वर्तमाने ॥ ना
-

६. यक रामदेव । नायक श्री वरकयोः । कापसी ग्रा-

७. म गृहीत ग्रामोपरि दत्त पत्र आछु ॥ २० एत-

८. दर्थे। साक्षि । गैता सोणगा ठकुर (ठक्कुरः) वासुदेवः।

बालचंद्र जी उचित ही कूटेरा ताम्रपत्र के भोजदेव का संबंध सहसपुर मूर्ति अभिलेख कलचुरी संवत् 934 (1182 ई.) के कुमार भोजदेव और मड़वा महल अभिलेख विक्रम संवत् 1406 (1349 ई.) में उल्लेखित भीम के पुत्र भोज से जोड़ते हैं। सहसपुर अभिलेख में कुमार भोजदेव यशोराज के पुत्र हैं जो 1182 ई. में शासन कर रहे थे। इस दृष्टि से उनका ज्येष्ठ पुत्र भोजदेव 1200 ई. के आस-पास शासन करते रहे होंगे। यह वर्तमान अभिलेख 1204 ई. से मेल खाता हैं और दोनों भोजदेव की संगति बैठ जाती हैं।

मड़वा महल अभिलेख में भोज को भीम का बेटा कहा गया है जो (यानी भीम) खड्गदेव का पंथी, भुवनैकमल्ल का नाती तथा अर्जुन का बेटा है। उसी अभिलेख से यह भी पता चलता है कि मलुगिदेव भोज के 'बड़े चाचा (grand -uncle)' थे और भोज के बाद लक्ष्मण शासक हुए जो मालुगिदेव के पुत्र (अथवा दामाद)थे। मालुगिदेव के कुटेला ताम्रपत्र से पता चलता है कि वे 1184–85 ई. में वर्तमान थे, जबकि भोजदेव 1204 ई. में वर्तमान थे। इससे यह अनुमान किया जा सकता है कि भोज के पिता भीम मालुगिदेव के समकालीन थे। अब चूंकि सहसपुर अभिलेख के भोज के पिता यशोराज 1182 ई. में वर्तमान थे इससे बालचंद्र जैन जी यह निष्कर्ष निकालते हैं कि मड़वा महल अभिलेख के भीम और सहसपुर अभिलेख के यशोराज एक ही व्यक्ति होना चाहिए।

बालचंद्र जी लिखते हैं अब बोरिया (पचराही) अभिलेख का जसराजदेव (यशोराज) की संगति सहसपुर के यशोराज से बैठ सकती है यदि बोरिया अभिलेख को शक सम्वत् 1110 (1188 ई.) पढ़ा जाय जैसा कि कनिंघम ने एक जगह ऐसा ही पढ़ा था। लेकिन यदि इसे सम्वत् 910 पढ़ा जाय और इसे कल्चुरी सम्वत् माना जाय (कनिंघम ने भी इसकी संभावना व्यक्त की है) तो यह 1158–59 ई. ठहरता है। [मिराशी ने सम्वत् 910 ही माना है–अजय]

यह उस यशोराज से मेल नहीं खाता जो 1182 ई. के लगभग शासन कर रहा था।

लेकिन यदि मालुगिदेव के कुटेरा ताम्रपत्र को शक सम्वत् 1206 (1284–85 ई.) पढ़ा जाय जैसा कि विष्णु सिंह ठाकुर जी ने पढ़ा है तो समस्या और जटिल हो जायेगी। यानी भोज 1300 ई. के बाद ठहरेंगे क्योंकि वह मालुगिदेव के बाद की पीढ़ी के हैं जबकि कुटेरा ताम्रपत्र से स्पष्ट हैं भोजदेव 1204 ई. में वर्तमान थे। लेकिन विष्णु सिंह जी भोजदेव के कूटेरा ताम्रपत्र को भी शक सम्वत् 1226 (1304 ई.) पढ़ते है, इस दृष्टि से दोनों में संगति बैठ सकती है। मगर यशोराज से संगति नहीं बैठ पायेगी। यही कारण है कि राय बहादुर हीरालाल के इस मत से कि

वंशावली में त्रुटि अथवा कुछ कल्पित नाम हो सकते हैं, से सभी सहमत दिखाई देते हैं।

भोरमदेव मंदिर का निर्माता एवं निर्माण काल

आलेख में आगे बालचंद्र जैन जी लिखते हैं कि भोजदेव का संबंध मड़वा महल अभिलेख सम्वत् 1406 (1349 ई.) में उल्लेखित फणिनागवंश से है। इस अभिलेख में फणिनागवंशियों की वंशावली दी हुई है। उनमें से एक शासक भुवनैकमल्ल के बारे में अभिलेख में कहा गया है कि उसने (वर्तमान भोरमदेव शिव मंदिर की तरह) एक शिव मंदिर का निर्माण कराया था। बालचंद्र जी मानते है कि वह मंदिर भोरमदेव का वर्तमान शिव मंदिर ही है। श्री संत लाल कटारे भी उक्त उल्लेख के आधार पर भुवनैलमल्ल को वर्तमान शिव मंदिर का निर्माता मानते हैं।

श्री संतलाल कटारे अपने विश्लेषण में भोरमदेव शिव मंदिर का निर्माण काल लगभग 1280 ई. मानते हैं।

बालचंद्र जी मानते है कि चूंकि भुवनैकमल्ल भोज के दादा के पिता (great–grand–father) थे और भोज 1204 ई. में शासन कर रहे थे इसलिए भोरमदेव शिव मंदिर का निर्माण काल (भुवनैकमल्ल का समय) 1140 ई. के लगभग होना चाहिए न कि 1280 ई.। बालचंद्र जी लिखते हैं कि श्री कटारे का मत मड़वा महल के उस व्यक्तव्य के आधार पर है जिसमे रामचंद्र देव विक्रम सम्वत् 1406 (1349 ई.) में शासन कर रहे थे और उनके और भुवनैकमल्ल के बीच दो पीढ़ियों का सम्मिलन (intervened) हुआ है। (यानी रामचंद्र से तीन–चार पीढ़ी पूर्व लगभग लगभग 1280 ई. में भुवनैकमल्ल रहे होंगे)

भोरमदेव मंदिर के निर्माता निर्धारण की समस्या पर चूंकि हमने अलग से अन्यत्र लिखा है इसलिए यहां इन मतों का परीक्षण नहीं कर रहे हैं।

इन ताम्रपत्रों के बालोद से जारी होने से स्पष्ट है कि परवर्ती फणिनागवंशियों के समय बालोद सत्ता का एक केंद्र अवश्य था। ऐसा प्रतीत होता है कि फणिनागवंशियों के सत्ता के एकाधिक केंद्र रहे होगे और संभवत: युवराजों को इसकी जिम्मेदारी दी जाती रही होगी। मड़वा

महल अभिलेख से युवराजों के विशेष शक्तिशाली होने का पता भी चलता है। फणिनागवंशियों के इस विस्तारित क्षेत्र को देखने से कलचुरियों के समक्ष उनकी मजबूत स्थिति का भी अनुमान होता है। रामचंद्र देव की कल्चुरी कन्या धन्यंबिका से विवाह होने से भी इस बात की पुष्टि होती है।

****

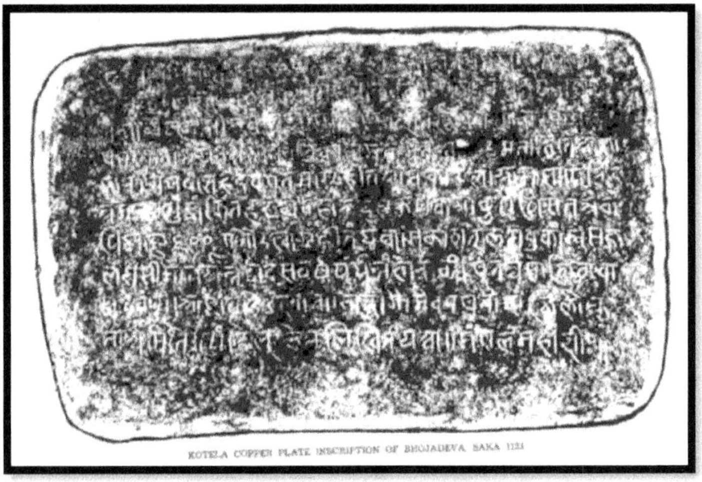

KOTELA COPPER PLATE INSCRIPTION OF BHOJADEVA SAKA 1121

मलुगिदेव के कुटेरा(बालोद) से प्राप्त ताम्रपत्र

संदर्भ-

(1) Journal of Indian History vol 40 part-2, 1962 ई. मे Kotela Copper Plate Inscription of Bhojadeva Saka Year 1126 के शीर्षक से प्रकाशित श्री बालचंद जैन का आलेख ।

(2) उत्कीर्ण लेख-द्वितीय परिवर्धित संस्करण (2005 ई.)-बालचंद्र जैन, परिवर्धन -राहुल कुमार सिंह, जी.एल. रायकवार।

(3) Bhoram Deo Temple and it's Transcription, V.S. 1608 शीर्षक से I.H.Q. Nos.2 & 3 1960 में श्री संतलाल कटारे का आलेख ।

(4) 'Mandawa Mahal Inscription of Ramachandra V.S. 1406 –श्री बालचंद्र जैन का आलेख (सिंहावलोकन ब्लॉग,राहुल कुमार सिंह)।

11. श्री मगरध्वज जोगी 700

भोरमदेव शिव मंदिर के दक्षिणी अर्धमंडप के प्रवेश द्वार के दाहिने फलक में 'मगरध्वज 700' उत्कीर्ण है; जो इतिहास में रुचि रखने वालों को आकर्षित करता है। लिपि क्षेत्रीय देवनागरी में है और 12वीं 13 वीं शताब्दी से पुरानी नहीं जान पड़ती। ऐसा अभिलेख पचराही में मूर्तिखण्ड जिसका ऊपरी हिस्सा खण्डित है तथा निचले हिस्से में नृत्य तथा वादन करते स्त्री पुरुष अंकित हैं, में भी उत्कीर्ण हैं।

मगर यह लेख कई अन्य प्राचीन मंदिरों के प्रवेश द्वार, मंदिर वास्तु के किसी अन्य भाग में एवं मूर्ति के नीचे या शिवलिंग पर भी अंकित मिलता है। डॉ. सीताराम शर्मा के अनुसार "हमारे देश के विस्तृत भूभाग में यथा उत्तर से दक्षिण और गंगा से लेकर गोदावरी तक, उत्तर पश्चिम चितौड़गढ़ से लेकर पूर्व में स्थित कटक तक यह लेख देखा जा सकता है। इसके अंतर्गत मध्यप्रदेश और बिहार सहित उड़ीसा का क्षेत्र भी सम्मिलित है। पाली और भोरमदेव मंदिर, बोरिया का कंकाली टीला, देऊर बीजा, देउरगांव या शेरगढ़ स्थित शिवलिंग (खैरागढ़), अमरकंटक और चंदेरी (बघेलखण्ड) जबलपुर के बिलहरी क्षेत्र, हिंडोरिया (दमोह), नरसिंहपुर जिले के बरहटा में यह लेख विभिन्न मूर्तियों पर या मंदिर के किसी भाग पर अंकित मिलता है। केलूद (नागपुर) और राजस्थान के चित्तौड़गढ़, मार्कण्डा मंदिर महाराष्ट्र में भी यह लेख मिलता है।" कुछ समय पूर्व (2015) 'वैद्यनाथ धाम' (झारखंड) में भी खुदाई के दौरान मंदिर के एक स्तम्भ में यह अभिलेख मिला है।

'मगरध्वज जोगी 700' आखिर क्या है.?

स्पष्टतः इसके दो भाग प्रतीत होते हैं; पहला भाग नाम और दूसरा भाग संख्या। इस पर विभिन्न विद्वानों ने विचार किया है-

(1) कनिंघम 700 को सम्वत् से जोड़ने का प्रयास करते हैं, और लिपि की प्रवृत्ति से हर्ष के काल से जोड़ने का प्रयास करते हैं

(700+606= 1306)। मगर तत्कालीन समय में इस क्षेत्र में कलचुरी सम्वत् के व्यापक प्रयोग से यह उचित प्रतीत नहीं होता।

(2) एक दूसरे विद्वान श्री कजेन्स ने संख्या 700 को मगरध्वज जोगी के शिष्यों की संख्या के रूप में अपनी मान्यता दी है। इस संख्या से उन्होंने जोगी की महत्ता और श्रेष्ठता प्रतिपादित की है। अब प्रश्न यह उठता है कि क्या यह लेख किसी एक व्यक्ति के द्वारा लिखा गया है?

लेख का सूक्ष्म परीक्षण करने पर यह ज्ञात होता है कि यह एक ही शैली में न होकर विभिन्न शैलियों में अंकित है। इस आधार पर यह संभावना बलवती प्रतीत होती है कि जोगी के 700 शिष्यों की मंडली में तीर्थाटन के समय अलग-अलग शिष्यों के द्वारा उक्त लेख अंकित किया गया होगा।

(3) उक्त लेख एक ही सम्प्रदाय के मूर्तियों पर न होकर विभिन्न सम्प्रदायों की मूर्तियों पर उत्कीर्ण किया गया है। दमोह जिले के हिंडोनिया और कवर्धा क्षेत्र के कंकाली टीला से प्राप्त विष्णु मूर्ति की चौकी पर यह पाया गया है। इसके अतिरिक्त खैरागढ़ क्षेत्र के अंतर्गत देउरगांव (शेरगढ़) तथा शिवकोकड़ी स्थित शिवलिंग पर यही लेख खोदा गया है। इसी तरह रायपुर जिले में स्थित सोमनाथ मंदिर के विशालकाय शिवलिंग पर यह लेख देखा जा सकता है। इससे यह निष्कर्ष निकलता है कि मगरध्वज जोगी और उसके अनुयायी शिष्य देश एवं प्रदेश के विभिन्न देवस्थानों की यात्रा करते थे और उस स्थान में अपनी यात्रा की स्मृति हेतु मूर्तियों पर या मंदिर के किसी भाग पर अपनी जमात का संकेत "श्री मगरध्वज जोगी 700" अंकित कर देते थे। हो सकता है कि संख्या 700 कोई शुभसूचक अंक हो जिसका प्रयोग यह जमात करती रही हो।

उक्त विवरण से यह प्रतिध्वनित होता है कि मगरध्वज जोगी की प्रतिष्ठा अत्यधिक थी, इसलिए पूजास्थलों जैसे पवित्र स्थानों में ही नहीं, अपितु मूर्तियों एवं मंदिर में स्थापित शिवलिंग पर भी यह लेख उत्कीर्ण किया

गया है। इसके अतिरिक्त दूर-दूर तक तीर्थाटन करने में अनेक बाधाओं के होते हुए भी उस जमात को सुविधाएं प्रदान की गई होंगी। क्रैमरिक ने भी यही मत प्रकट किया है।

मगरध्वज जोगी कौन था?

सामान्यता योगी (जोगी) शैव मत का अनुयायी होता है। तथा वह इसी सम्प्रदाय के सन्यासियों द्वारा पूज्य होता है। विचित्रता यह है कि मगरध्वज जोगी शैवों और वैष्णवों के द्वारा समान रूप से सम्माननीय था क्योंकि शिवलिंगों की तरह वैष्णव मूर्तियों में भी इनका नाम अंकित मिलता है। अब प्रश्न उठता है कि इस जोगी का निवास कहां था?

सीताराम शर्मा लिखते हैं कि रतनपुर के हस्तलिखित इतिहास (बाबू रेवाराम कायस्थ तथा शिवदत्त शास्त्री) से ज्ञात होता है कि यहां (रतनपुर में) मगरध्वज जोगी और उसके 700 अनुयायियों के लिए एक मठ था। यह जाजल्लदेव (1114 ई.) का समकालीन था। रतनपुर के हैहयवंशी नरेश शैव मत के अनुयायी थे, क्योंकि इनकी शाखा त्रिपुरी से सम्बंधित थी। त्रिपुरी के कलचुरी भी शैव थे और शैवों के पाशुपत सम्प्रदाय के अंतर्गत कालमुख शाखा से सम्बंधित थे। इनके धर्मगुरु सद्भवशम्भू ने विभिन्न स्रोतों से प्राप्त दान एवं उपहारों की सहायता से गोलकीमठ की स्थापना की थी जिसकी शाखाएं आधुनिक मद्रास के निकट मुखपुरम एवं रीवा क्षेत्र में गुर्गी और चंदेरी तथा बुन्देलखण्ड में खजुराहों तक फैल गई। अतः यह संभावना प्रतीत होता है कि उक्त गोलकीमठ की एक अन्य शाखा देवी खोल (रतनपुर) में स्थापित की गई होगी। पाशुपत सम्प्रदाय के शैवों का रतनपुर में उपासनापीठ महामाया मंदिर है। मगरध्वज जोगी का काल त्रिपुरी के कलचुरियों का अपकर्ष और रतनपुर शाखा का उत्कर्ष काल था। यह स्वाभाविक है कि रतनपुर के इस उत्कर्ष काल मे इस मठ की मान्यता अपने मूलस्थान गोलकीमठ से भी अधिक हो गई होगी।

सीताराम शर्मा ने रतनपुर के हस्तलिखित इतिहास में मगरध्वज जोगी और उसके 700 अनुयायियों के लिए एक मठ होने तथा इस जमात के तीर्थाटन करते हुए वापस न लौटने की बात लिखी है। मगर हमारे स्तर इसकी पुष्टि नही हो पायी है। बाबू रेवा राम कायस्थ के 'तवारीख श्री

हैहयवंशी राजाओं की' में जिक्र है "राजा वेणुदेव के रानी कौशिल्यादेवी से बेठा से राजा जाजल्वदेव पैदा हुए यह वेणुदेव राजा बड़े शूरवीर हुए दाता सिद्ध गोरख से वर पाय के बहुत नामवरी किये"। एक अन्य जिक्र इस प्रकार है "यह राजा रत्नसिंह बड़ा धर्मात्मा रहे अपने खुद यह देश में टकौरी नही लेते थे देवस्थान इमारत बहुत बनवाए 2 तालाब बनवाए 1 बद 2 रत्नेश्वर दान यज्ञ करके बाद गोरक्षनाथ योगी के चेला होके अपने बेटा भूपाल सिंह को राज्य देके गुरू के संग तपस्या करके अमर होक रानी वेदमती समेत अब तक मेकल पर्वत में रहते हैं"

लेकिन ऐसा प्रतीत होता है कि रेवाराम जी की 'तवारीख-ए-हैहयवंशी' की कई पाण्डुलिपियाँ मिलती हैं जिनमे पाठभेद रहा है। रायबहादुर हीरालाल जी ने भी उसकी जो पाण्डुलिपि देखी थी उसमे मगरध्वज का जिक्र था। ऐसा प्रतीत होता है कि मूल पाण्डुलिपि की प्रतियाँ बनाते समय चूक हुई होंगी।

पं. शिवदत्त शास्त्री के 'रत्नपुर आख्यान' में जिक्र है "रत्नसिंह देव सम्वत् 915 के साल में रहे रत्नेश्वर तालाब किए उनकी स्त्री वेदनाम के तालाब किए गोरक्षराथ के आशीर्वाद से रत्नसिंह अमर हो गए नर्मदा नदी के किनारे रहत हंय कोनों समय मे रत्नपुर आवत हंय"।

संभव है सीताराम शर्मा जी ने जो पाण्डुलिपि देखी रही हो उसमे मगरध्वज का जिक्र रहा हो अथवा सम्भवतः सीताराम जी के अनुसार 'गोरक्षनाथ' ही मगरध्वज है। हो सकता है उनको दोनों नामों से जाना जाता रहा हो। ऊपर उल्लेखित पांडुलिपी में 'जाजल्वदेव' जाजल्लदेव प्रथम (1090-1120) , तथा 'रत्नसिंह' रत्नदेव प्रथम (1045-1065) प्रतीत होते हैं। डॉ. रामकुमार बेहार ने भी 'छत्तीसगढ़ का इतिहास' में लिखा है "डॉ. श्याम कुमार पांडेय के अनुसार- ऐसा माना जाता है कि जाजल्लदेव मगरध्वज जोगी के साथ तीर्थाटन को गए तथा वापस लौटकर नही आए (दक्षिण कोशल पृष्ठ 122)"। स्पष्टतः यह जनश्रुति प्रतीत होता है। इसी तरह जाजल्लदेव (प्रथम) के रतनपुर शिलालेख सम्वत् 866 (1114 ई.) में उनके गुरु 'रूद्रशिव' होने का पता चलता है, जो दिङ्ग्नाग के न्याय तथा अन्य सिद्धांतो के जानकार थे। इस अभिलेख में जाजल्लदेव द्वारा 'तापस मठ' बनाये जाने का भी उल्लेख है। ऊपर

वर्णन में गोरक्षनाथ का स्थान 'मैकल पर्वत 'नर्मदा नदी के किनारे' से वह स्थान अमरकंटक हो सकता है।

ऊपर उल्लेखित 'मगरध्वज', गोरक्षनाथ' और 'रूद्रशिव ' तीनों क्या एक ही व्यक्ति के नाम हैं? अथवा इन तीनों के बीच क्या सम्बन्ध है; इसकी जानकारी हमे नही मिल पाती।

मगरध्वज की पहचान के सम्बंध मे एक अन्य सूत्र "ध्वज" शब्द से प्राप्त होता है। जनश्रुति के आधार पर रतनपुर का प्रथम राजा मयूरध्वज था जो महिष्मति (आधुनिक मान्धाता-जिला निमाड़) के प्रतापी सम्राट कार्तवीर्य सहस्त्रार्जुन का पुत्र था। इसके बाद ताम्रध्वज, विश्वध्वज, चन्द्रध्वज, मखपालध्वज आदि। ताम्रध्वज की साम्यता महाभारत में उल्लेखित राजा ताम्रध्वज से की गई है। सम्भवतः 'मगरध्वज' इसी मिथिकीय परंपरा से प्रभावित नाम हो। इस तरह मगरध्वज देवी खोल (रतनपुर) के धार्मिक गद्दी का उत्तराधिकारी रहा होगा।

एक अन्य सूत्र के रूप में मारकण्डा मंदिर (जिला चाँदा) के पीछे की भित्ति पर 'रत्नध्वज' का विक्रम सम्वत् 1519 अर्थात 1462 ई. का एक अभिलेख है। सम्भव है यह मगरध्वज के परंपरा का, बाद का कोई सन्यासी हो जो सामने द्वार पर अपनें पूर्ववर्ती जोगी का नाम देखकर अपना नाम मंदिर की पिछली भित्ति पर उत्कीर्ण कराया हो।

इस तरह विश्लेषण से इतना निष्कर्ष निकाला जा सकता है कि 'मगरध्वज' रतनपुर के कलचुरियों द्वारा स्थापित किसी मठ (सम्भवतः महामाया) का मठाधीश रहा होगा। उसके 700 शिष्य रहे होंगे अथवा यह 700 उसका कोई शुभ संकेत रहा होगा। उसकी प्रतिष्ठा अत्यधिक थी; वह शैव, वैष्णवों, शाक्तों में समान रूप से पूजनीय था। वह लागातर तीर्थाटन करता था तथा अपना नाम उत्कीर्ण कराता था।

****

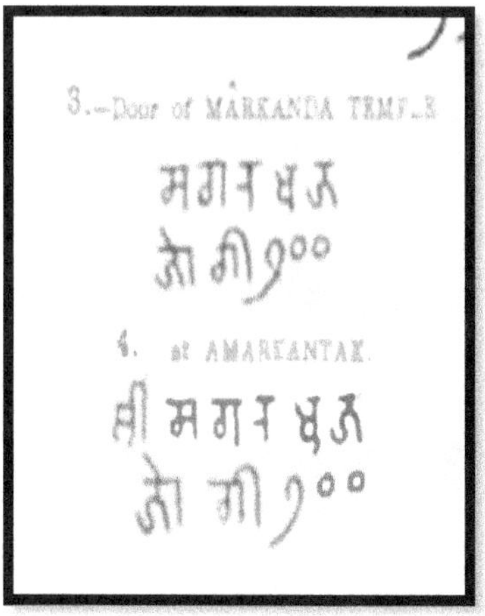

योगी मगरध्वज- अमरकंटक, चित्तौड़गढ़

भोरमदेव, पचराही

संदर्भ

(1) कनिंघम आर्कियोलॉजिकल सर्वे रिपोर्ट भाग 17-अ. कनिंघम (1882) एवं भाग 9 ।

(2) भोरमदेव क्षेत्र: दक्षिण पश्चिम कोशल की कला-डॉ. सीताराम शर्मा (1990)।

(3) उत्कीर्ण लेख- बालचंद्र जैन (संस्करण 2005)।

(4) छत्तीसगढ़ का इतिहास-डॉ. रमेन्द्र नाथ मिश्र (2010), इसमें संकलित रेवाराम और शिवदत्त शास्त्री का हस्तलिखित रतनपुर का इतिहास।

(5) छत्तीसगढ़ का इतिहास-डॉ. रामकुमार बेहार (2014)।

(6) SHRI MAGARDHVJ A YOGI 700 - I. H. Q. No 2 RAY BAHADUR HIRA LAL 1927।

(7) चित्तौड़गढ़ का कालिका माता मंदिर फोटो श्री ओम सोनी के सौजन्य से प्राप्त।

12. भोरमदेव शिव मंदिर के सभामंडप में स्थित राजपुरूष की विशिष्ट मूर्ति का शिल्प एवं महत्व

छत्तीसगढ़ के कल्चुरीकालीन मंदिरों में सामान्यतः मंदिर निर्माता राजपुरूष की मूर्ति भी गर्भगृह में अथवा अन्यत्र स्थापित करने की परम्परा रही है। ये मूर्तियां कभी एकल होती हैं और कभी रानियों सहित। पद्मासन में बैठे हाथ जोड़े इन मूर्तियों के हाथों के बीच सामान्यतः मातुलिंग अथवा कमलपुष्प होते हैं। इन मूर्तियों के पोट्रेट होने के अनुमान हैं मगर अधिकांश मूर्तियों के अभिलेख रहित होने से इनके बारे में जानना कठिन होता है। मगर कई मूर्तियां अभिलेख युक्त भी होती हैं।

भोरमदेव क्षेत्र के मंदिरों में भी राजपुरूष की ऐसी मूर्तियां प्राप्त हुई हैं, इनमें से तीन अभिलेखयुक्त मूर्तियां महत्वपूर्ण हैं-

(1) भोरमदेव शिव मंदिर के सभामंडप में रखी राजपुरूष की मूर्ति (कल्चुरी संवत् 840)

(2) सहसपुर से प्राप्त यशोराज की मूर्ति (कल्चुरी संवत् 934)

(3) बूढ़ा महादेव मंदिर कवर्धा के मंडप में दीवार से जड़ी महामात्य ठाकुर माल्तु की मूर्ति (कल्चुरी संवत् 910)

यहां हम क्रमांक (1) में उल्लेखित मूर्ति पर विस्तृत चर्चा करेंगे।

काले ग्रेनाइट पत्थर से निर्मित यह मूर्ति कला की दृष्टि से उत्कृष्ट है साथ ही भोरमदेव मंदिर के निर्माता और काल निर्धारण में इस मूर्ति का महत्वपूर्ण स्थान है। इस मूर्ति की भव्यता के बारे में श्री सीताराम शर्मा ने लिखा है-

"भोरमदेव मंदिर के सभामंडप में बायीं ओर एक योगी की मूर्ति है। यह काले पत्थर की है। योगी अपने दोनों हाथ जोड़े हुये है जिनमें शायद कमलपुष्प धारण किये है। ये पद्मासन में बैठे हैं, सिर पर अलंकृत लघुमुकुट है। उनकी मूँछे भी है तथा लंबी दाढ़ी भी दिखाई देती है। योगी के कानों में कुंडल है और कंठहार, वक्षस्थल पर अलंकृत मणिमाला दिखाई देती है। दोनों, हाथों में बाजूबंध है। योगी अर्धावस्त्रधारण किये हुये है जो शरीर से सटा हुआ है और उसमें अलंकार योजना है। इस मूर्ति के तीनों ओर द्वार स्तंभ संरचना है। शीर्ष भाग में राजा लक्ष्मणदेव राय, रामराय तथा रानियों के नाम सम्बन्धी अभिलेख हैं। आसन के नीचे भी अभिलेख अंकित है। दाहिनी ओर के फलक पर एक राजपुरुष को घोड़े पर सवार बताया गया है। घोड़ा गतिशील है। पीछे छत्र धारण किया हुआ है। घोड़े को एक स्त्री घास (खाना) दे रही है। योगी मूर्ति का आधार तीन भूमियों से युक्त चौकी है। सम्मुख बिम्ब पर लता अभिकल्प है। ऊपर की भूमि पर अभिलेख अंकित है। समूची आकृति मनोहर तथा मूर्तिकला का उत्कृष्ट उदाहरण है।"

मूर्ति आलेख

एशियाटिक रिसर्चेस वॉल्यूम 15 (1825) में आर.जेनकिन्स ने अपने सर्वे के दौरान इस मूर्ति के बारे में लिखा है-

"Image in the Sabha Mandap, people call it the image of Daserath-on the head and below the foot of which are some characters".

इस मूर्ति को 'लोकमानस' में दशरथ की मूर्ति कहे जाने का अन्य किसी अध्ययनकर्ता ने उल्लेख नहीं किया है; न ही हमारी जानकारी में वर्तमान में ऐसा कहा जाता है। मगर महत्वपूर्ण बात यह है कि यह मूर्ति तत्कालीन समय (1825) मे भी मंदिर के सभा मंडप में रखी हुई थी। जेनकिन्स के रिपोर्ट में एक और चीज आश्चर्य में डालती है कि उन्होंने मूर्ति के पादतल के चौकी में उत्कीर्ण सम्वत् 840 का उल्लेख नहीं किया है; जबकि अन्यत्र मड़वा महल अभिलेख, सहसपुर अभिलेख, मंदिर के

दक्षिणी प्रवेश द्वार अभिलेख तथा बोरिआ अभिलेख के संदर्भ में सम्वत् का उल्लेख किया है। उन्होंने अभिलेख में उल्लेखित जानकारियों का विवरण भी नहीं दिया है।

सर अलेक्जेंडर कंनिंनघम ने 'आर्कियोलॉजिकल सर्वे ऑफ इंडिया वॉल्यूम 17 रिपोर्ट ऑफ अ टूर इन द सेंट्रल प्रोविनेन्स एंड लोवर गंगेटिक दोआब इन 1881-82' मे इस मूर्ति के बारे में लिखा है-

"there was a large figure of a bearded man sitting with joined hands, which I take to the image of Raja's religious adviser.It is 2 feet 7 inches high and 1foot 11 inches broad, and has three inscriptions on the pedestal. The lowermost bears the date of samavat 840 during the reign of Shri Gopal Deva.It is a much larger sculpture than tha Naga, and also much better execution. On the pedestal of this figure there is a Raja on the horseback, with an attendant behind carrying an umbrella, and a female offering food to the horse.To the right is a Jogi seated with the knees bound. The horseman I take to be the founder of temple, and the Jogi is probably the same as the large-scale bearded figure. The actual builder of the temple would seem to have been Lakshana Deva Raya, together with his son Ram Raya, and his Queens Dhala Devi, Sudhar Devi, Raja Devi, Padma Devi, Sila Devi, and Bala Devi."

कनिंघम ने इसे 'राजपुरोहित' की मूर्ति माना है, तथा इसके बायीं ओर पादतल पर घुटना मोड़कर बैठे व्यक्ति को इसी का प्रतिरूप होने की संभावना व्यक्त किया है। पादतल के दाहिने ओर धोड़े पर सवार एक राजपुरुष की मूर्ति उत्कीर्ण है, जिसके पीछे परिचारक छत्र लेकर खड़ा है तथा घोड़ा गतिशील मुद्रा में है जिसे एक स्त्री घास (भोजन) खिला रही है। घोड़े पर सवार इस राजपुरुष को कनिंघम ने मंदिर का निर्माता माना है। मूर्ति चौकी के पादतल में दाहिने तरफ के उत्कीर्ण लेख में "सिद्धि [।*] सम्वत् 840 राणक श्री गोपालदेवराज्ये" लिखा है। इतिहासकार इसे कलचुरी सम्वत् मानते हैं जिससे यह ई. सन 1088 (840+248)

ठहरता है; जो मंदिर के वास्तुरूप और निर्माणशैली, जिससे मंदिर लगभग ग्यारहवीं-बारहवीं शताब्दी का ठहरता है; उचित प्रतीत होता है। कलचुरी सम्वत् के प्रयोग के पीछे यह तर्क दिया जाता है कि तत्कालीन समय मे रतनपुर के कलचुरी शक्तिशाली थे और भोरमदेव के फणिनागवंशी उनकी अधीनता स्वीकार करते रहे होंगे। अन्य शिलालेखों से इस बात के संकेत भी मिलते हैं।

इस दृष्टि से 'गोपालदेव' के मंदिर-निर्माता होने की प्रबल सम्भावना है। फणिनागवंशियों के मड़वा महल अभिलेख सम्वत् 1406 (1349ई.) में गोपालदेव इस वंश के छठवें शासक हैं। लेकिन कनिंघम ने मंदिर-निर्माता के रूप में 'लक्ष्मणदेवराय' की संभावना व्यक्त की है, जिसका नाम, उसके पुत्र तथा रानियों सहित मूर्ति के ऊपरी हिस्से में उत्कीर्ण है। फणिनागवंशियों के वंशावली में लक्ष्मणदेव 23 वें नम्बर के शासक हैं; और उनका पुत्र 'रामचन्द्रराय' 24 नम्बर में है। मड़वामहल अभिलेख से हम जानते हैं कि रामचन्द्र 1349 ई. में वर्तमान थें; इसलिए लक्ष्मणदेव 1300 ई. के पूर्व प्रतीत नही होतें। मंदिर का निर्माण शैली ग्यारहवीं-बारहवीं शताब्दी के लगभग होने के कारण लक्ष्मणदेव के मंदिर का निर्माता होने की सम्भावना कम प्रतीत होती है। इस तरह एक ही मूर्ति में गोपालदेव और लक्ष्मण देव के उत्कीर्ण आलेख एक ही समय के नहीं होने चाहिए। फिर मूर्ति में लक्ष्मणदेव और उनके पुत्र तथा रानियों (अथवा पुत्रियों) के नाम क्यों उत्कीर्ण किया गया होगा? एक सम्भावना यह बताई जाती है कि किसी समय जब लक्ष्मणदेव अपने परिवार सहित मंदिर दर्शन पर आये होंगे तो उस उपलक्ष में उनका नाम उत्कीर्ण किया गया होगा। मगर श्री वीं.वीं. मिराशी ने कनिंघम से संकेत ग्रहण कर मत दिया है कि लक्ष्मणदेव गोपालदेव के अधीनस्थ सामन्त (petty chief) रहे होंगें। इस दृष्टि से एक ही समय मे दोनों के होने की सम्भावना की पुष्टि हो सकती है। मगर श्री मिराशी ने इसकी पुष्टि के लिए कोई साक्ष्य प्रस्तुत नहीं किया है, जबकि फणिनागवंशियों के वंशावली में लक्ष्मणदेव का स्पष्ट उल्लेख अपने पुत्र रामचन्द्र सहित है और मूर्ति अभिलेख में भी दोनों के नाम हैं, इसलिए इन्हें वंशावली में ही उल्लेखित व्यक्ति मानना उचित होगा, जो कि गोपालदेव से काफी दूरी पर हैं। यदि वंशावली में कुछ काल्पनिक नाम भी मान लिया जाय तो भी यह दूरी काफी रहेगी; अतः श्री मिराशी का मत उचित प्रतीत नहीं होता।

भोरमदेव मंदिर के दक्षिणी प्रवेश दीवार पर बायीं तरफ़ सम्वत् 1608 (1551ई.) का एक अभिलेख है जिसमे मंदिर को 'महाराजाधिराज भुवनपाल तस्य सिवालय' कहा गया है। भुवनपाल फणिनाग वंशियों के वंशावली में आठवें शासक हैं। यदि छठे शासक गोपाल देव 1088 ई. में वर्तमान थे तो भुवनपाल देव अवश्य 1100-1200 (बारहवीं शताब्दी) ई. में हुये होंगे। इस तरह भुवनपाल देव के मंदिर के निर्माता होने की सम्भावना बनती है। किंतु मड़वा महल अभिलेख में जिक्र आता है कि भुवनैकमल्ल द्वारा चतुरापुरी के उत्तर में शिव मंदिर (निलय:शिवस्य) तथा एक विशाल तालाब (महास्तडाग:) बनवाया गया था। उसी तरह रामचन्द्र द्वारा एक शिव मंदिर बनाये जाने का जिक्र आता है जो कि मड़वा महल ही है, जहां विक्रम सम्वत् 1406 का शिलालेख रखा हुआ था। तो फिर भुवनैकमल्ल द्वारा निर्मित शिव मंदिर कौन सा है? संतलाल कटारे जी इसे भोरमदेव का वर्तमान शिव मंदिर ही मानते हैं। भौगोलिक दृष्टि से भी यह मंदिर चतुरापुरी गढ़ी के उत्तर में ही है। संतलाल जी मानते हैं कि दक्षिणी दीवार अभिलेख में उल्लेखित 'भुवनपाल' त्रुटिवश 'भुवनैकमल्ल' के बदले अंकित हो गया होगा।

"श्रीखड्गदेवाद्भुर्वं नकमल्लस्तनूभवोभूद्भुजवीर्यशाली
आसाद्य राज्यं फणिणवंशकेतोः शशास पृथ्वीं चतुरर्णावान्तां ॥४७॥
जित्वा वैरिबलानि खड़गमुहृदा दोषणा स पूष्णा समस्ते-जस्वी चतुरः पुरीमरचददूर्गावलीं दुर्गमां। यस्या दक्षिणतः स्वयं सुरनदी बाहोदरी शङ्करी, यत्तीरे हटकेश्वरे फणिकुले--स्वयं निर्गतः ॥४८॥ आराधिता तेन राज्ञा ब्रह्माणी देवता स्वयं। आरक्षको कृता यस्याः खड्गस्येवाधि देवता ॥४९॥ तामुत्तरेण नगरों तरुणेन्दुमौलेरभ्र लिहो विरचितो निलयः शिवस्य । सिन्धो सपत्न इव तत्र तरंगलेखाभूभंग भीषणतरश्च महांस्तडागः ॥५०॥"

(मड़वा महल अभिलेख का श्री कटारे द्वारा बाँची गई छंद संख्या 47-50)

राजपुरूष अथवा योगी की मूर्ति

प्रथम दृष्टया यह मूर्ति राजपुरूष की लगती है, मगर कनिंघम ने इसे योगी की मूर्ति कहा, जिससे आगे यह नाम चल पड़ा। राय बहादुर हीरालाल ने कनिंघम के मत से ही 'Rajas religious adviser' कहा है। वीं.वीं. मिराशी मूर्ति को कोई नाम नहीं देते। डॉ. गजेंद्र कुमार चंद्रद्रौल ने भी योगी की मूर्ति कहा है। सीताराम शर्मा एक जगह योगी की मूर्ति कहते हैं मगर एक दूसरी जगह 'राजा लक्ष्मण देव की जोगी कान्हो सहित' मूर्ति कहते हैं। यह नाम अधिक उपयुक्त लगता है।

कनिंघम द्वारा इस मूर्ति को ''Rajas religious adviser' कहे जाने का कारण मूर्ति का अभिलेख है। दरअसल इस मूर्ति में राजा लक्ष्मणदेव तथा जोगी कान्हो का एक साथ उल्लेख होने से यह स्थिति बनी है।

प्रथम दृष्टया मूर्ति राजा लक्ष्मण देव की ही प्रतीत होती है, क्योंकि राजपुरूष ही ऐसा भव्य अलंकरण और पोशाक धारण करते हैं। साथ उसके जांघ में दाएं-बाएं दो स्त्रियां बैठी हैं जो उसकी रानियां होनी चाहिए। किसी योगी की ऐसी मूर्ति की कल्पना सामान्यत: नहीं की जा सकती।

मगर प्रश्न यह उठता है कि इस मूर्ति में जोगी कान्हो की महत्ता का जिक्र क्यों है? इस मूर्ति के पाद तल में दाएं-बाएं दो लघु और आकृतियां अंकित हैं। दाएं तरफ एक राजपुरूष घोड़े पर बैठा है। पीछे छत्र धारण किया हुआ है। घोड़े को एक स्त्री घास खिला रही है। इस व्यक्ति को कनिंघम ने मंदिर निर्माता माना है। दाएं तरफ एक बैठी हुई/हुआ व्यक्ति की आकृति है कनिंघम इसे योगी कहते हैं और इसे उल्लेखित मूर्ति का व्यक्ति ही मानते है। मगर हमारी दृष्टि से यह घुटने मोड दाएं पैर में कुछ बांधती स्त्री जान पड़ती है, यद्यपि वेशभूषा साध्वी सी है। मूर्ति अस्पष्ट है। यदि इसे योगी माना जाय तो समस्या का हल हो सकता है। परन्तु योगी को राजा से नीचे स्थान देना असमान्य है। फिर मंदिर के गर्भगृह में एक योगी की मूर्ति है, वह प्रथम दृष्टया ही योगी जान पड़ता है। इस तरह यह मूर्ति योगी की होती तो वेशभूषा राजपुरूष सा नहीं होता। पाद तल में दाहिने ओर जंघा में बैठे रानी के पीछे दाढ़ी युक्त एक पुरुष की आकृति अंकित है, जो सामान्य वेशभूषा में है। यह सेवक है

अथवा राजपुरुष जानना कठिन है। इसे योगी मानने में दिक्क़त वेशभूषा के अलावा यह यह भी है कि इसे रानियों के नीचे स्थान देना सहज नहीं लगता।

यह मूर्ति एक चौकी पर स्थापित है, जिसके सामने के फलक में दो आलेख हैं। दाएं तरफ राणक गोपालदेव का संवत् 840 का आलेख है तथा बाएं तरफ धांगू के पुत्र साधु द्वारा उमा–महेश्वर की प्रतिमा निर्माण का जिक्र है। कनिंघम से लेकर भोरमदेव के सभी अध्येताओं द्वारा इस चौकी को उल्लेखित मूर्ति से ही संबद्ध माना जाता रहा है, जिसके कारण कई समस्याएं पैदा होती हैं।

चौकी में जल निकास के लिए प्रनाली बनी हुई है इससे स्पष्ट है कि यह चौकी किसी देव प्रतिमा (सामान्यत: शिव) से सम्बन्धित है। चूंकि इस चौकी के अभिलेख में स्पष्टत: उमा–महेश्वर की प्रतिमा के निर्माण का जिक्र है, इसलिए यह उमा–महेश्वर के किसी प्रतिमा की चौकी होना चाहिए न कि वर्तमान में इस पर स्थापित राजपुरूष की। ऐसा प्रतीत होता है कि किसी समय उमा–महेश्वर की प्रतिमा के इस चौकी पर खाली दिखाई देने पर राजपुरूष की प्रतिमा को रख दी गई होगी और बाद में इसे इससे संबद्ध मान लिया गया। संतलाल कटारे भी मानते हैं कि उल्लेखित उमा-महेश्वर का संबंध किसी और मंदिर के प्रतिमा से हैं, मगर वे मगर वर्तमान में चौकी में स्थापित राजपुरुष की प्रतिमा से उसका तुलनात्मक विवेचन नहीं करते।

यह घटना कब हुई होगी? किन कारणों से हुई होगी इसकी जानकारी का कोई साधन नहीं है। संभव है युद्ध आदि के कारण कुछ बिखराव हुआ हो जिसे ठीक करने के लिए ऐसा किया गया हो। हम यह भी नहीं जान सकते कि कौन सी मूर्ति मंदिर निर्माण के समय से इसी स्थान पर है और कौन बाद में लायी गई होगी अथवा नहीं।

चौकी को राजपुरूष से ही संबद्ध मानने से एक समस्या और आई। वह है गोपाल देव (1088–89) ई. और लक्ष्मण देव (लगभग 1300 ई. के आस–पास) को समकालीन मानने की, जिसका विश्लेषण ऊपर किया जा चुका है।

इस तरह हमारी दृष्टि में चौकी गोपालदेव के समय का है और मूर्ति लक्ष्मणदेव के समय का है, जो बाद में उस पर स्थापित की गई होगी। मूर्ति लक्ष्मणदेव का ही होना चाहिए क्योंकि उसमें उसका और उसके रानियों का नामोल्लेख है। इस तरह लक्ष्मणदेव को गोपालदेव के अधीनस्थ मानने की आवश्यकता नहीं रह जाती जैसा कि मिराशी करते हैं।

एक बात अवश्य विचारणीय है कि दोनों अभिलेखों (गोपालदेव और लक्ष्मणदेव के अभिलेख) के बनावट में खास अंतर दिखाई नहीं पड़ता, जबकि दोनों के समय में लगभग 200 वर्षों का अंतर हो सकता है।

मूर्ति में जोगी कान्हो की महत्ता के वर्णन से फणिवंश में उनकी महत्ता का पता चलता है। जोगी (योगी) शब्द से उसके शैव आचार्य होने के संकेत मिलते हैं।

अभिलेख का पाठ

इस मूर्ति में उत्कीर्ण अभिलेख मूर्ति के ऊपरी हिस्से में दाएं-बाएं तथा निचले हिस्से में भी दाएं-बाएं तरफ है; चौकी के सामने के फलक में दाएं-बाएं तरफ है। जिसे सुविधा के लिए यहां A,B,C,D चार भागों में बांट दिया गया है। इस अभिलेख का प्रथम अनुवाद कनिंघम ने किया था। राय बहादुर हीरालाल ने अभिलेख में उल्लेखित बातों का केवल विवरण दिया है पाठ प्रस्तुत नही किया है। वीं.वीं. मिराशी ने इसका सुक्ष्म पाठ प्रस्तुत किया है जो कनिंघम के लगभग समान है मगर कुछ जगह पाठभेद भी है। प्रस्तुत पाठ मिराशी से लिया गया है।5

B (नीचे दायां-बायां)

(1) स्री (श्री)राम-मुर्ति वीं -

(2) दाणि पुरुषा-त्मा वासुल-

(3) जोगी कान्हो सकलकलाप्रवीं णु(णः)[।*]

A (ऊपर दायां-बायां)

(1) लषणदेवरायो वासु [ल] रामु

(2) रायमतगज सिघुराणी माता-देवी सुधादेवी

(3) राता देवी पद्मा देवी [सी] ला देवी वा-ता देवी

(4) नंदतु सकु [।।*]

C (सबसे नीचे दायें)

(1) सिद्धि [।*] सम्वत् 840 राणक-

(2) गोपालदेवराज्ये ।।

(D) सबसे नीचे दायें

(1) उमामहेश्व [र] सुन्दरतरं

(2) साधु धागुसुतेन कारितं ।

अनुवाद(B)

उत्कृष्ट (गुणवान) जोगी कान्हो, लब्धप्रतिष्ठित श्रीराम के मानव अवतार, जो सर्व कलाओं में प्रवीण हैं!

अनुवाद(A)

महाराज लक्ष्मणदेव, गुणवान, हाथी के समान (बलशाली) रामराय, रानी माता सिंघुरानी, (राजकुमारी) सुधा, राता, पद्मा, सीला, वाता आनंदित रहें!

टीप- सुधा, राता, पद्मा, सीला, वाता के लिये 'देवी' शब्द का प्रयोग हुआ है। इसका अर्थ 'रानी' अथवा 'राजकुमारी' दोनों के लिए हो सकता है। कनिंघम ने रानी के अर्थ में लिया है, जबकि मिराशी ने राजकुमारी के अर्थ में, जो उचित प्रतीत होता है, क्योंकि रामराय के लिए भी 'पुत्र' का उल्लेख नहीं है। जबकि मड़वा महल अभिलेख से हम जानते हैं कि वह उसका पुत्र है। इसी तरह 'सिंघुरानी' को माता कहा गया है मगर अभिलेख से स्पष्ट नहीं है कि यह लक्ष्मण देव की माता है या रामराय की।

अनुवाद (C)

शुभ! श्री राणक गोपालदेव के राज्यकाल सम्वत् 840 में

अनुवाद (D)

उमामहेश्वर की बहुत सुंदर (प्रतिमा) धांगु के पुत्र साधु द्वारा बनाया गया (है)

निष्कर्ष– इस तरह विवेचित मूर्ति न केवल फणिनागवंशी–कलचुरी कालीन मूर्तिकला का उत्कृष्ट उदाहरण है अपितु भोरमदेव के इतिहास के विवेचन में भी इसका महत्वपूर्ण स्थान है।

****

राजपुरुष की मूर्ति, सभामंड़प भोरमदेव मंदिर

संदर्भ

(1) भोरमदेव-सीताराम शर्मा (1989,पृ. 44)।

(2) एशियाटिक रिसर्चेस वाल्यूम 15-आर.जेनकिन्स(1825)।

(3) कनिंघम आर्कियोलॉजिकल सर्वे रिपार्ट वाल्यूम-17 सर अलेक्जेंडर कनिंघम (1882)।

(4) Indian Historical Quarterly, Vol 36,Nos 2&3 (1960, पृ. 90)।

(5) कार्पस इस्क्रिप्सन इंडिकेटम वॉल्यूम 4 पार्ट 2- वीं .वीं . मिराशी(1955)।

(6) इस्क्रिप्सन इन सी.पी. एंड बरार- राय बहादुर हीरालाल (1916)।

13. छोटे मंदिर (राम मंदिर) कवर्धा में पुरातत्विक अवशेष

कवर्धा का राधाकृष्ण मन्दिर (बड़े मन्दिर) प्रसिद्ध है। इसका निर्माण कवर्धा रियासत के राजा श्री उजियार सिंह के कार्यकाल में 1802 के लगभग पूर्ण हुआ। यह मन्दिर उजियार सिंह द्वारा निर्माण कराए गए तालाब 'उजियार सागर' के उत्तरी तटबंध में है। इसी तालाब के पूर्वी तटबंध में एक छोटा सा राम मन्दिर है जिसे 'छोटे मन्दिर' भी कहा जाता है। ऐसा प्रतीत होता है कि इस मंदिर का निर्माण 'बड़े मन्दिर' के निर्माण के आस-पास रियासत के तत्कालीन दीवान परिवार द्वारा कराया गया था।

दस्तावेजों से इसके कुछ संकेत भी मिलते हैं। श्री कैलाश बक्शी के अनुसार इस मंदिर का निर्माण उजियार सिंह के समय श्री जादो राय ने कराया था।

'छोटे मन्दिर' का अपना धार्मिक महत्व तो है ही, यह मंदिर पुरातत्व की दृष्टि से भी महत्वपूर्ण है, क्योंकि इस मंदिर के मंडप और द्वार चौखट के निर्माण में पचराही के भग्न मंदिरों के मूर्तियों, स्तम्भों और द्वार चौखट का उपयोग किया गया है। वर्तमान में इनके ऊपर पेंट कर दिए जाने के कारण इनकी प्राचीनता एकाएक समझ में नहीं आती मगर उनकी सुंदरता आकर्षित करती है और जानकारी हो जाने पर रोचकता और बढ़ जाती है।

जेनकिन्स (1825) ने कवर्धा-भोरमदेव क्षेत्र के अभिलेखों का उल्लेख किया है। उन्होंने कवर्धा के एक मन्दिर में तिथि विहीन अभिलेख का जिक्र किया है। ऐसा प्रतीत होता है कि वह 'छोटे मन्दिर' का ही चित्रण है।

Kawerda

1. Stone within the Pagoda, but loose, without date

जेनकिन्स के बाद अलेक्जेंडर कनिंघम ने 1881-82 में इस क्षेत्र का सर्वेक्षण किया। उन्होंने इस मंदिर के पुरावशेषों के बारे में लिखा है

"There is a modern temple dedicated to Râma-Chandra which possesses many remains of architecture and sculpture of some temple of former days. There are several fine old pillars and bases, with several jambs of doorways, ornamented with twisted snakes carved upon them, like those at Râjim and other places. There is also a loose slab, with 13 lines of a much worn inscription."

कनिंघम के बाद राय बहादुर हीरालाल (1916) ने इस मंदिर के पुरावशेषों के बारे में लिखा है

In the temple of Rama, on the Ujiyar Sagar tank, there are two inscribed pillars which are much worn. They appear to be Sati stones utilized as pillars to support the mandapa of the temple which was built only about a century ago from stones and materials brought from Boria (or Kankali). One of the inscriptions is dated in samvat 1414 on Monday the 12th of the bright fortnight of Märgaśīrsha, corresponding to Monday the 5th December 1356 A. D., during the reign of Maharaja Sri Ramadeva, and the other in Samvat 1422 on Monday the 13th of the bright half of Jyeshtha, corresponding to Monday the 13th May 1364 A. D. This stone records that the deceased Nayaka Mahadeva had three wives, Metai, Jaukhai and Divamãi, of whom only Metai committed Sati, and it was in her honour that the pillar was erected. The Hindu sentiment would not allow a tombstone to be put up in a place of worship, but neither the builder of Rama's temple nor the citizens of Kawardhã ever dreamt that these pillars con-tained records of this nature.

राय बहादुर हीरालाल मन्दिर में दो अभिलेख युक्त स्तम्भों की चर्चा करते हैं और उनके सती स्तम्भ होने की सम्भावना व्यक्त करते हैं। वे स्तम्भों के बोरिया-कंकाली (पचराही) से लाये जाने का उल्लेख करते हैं तथा राम मंदिर का निर्माण एक शताब्दी पूर्व अर्थात 1810-15 के लगभग होने का जिक्र करते हैं।

पहला स्तम्भ सम्वत् 1414 (1356 ई.) का है और उसमे महाराजा रामदेव का जिक्र भी है।

दूसरा स्तम्भ सम्वत् 1422 (1364 ई.) का है। इसमे उल्लेख है कि नायक महादेव के मृत्यु होने पर उसकी तीन पत्नियों मिताई,जौखाई और दिवमाई में से मिताई सती हुई थी जिसके सम्मान में यह स्तम्भ बनाया गया था।

हीरालाल जी इस बात पर आश्चर्य व्यक्त करते हैं मंदिर में सती स्तम्भ को कैसे स्थापित कर दिया गया है, जबकि यह हिन्दू भावना के अनुकूल नहीं है। उनके अनुसार न ही मंदिर निर्माता को और न ही कवर्धा के जनता को स्तम्भ के सती स्तम्भ होने की जानकारी रही होगी।

धानूलाल श्रीवास्तव (1925) राय बहादुर हीरालाल की बातों को ही दोहराते हैं।

"ऊपर लिख चुके हैं, कि यहां के दो सती स्तम्भ कवर्धा में राम जी के मंदिर के मंडप में लगाये गये हैं। इसके लेख कुछ मिट गये हैं। एक स्तम्भ में “मार्ग शीर्ष शुक्ल द्वादशी" सोमवार सम्वत् 1414 अर्थात 5 दिसम्बर सन् 1356 ई. सोमवार महाराजा श्री रामदेव का शासन काल लिखा है। तथा दूसरे में “ज्येष्ठ सुदी 13 सम्वत् 1422 सोमवार अर्थात 13 मई सन् 1364 ई. अंकित है। इसमें यह उल्लेख है, कि परलोकगत नामक महादेव की तीन पत्नियां थीं (1) मेताई (2) नौरवाई (3) डिवमाई। इनमें से केवल मेताई सती हो गई और यह स्तम्भ उसके-सम्मानार्थ

निर्माण किया गया। हिन्दू शास्त्रों में किसी समाधि के पत्थरों को ऐसे भजन पूजन के पवित्र स्थान में लगाने का निर्देश बिलकुल नहीं है। परन्तु इस मंदिर के बनवाने वाले को तथा कवर्धा निवासियों को स्वप्न में भी यह नहीं मालूम हुआ कि इन स्तम्भों में उपरोक्त आशय का लेख वर्तमान है।"

हीरालाल जी ने जिसे 'जौखाई (Jaukhai) लिखा है उसे धानूलाल जी ने 'नौरवाई' लिखा है।

श्री शरद हलवाई (कवर्धा 1988-90) इस मंदिर के बारे में लिखते हैं

"यहां के प्राचीन कालीन राजाओं के दीवान परिवार द्वारा राम मंदिर (छोटे मन्दिर) के निर्माण किये जाने का उल्लेख कनिंघम सर्वे रिपोर्ट एवं प्राचीन शिलालेखों से होता है। लगता है वर्तमान राम मंदिर प्राचीन कालीन भग्न शिव मंदिर के जगती पर बनाया गया है। चूंकि इसमे जलधारी गोमुखी जल निकासी हेतु लगी है जिससे इसके शिवालय होने का पता चलता है। इस भग्न शिवालय के शिव जलहरी को जिसे कि मन्दिर के बाहर रखा गया था यहां के पुराने लोगों द्वारा गंगई मन्दिर बनियापारा में स्थापित किया गया है। दीवान परिवार द्वारा मन्दिर निर्माण के लिए स्थापत्य शिल्प खण्ड तथा शिल्प प्रतिमाएं कंकाली डोंगर तरेगांव से लायी गई थी जिसे कि तत्कालीन कवर्धा नरेश द्वारा छोटी-छोटी मंडिया मन्दिर बनवाकर काली, दंतेश्वरी, सतबहेनियां देवी के रूप में नगर में ही स्थापित कर दिया गया था और शेष देव प्रतिमाओं को अपने राजमहल, वर्तमान तहसील कोर्ट परिसर में तथा अपने कुल ईस्ट देव बूढ़ा महादेव मंदिर में रख दी गई।"

शरद हलवाई जी कई महत्वपूर्ण जानकारी देते हैं मगर वर्तमान राम मंदिर के किसी पुराने शिव मंदिर जगती पर निर्माण होने की पुष्टि नहीं हो पाती। एक तो मन्दिर का निर्माण उजियार सागर (तालाब) के तटबंध पर है जो तालाब निर्माण के साथ अथवा बाद ही सम्भव हुआ होगा। दूसरी बात मन्दिर में जिन पुरावशेषों का उपयोग हुआ है वह शिव मंदिर का प्रतीत होता है, इसलिए जलधारी और गोमुखी जल निकासी की वहां उपलब्धता रही होगी। पुरावशेषों में शिव और द्वार चौखट के ललाट बिम्ब में गणेश का अंकन भी इस ओर संकेत करते हैं। और चूंकि ये

पुरावशेष पचराही के हैं इसलिए इनके आधार पर यहां पूर्व मन्दिर होने का अनुमान नहीं किया जा सकता।

इस तरह छोटे मन्दिर के पुरावशेष भोरमदेव के फणि नागवंशियों के काल के ही प्रतीत होते हैं। एक सती स्तम्भ में 'महाराजा श्री रामदेव' (1356 ई.) से इस बात की पुष्टि भी हो जाती है। यह राम देव मड़वा महल अभिलेख (1349 ई.) का रामदेव ही होना चाहिए क्योंकि दोनों अभिलेख समकालीन हैं।

ध्यातव्य है कि मड़वा महल शिव मंदिर भोरमदेव के निर्माता रामचन्द्र देव का नाम चार-पाँच अभिलेखों में मिलता है। इनमें सती स्तम्भ भी हैं। भोरमदेव क्षेत्र के सती स्तम्भ मुख्यतः चौदहवीं शताब्दी के ही मिलते हैं, इससे प्रतीत होता है इस दौरान उथल-पुथल (युद्ध) अधिक हुआ है और इसके बाद फणिनागवंश के साक्ष्य मिलना कम हो जाता है। अवश्य भोरमदेव का दक्षिणी दीवार अभिलेख (1551 ई.) भी है, उसमे भी युद्ध के ही संकेत मिलते हैं। सम्भवतः इसके बाद इस क्षेत्र में फणिनागवंश का पतन हो गया और गढ़ा मंडला के गोड़ शासकों का अधिपत्य हो गया।

****

छोटे मंदिर कवर्धा के पुरावशेष

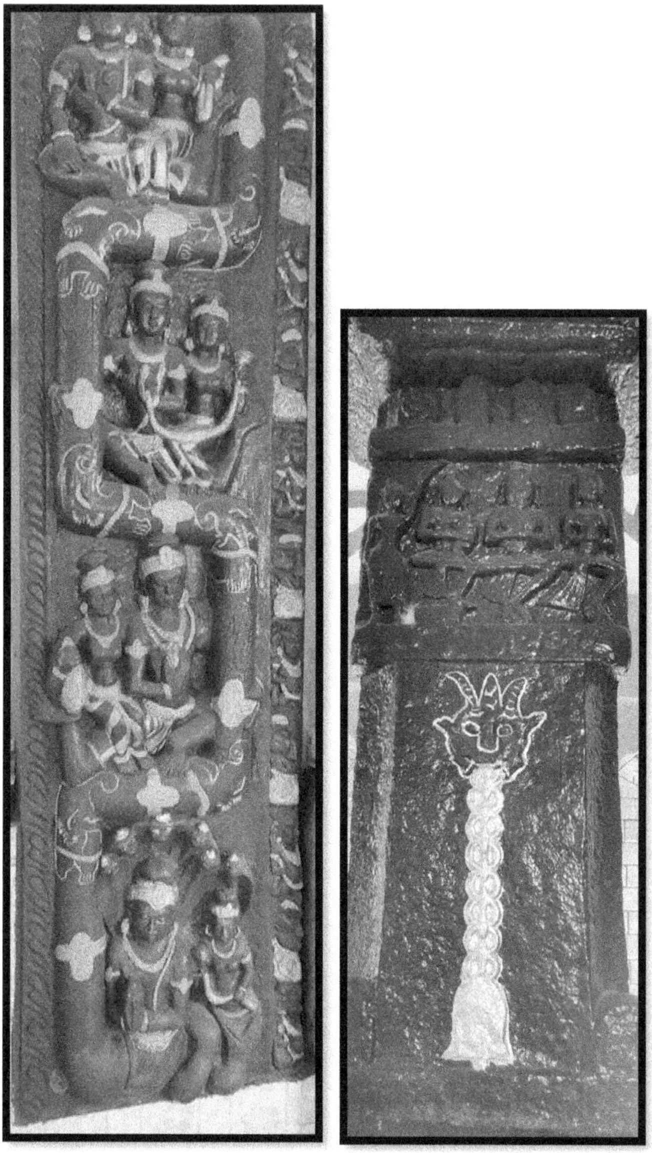

छोटे मंदिर कवर्धा के पुरावशेष

संदर्भ-

1. एशियाटिक रिसर्चेस वाल्यूम 15 (1825)-आर.जेनकिन्स

2. आर्कियोलॉजिकल सर्वे ऑफ इंडिया, वॉल-17 (1881-82)-अलेक्जेंडर कनिंघम

3. इंस्क्रिप्सन इन सी.पी. एंड बरार (1916)-राय बहादुर हीरालाल

4. अष्टराज अंभोज (1925)- धानुलाल श्रीवास्तव

5. श्री शरद हलवाई का लेख-छत्तीसगढ़ में शैव मत (1988-90 अनुमानतः)

14. गजेटियरों, दस्तावेजों में भोरमदेव क्षेत्र

छत्तीसगढ़ में मराठा शासन के पतन के बाद ब्रिटिश अधिपत्य का दौर आया। ब्रिटिश प्रशासकों/अधिकरियों ने प्रशासन पर नियंत्रण एवं संचालन के लिए अन्य क्षेत्रों की तरह इस क्षेत्र (छत्तीसगढ़) के इतिहास, समाज, प्रचलित स्थानीय प्रशासन को समझने का प्रयास किया और समय-समय पर उच्च अधिकारियों को प्रतिवेदन दिया। इसी क्रम में आगे गजेटियर लेखन की परंपरा शुरू हुई। इन गजेटियरों से हमें महत्वपूर्ण जानकारियाँ मिलती है खासकर इतिहास के अध्ययन में।

हमारी जितनी जानकारी है उसके अनुसार भोरमदेव क्षेत्र का जिक्र सर्वप्रथम 'एशियाटिक रिसर्चेस वॉल्यूम 15' (1825) में जेनकिन्स लिखित रिपोर्ट में आता है जिसमे उसने इस क्षेत्र के कुछ अभिलेखों की जानकारी दी है। जेनकिन्स नागपुर में ब्रिटिश रेजिडेंट थे। ऐसा प्रतीत होता है वे भोरमदेव नही आए थे और मातहतों से जानकारी प्राप्त किया होगा। उन्होंने निम्न जानकारी दी है-

Borea of Pandria

1. Stone near a ruined Pagoda, which was broke into three pieces, and not complete, no date could be found.

1. Do. the Samvat is 849

Kawerda

1. Stone within the Pagoda, but loose, without date

Bhyram Deo

1. Stone under the Mandwa, Sak Vikram 1406, Jaynam Suontser

2. Stone, on the South gate of the Bhyram Deo Pagoda on two sides in Rangri character, Samvat 1609 on one side- on the other was engraved thus 11 Makaradhwaj Jogi Sout Suo Barrakhko

3. stone, was on the South gate loose, the characters defaced

4. Image in the Sabha Mandap, people call it the image of of Daserath- on the head and below the feet of which are some characters

5. on the head of another image opposite to the Pagoda are also some name engraved. Samvat 1407

Sahezpur

1 Near the tank of the place is a tamarind tree, under which an image called Sahara Bahu's image. Samvat 934 below the feet, kartik shud Panchmi Roj Budhwar

Gandye

1. outside of the village is a Pagoda of Mahadeo, on the gate of which, the name of the five Pandavas are engraved.

जेनकिन्स के रिपोर्ट उल्लेखित 'बोरिया' पचराही के पास स्थित ग्राम है। पहले पचराही के पुरावशेष को बोरिया के नाम से ही अधिक जाना जाता था। जेनकिन्स ने जिस सम्वत् 849 के शिलालेख का जिक्र किया है, उस सम्वत् का अभिलेख अभी तक वहां से प्राप्त नही हो सका है। राय बहादुर हीरालाल के अनुसार सम्भवतः बोरिया (पचराही) से प्राप्त सम्वत् 910 के अभिलेख को ही जेनकिन्स ने सम्वत् 849 समझा था।

जेनकिन्स ने कवर्धा में किसी मंदिर में तिथि विहीन खंडित पत्थर (अभिलेख?) का जिक्र किया है। मंदिर कौन सा है नही लिखा है। वह सम्भवतः करपात्री पार्क स्थित छोटे राम मंदिर हो सकता है, क्योंकि वहां पचराही क्षेत्र के सती स्तम्भ मंदिर में जड़े गए हैं।

भोरमदेव के संदर्भ में जेनकिन्स ने मड़वा महल अभिलेख सम्वत् 1406 (1349 ई.) का उल्लेख किया है। सम्वत् विक्रम सम्वत् ही है। 'जयनाम' का कोई अर्थ नही जान पड़ता। भोरमदेव मंदिर दक्षिणी दीवार अभिलेख सम्वत् 1608 (1551ई.) के साथ ही वे 'जोगी मगरध्वज सात सौ' का जिक्र भी करते हैं। 'बर्रख्को' पाठ भी हमारी समझ से ठीक नही है। इसी प्रकार '11' अभिलेख में नही है। जेनकिन्स दक्षिणी दीवार में एक खंडित पत्थर का जिक्र करते हैं, जिसका अभिलेख नष्ट हो गया है। ऐसी स्थिति भी वहां नही है। सम्भवतः उनका इशारा 19 पंक्तियों वाले अभिलेख से है जिसका दाहिना हिस्सा कुछ खंडित है। मगर ऐसा जान पड़ता है कि अभिलेख उस हिस्से के खंडित होने के बाद उत्कीर्ण किए गए हैं, क्योंकि अभिलेख के वाक्य पूर्ण हैं।

जेनकिन्स भोरमदेव मंदिर के मंडप में स्थित 'जोगी की मूर्ति' का जिक्र करते हैं। यह मूर्ति अभिलेख युक्त है। इसके बारे में हमारा स्वतंत्र आलेख है। जेनकिन्स एक रोचक जानकारी देते हैं कि लोगों द्वारा उस मूर्ति को 'दशरथ' की मूर्ति माना जाता है। वर्तमान में ऐसा नही है न ही अन्य अध्येताओं ने इस बात जिक्र किया है।

जेन्किसन एक अन्य मूर्ति की जानकारी देते है जो तत्कालीन समय मे मंदिर के पीछे रखी थी। जिसके सिर में कुछ नाम और सम्वत् 1407 उत्कीर्ण थे। वर्तमान में यह मूर्ति भोरमदेव में नही है।

जेनकिन्स के बाद चीज़म (J.W. CHISHOLM) के 'लेंड सेटलमेंट रिपोर्ट ऑफ द बिलासपुर डिस्ट्रिक्ट' (1868-69) से भोरमदेव के बारे में निम्न जानकारी मिलती है

Boorum Deo temple

The most ancient temple is that of Boorum Deo at Chupra village near kawurda, which if the year inserted 103. The inscription sets forth that one of the Hai Hey Bunsee rajahs of Ruttanpore trite to prevent its construction, but was repulsed. It is built of large blocks of stone closely sest, but without lime cement, and is picturesquely suituated on the banks of a tank.The only image, it contains is that of a cobra, which in itself points to a very early period when fetishism in the form of snake worship was at least common, if not universal, and certainly before Hindooism held complete away.

सम्भवतः चीज़म ने भी अन्य श्रोत से जानकारी प्राप्त किया था। उसके एक बड़ी त्रुटी यह हुई कि दक्षिणी दीवार अभिलेख सम्वत् 1608 को 103 ई. (सम्वत् 160) समझ लिया गया और मंदिर को बहुत प्राचीन माना गया। यह त्रुटि नही होनी चाहिए थी क्योंकि जेनकिन्स 1825 ई. में ही उसे सम्वत् 1608 बता चुके थे। चीज़म अभिलेख में उल्लेखित इस बात से जानकारी रखते हैं कि रतनपुर के बाहुराय ने भोरमदेव पर आक्रमण किया था और विजय प्रतीक के रूप में मंदिर का कलश ले गया था। चीज़म लिखते हैं कि मंदिर में केवल नाग की प्रतिमा है, जो सत्य प्रतीत नही होता, क्योंकि 1881-82 में कनिंघम वहां गए तो ऐसी स्थिति नही थी। मंदिर को प्राचीन समझने और केवल नाग की मूर्ति होने की कल्पना से चीज़म गलत निष्कर्ष पर पहुंचते हैं और इसे कर्मकांड के एकदम प्रारम्भिक स्वरूप (फेटिसिज्म) तक ले जाते हैं।

चीज़म के बाद चार्ल्स ग्रांट द्वारा संपादित 'द गजेटियर ऑफ द सेंट्रल प्रोविन्सेस ऑफ इंडिया' (1870 द्वितीय संस्करण) भोरमदेव क्षेत्र के बारे

कई जानकारी मिलती है। इसका पहला संस्करण 1867 में प्रकाशित हो चुका था। चीज़म और चार्ल्स ग्रांट के रिपोर्ट में समानता है। ऐसा प्रतीत होता है कि चीज़म ने अपने रिपोर्ट में इसका सहयोग लिया होगा।

चार्ल्स ग्रांट से हमे निम्न जानकारी मिलती है-

"...... a Raja of their line is mentioned in an inscription on a temple in Chhattisgarh, dated Samvat 160, corresponding to A.D. 103, if the era be that of Vikramaditya.*"

" * It is of course very possible that the era may be neither the Vikramaditya nor the Súka, but a mere local one. The inscription is at Chápra in the Kawardá State. I have not yet been able to obtain a perfectly accurate transcript, but the gist of it is that a Raja Bhawání Pál, built a temple to Siva, which was partially destroyed by the Haihaya king. This would seem to bring back the inscription to the days in which Buddhism was contending with Brahmanism, and we have independent grounds for inferring that the Haihaya kings of Chhattísgarh were at that time Buddhists."
"The most ancient temple is that of Buramdeva at Chápra 'village near Kawardá, which, if the year inserted on its tablet can be relied on, was built in A.D. 103. The inscription sets forth that one of the Haihai Bansi rajás of Ratanpúr tried to prevent its construction, but was repulsed. It is built of large blocks of stone closely set, but with.out lime cement, and is picturesquely situated on the banks of a tank. The only image it contains is that of a cobra, which in itself points to a very early period, when fetichism in the form of snake-worship was at least common, if not universal, and certainly before Hinduism held complete sway."

चार्ल्स ग्रांट के यहां भी वही त्रुटि है, दक्षिणी दीवार अभिलेख के सम्वत् 1608 को सम्वत् 160 समझा गया है और इस कारण मंदिर को अत्यंत प्राचीन मानकर बौद्ध काल तक खींचने का प्रयास किया गया है। लेकिन चार्ल्स ग्रांट स्वीकार करते हैं कि उन्होंने अभिलेख को नही देखा है और न ही उनके पास उसकी स्पष्ट प्रतिलिपि थी। लेकिन यह बात स्पष्ट थी कि "राजा भवानीपाल (भुवनपाल) ने एक शिव मंदिर का निर्माण कराया है जिसे हैहयवंशी (कलचुरियों) द्वारा आंशिक रूप से क्षतिग्रस्त किया गया था"। भुवनपाल भोरमदेव मंदिर के निर्माता हो सकते हैं या नहीं, इस पर हमने अन्यत्र विचार किया है। ग्रांट भी यही मानते हैं कि मंदिर में केवल नाग की मूर्ति है, जो सत्य प्रतीत नही होता।

KAWARDA [रियासत]-The largest feudatoryship in the Bilaspur district. It contains an area of 912 square miles ; the western half is a network of hills locally known as the Chilpi range, and at their base is situated the cultivated portion of the estate. There are altogether 321 villages, many of which are surrounded by unbroken sheets of cultivation, and contain comfortable and thriving communities. Much of the soil is of first class quality, and cotton is the chief product. The cultivated area is 112,785 acres, and the land fit for cultivation is estimated at 176,000 acres. The population is 69,077, or at the rate of 73 to the square mile. If the plain and hill portions be taken separately, the rate for the former rises to 227 persons per square mile, while the hilly area has only 10. Altogether the estate is in a flourishing condition, and possesses marked capebilities of future development. The chief is a Ráj-Gond.

KAWARDA [शहर] –The head-quarters of the chiefship of the same name in the Biláspár district, is situated at the foot of the Salótekri range sixty miles west of Biláspúr, and has within the last few years risen into a town, with a population exceeding 5,000 souls, and including many traders and agents for the purchase of lac and cotton from Mirzápúr and Jabalpár firms. The houses are generally tiled, an unusual feature in Chhattisgarh, and here and there stand prominently forward some imposing structures of masonry. The most conspicuons of these is the residence of the chief, containing several double-storied blocks, from the terraced roof of which the town has a good appearance. The present high priest of the Kabir Panthi sect also lives here, and his presence attracts devotees from all parts of India.

चार्ल्स ग्रांट कवर्धा रियासत के बारे में बताते हैं कि इसमे 321 गांव सम्मिलित हैं, मिट्टी उपजाऊ है, मुख्य फसल कपास है, जनसंख्या 69077 है, राज्य विकासमान अवस्था में है।

कवर्धा शहर के बारे में वे लिखते हैं यह कुछ सालों से छोटे शहर के रूप में विकसित हो रहा है। जनसंख्या लगभग 5000 है, मिर्जापुर और जबलपुर से व्यापारी यहां लाख और रुई खरीदने आते हैं। ग्रांट लिखते हैं यहां की सबसे विशिष्ट चीज राजा का निवास है जो द्विमंज़िला, सीढ़ीदार छत का है। 1870 में कवर्धा में राजाओं का निवास संभवतः बूढ़ा महादेव मंदिर (पुराना कचहरी) के पास था। डॉ. चौलेश्वर चंद्राकर के अनुसार "उजियार सिंह (1801-1849 ई.) ने कवर्धा में विशाल राजमहल का निर्माण करवाया था जो वर्तमान कचहरी के पास है।" ग्रांट कबीरपंथ के तत्कालीन गुरु का भी जिक्र करते हैं जो यहां रहते थे और भारत के हर क्षेत्र से कबीरपंथी यहां आते थे।

1870 में कवर्धा रियासत की बागडोर उजियार सिंह की पत्नी व टोंकसिंह की माता बदनकुंवर के हाथ मे थी। इसी तरह इस समय कबीर पंथ के गुरु प्रगट नाम साहेब थे।

चार्ल्स ग्रांट के बाद भोरमदेव क्षेत्र के बारे में जानकारी अलेक्जेंडर कनिंघम के 'आर्कियोलॉजिकल सर्वे ऑफ इंडिया वॉल-17 (1881-82)' से प्राप्त होती है। कनिंघम भोरमदेव, पचराही (बोरिया) और सहसपुर आए थे और अपना रिपोर्ट तैयार किया। उनके इन स्थलों के

पुरातत्व से सम्बंधित जानकारी का हमने अन्यत्र उल्लेख किया इसलिए यहां उन बातों का जिक्र नही करेंगे।

12. KAWARDA.

Kawarda, or Kamarda, is the head-quarters of a Raj Gond chief of old family. It is pleasantly situated on the Sankri River, near the foot of the Sale-tekri range of hills, about 60 miles to the north-east of Raypur, and 65 or 70 miles to the west of Bilaspur. The town is a large one for this part of the country, and is said to be still increasing. The name of the Sankri River is said to be mentioned in the great inscription of the Marwa or Dulha Deo Temple, near Boram Deo. There is a modern temple dedicated to RamaChandra which possesses many remains of architecture and sculpture of some temple of former days. There are several fine old pillars and bases, with several jambs of doorways, ornamented with twisted snakes carved upon them, like those at Räjim and other places. There is also a loose slab, with 13 lines of a much worn inscription.

कनिंघम कवर्धा के राम मंदिर (करपात्री पार्क के पास) का जिक्र करते हैं और वहां उपलब्ध पुरातत्व सामग्री का उल्लेख करते हैं। पहले मंदिर बनाने के लिए आस-पास के ध्वस्त मंदिरों की सामग्री का उपयोग कर लिया करते थे। इस मंदिर में भी ऐसा ही हुआ है। ये सामग्री राय बहादुर हीरालाल के अनुसार पचराही (बोरिया) से लाये गए थे। वर्तमान में इनमें काला पेंट कर देने के कारण इसकी सहजता दिखाई नही पड़ती, न ही अभिलेखों को पढ़ा जा सकता है।

13. BORAM-DEO

The Great Temple of Boram Deo, or Buram Deo, is mentioned in the Gazetteer of the Central Provinces as being probably the most ancient building in the

Chattisgarh district- that is, if the date inserted on its tablet can be relied on.This date was read as Samvat 160, which could not, of course,

refer to the era of Vikramaditya, as the writer of the article supposed, when he gave its equivalent as A.D. 103. I thought it barely possible that it might, perhaps, refer to the Chedi or Kalachuri era, which dates from A.D. 249, as this would bring it down to A.D.409. My surprise was, therefore, very great when I found that the date had been simply misread, and that it was actually the most recent of all the inscriptions at Boram Deo. The record is engraved on the left jamb of the southern door of the temple, and its date is simply Samvat 1608, or A.D. 1551. The mistake is the more noteworthy as the date had already been published by Sir R. Jenkins as Sambar 1609.

कनिंघम ने अपने पूर्व के गजेटियर में दक्षिणी दीवार अभिलेख के सम्वत् 1806 को सम्वत् 160 पढ़े जाने और उससे मंदिर के प्राचीनता के भ्रम का जिक्र किया है और जेनकिन्स के सही पाठ का हवाला भी दिया है।

राय बहादुर हीरालाल की 'इंस्क्रिप्सन ऑफ सेंट्रल प्रोविन्सेस और बरार' में इस क्षेत्र के अभिलेखों के अंतर्वस्तु की जानकारी है। इस पुस्तक की मुख्य बात यह है कि मड़वा महल अभिलेख (1349 ई.) के अंतर्वस्तु की जानकारी विस्तृत रूप से पहली बार यहीं से मिलती है। मगर समस्या यह है कि उनकी योजना में अभिलेख का पाठ प्रस्तुत करना नही था, इसलिए अभिलेख का पाठ नही है।

'अष्टराज अंभोज' (धानु लाल श्रीवास्तव 1925) में पुरातत्व सम्बन्धी जानकारी रायबहादुर हीरालाल के अंतर्वस्तु की पुनरावृत्ति है।

डॉ. सीताराम शर्मा ने 'भोरमदेव क्षेत्र दक्षिण पश्चिम कोशल की कला' में मड़वा महल अभिलेख का एक 'अनुवाद' प्रस्तुत किया है, जो उन्हें एक

स्कूल की पत्रिका से प्राप्त हुई थी। अनुवाद लोककथा शैली में है और भाषा छत्तीसगढ़ी तर्ज पर बीसवीं शताब्दी के पूर्वार्ध का प्रतीत होता है।

मड़वा महल में प्राप्त शिलालेख का तर्जुमा

(शासकीय कन्या उच्चतर माध्यमिक विद्यालय की वार्षिक पत्रिका 79-80 (अंकुर)

में प्रकाशित लेख, संकलनकर्ता-बी. एल. बख्शी, पृष्ठ 7, तृतीय दल)

"पृथ्वी के उत्तर भाग में विंध्याचल पर्वत है, तेके दक्षिण भाग में नर्मदाजी है, तौन नर्मदाजी के दक्षिण भाग में श्री जतुकर्ण नाम के मुनि वास करते थे, उनके दो पुत्र सुसर्मा व देवसर्मा और एक कन्या मिथिला नाम के भये, सेवनपुरी नामकर आश्रम में वास करते रहे, वे दोनों पुत्र चवदहो विद्या से कुशल भये, कुछ काल बीतने पर मुनि चतुकर्ण और उनकी इस्त्री देवलोक भये, मिथिला नाम के कन्या अपने भाई सुसर्मा व देवसर्मा उनके नगीच प्रतिपाल हो के युवावस्था प्राप्त भयो और अत्यन्त सुन्दर रूपवती भये, उनका कोई दूत नागलोक के देख के गये और अपने मालिक शेषराज से जाय के जाहिर किये, सो शेषराज से जाय के जाहिर किये, सो शेषराज ब्राह्मण के रूप बनाकर कन्या के पाम आय और दोनों भाई से छिपकर कन्या को गांधर्वी विवाह कर लिया। जब उसका कन्या के गर्भ रहि गया तव शेषराज अपने रूप देखाग के बोले जो लड़का गर्भ से पैदा होगा सो बड़ा प्रतापी होगा, ये कहिके अपने लोक चले गये । पीछे ये हाल लड़की के जबान से सुनकर के दोनों भाई बहुत खुश भये उस लड़की के एक लड़का पैदा हुआ, उसका नाम अहिराज देवराज रखे, सो अहिराज देव अपने प्रताप व नाम के अमल को व तिनक लड़का राज्पल देवराज किया, तेके पुत्र धरनीधर भये सो राज किया, तेके पुत्र महाम देवराज किया तेके पुत्र सर्पवंदन देव राज किया, तेके पुत्र गोपाल देवराज भये, तेके पुत्र नलराज भये नलदेव के भुवनपाल राजा भये, तेके पुत्र विषमपाल देवराज भये, तेके जनपाल देव राज किया तेके पुत्र जसोराज भये सो जसोराज के बहुत पुत्र भये सो. उनमें दो लड़का खंगदेव व चन्दनदेव बड़ भय, सो पहिले राजा ब्रम्हानदेव नाम के लड़का भये तेके पीछे खंगदेव को राज मिला, तेके पुत्र भुवनपाल भये सो समुद्रान्तक राज्य कीया धमविली नाम के पुरी बसाये, वो पुरी के

दक्षिण सांकरी में नदी और तीर में हटकेश्वर महादेव रहे, नदी तीर में महादेव मन्दिर बनवाये और मन्दिर के उत्तर येक तालाब बनवाये, चन्दनदेव जो ऊपर लिखे हैं उनके लड़का वीं जनदेव को दीवान बनाये, पीछे अर्जुनदेव लड़का भुवनपाल के राजा भये, अर्जुनदेव के लड़का भीमदेव भये सो अपने पिता के मरने से राजा भये और मेलुकदेव लड़का बीजनदेव दिवान भये, फिर भीमदेव के लड़का भोजदेव राजा भये और मेलुकदेव' के लड़का लमनदेव दिवान भये, भोजदेव के लड़का नहीं भया, रामचन्द्र राजा भये, सो रामचन्द्र के विवाह हैहेवंशी में अम्बिका नाम के कन्या से भया, तिनके लड़का अर्जुन नाम के भये, रामचन्द्र के बरबत में खोदे गये बीजक पत्थर में समत् 481 के साल माहे कुंवार सूद 10 के 11"

इस 'अनुवाद' में भी देखें तो 'भुवनपाल' के बारे में कहा गया है--

"भुवनपाल भये सो समुद्रान्तक राज्य कीया धमविली नाम के पुरी बसाये, वो पुरी के दक्षिण सांकरी में नदी और तीर में हटकेश्वर महादेव रहे, नदी तीर में महादेव मन्दिर बनवाये और मन्दिर के उत्तर येक तालाब बनवाये"

यानी भुवनपाल ने नदी के किनारे महादेव मंदिर बनवाया और उसके उत्तर में तालाब बनवाया। यह भोरमदेव के मुख्य मंदिर के तरफ संकेत करता है। हमने अन्यत्र भुवनपाल देव के मंदिर निर्माता होने की संभावना पर लिखा है जिसमे सबसे महत्वपूर्ण बात दक्षिणी दीवार अभिलेख का है जिसके अनुसार मंदिर को भुवनपाल का शिवालय कहा गया है "महाराजाधीराज भुवनपाल तस्य सिवालय"। लेकिन यहां भुवनपाल, 'भुवनैकमल्ल' के लिए आया है, जो फणिनागवंशियो के वंशावली में 19 वे नम्बर का शासक है। इससे स्पष्ट है कि मंदिर निर्माण 'भुवनैकमल्ल' ने करवाया था।

मड़वा महल अभिलेख का यह तर्जुमा काफ़ी हद तक ठीक है तथा बालचंद्र जैन और संतलाल कटारे के पाठ के अनुरूप है। इसमे उल्लेखित है कि भुवनैकमल्ल ने चतुरापुरी(चौरागढ़) किले के उत्तर में विशाल शिव मंदिर बनवाया और तालाब खुदवाया।प्रथम दृष्टया यह भोरमदेव के मुख्य मंदिर की तरफ संकेत करता है,मगर भुवनैकमल्ल

के काल और मंदिर स्थापत्य के काल के अंतर को लेकर समस्याएं है। 'हटकेश्वर' शिव मंदिर सम्भवतः हरधोना तालाब क्षेत्र के आस-पास रहा होगा

चार्ल्स ग्रांट के गजेटियर (1870) में इस क्षेत्र के तत्कालीन अन्य ग्राम/नगर-

LOHARA' SAHASPUR-A chiefship of the Ráipur district, containing eighty-four villages, and situatod about sixty miles to the north-westt of Raipur, and south of the Kawarda chiefship belonging to the Bilaspur district. The greater part of the estate lies below the sáletekri hills, and is exceedingly fertile and well cultivated. The portion lying among the hills is almost all covered with jangle. The chief is related to the Kawardá and Pandaria families.

इस क्षेत्र के मैकल पर्वत श्रेणी के लिए अक्सर 'साल्हे टेकरी' शब्द का प्रयोग किया जाता है। इस क्षेत्र में 'साल्हेवारा' गांव भी है।

कवर्धा-पंडरिया-सहसपुर लोहारा के राजाओं में पारिवारिक सम्बन्ध रहा है। सहसपुर लोहारा जमीदारी की शुरुआत कवर्धा शासक महाबली सिंह (1751-1801) के पुत्र 'बैजनाथ सिंह' के समय से हुई।

PANDA' TARA'I - A village in the Bilaspur district, about fifty miles west of Bilaspur, near the foot of the Maikal range, which separates the Mandla highlands from the Chhattisgarh plateau. It is said to be a very ancient town, and heaps of buried debris Are often come upon in making excavations in the neighbourhood. It has now a considerable trade, being visited annually by carriers from Jabalpur, who come for the grain of the country. The population amounts to about 5,000 souls, and includes several traders, shopkeepers, goldsmiths, and Weavers. The weekly market held here is the largest in the Pandariá chiefship. The houses are mostly of the meanest description.

PANDARIA—A chiefship in the Bilaspur district. This may be called a sister estate to Kawardá, which it adjoins. They possess physical features of a similar character, one-half of either chiefship being covered with hills, while the other half is level plain, studded with villages, and extensively cultivated. A great portion of the level area consists of first-class black soil, and, owing to the gently undulating character of the surface, is largely devoted to cotton. Wheat, gram, and other rabí crops are also extensively , grown, and there is a consider

able acreage under sugarcane. The estate consists of 292 villages, and cover an area of 486 square miles.

पांडातराई के बारे में कहा गया है कि यह बहुत प्राचीन शहर है और इसके आस-पास खुदाई करने पर पुराने जमाने के मलबे के ढेर प्राप्त होते हैं। सम्भवतः बात पचराही क्षेत्र के संदर्भ में है जो पांडातराई क्षेत्र के पास है। यह व्यापार के लिए प्रसिद्ध था और यहां जबलपुर से अनाज के लिए व्यापारी आते थे। तब जनसंख्या 5000 थी। यह सुनार और बुनकरों के लिए प्रसिद्ध था।

पंडरिया के बारे में कहा गया है कि यहां उच्च गुणवत्ता की काली मिट्टी है जिससे रुई, तथा गेंहूँ, चना जैसे रबी के फसल अच्छे उत्पादन में होते हैं। गन्ना भी पर्याप्त मात्रा में लगाया जाता था। पंडरिया रियासत में तब 292 गांव थे।

SAKRI'— A stream in the Biláspár district, which, having its rise in the Chilpí hills, flows east through the Kawardá chiefship and the Mungelí pargana,and is eventually absorbed in the Hámp.

सकरी नदी के बारे सामान्य जानकारी दी गई है।

****

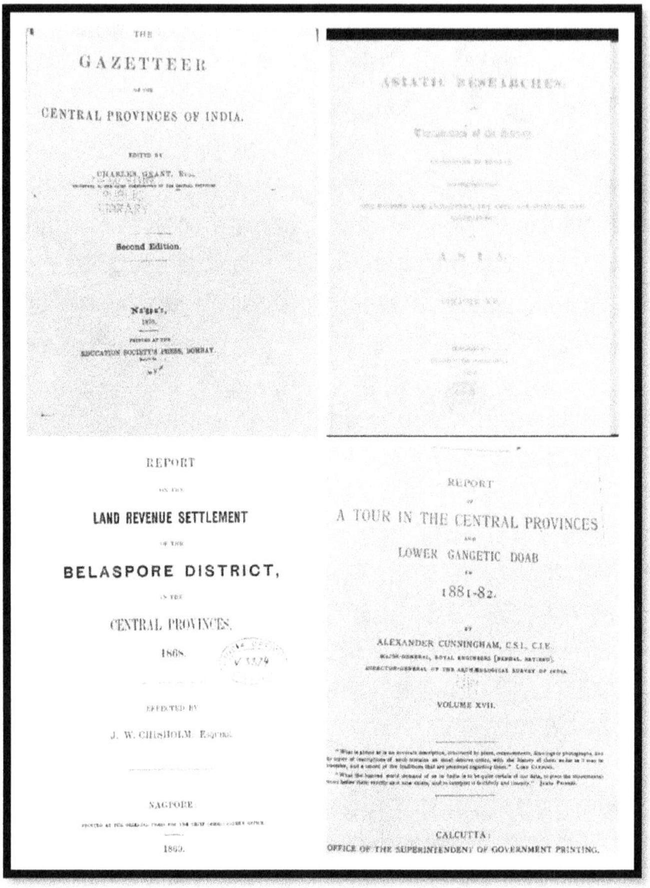

तत्कालीन गजेटियर

15. भोरमदेव के इतिहास से संबंधित एक पुरानी पांडुलिपि

भोरमदेव के इतिहास को समझने मे मड़वा महल अभिलेख सम्वत् 1406 (1349 ई.) का महत्व सर्वाधिक है। इस अभिलेख मे फणिनागवंशियों की उत्पत्ति कथा तथा वंशावली दी हुई है। वंशावली के अतिरिक्त कुछ राजाओं के बारे मे अतिरिक्त जानकारी भी मिलती है, खासकर रामचंद्रदेव, गोपालदेव, यशोराज, भुवनैकमल्ल आदि के बारे मे। अभिलेख काफ़ी बड़ा है जिसमें 37 पंक्ति और 96 छंद है। यह अभिलेख मड़वा महल मंदिर परिसर मे रखा हुआ था। जिसे 1963 ई. मे श्री बालचंद्र जैन ने रायपुर के महंत घासीदास संग्रहालय में स्थानांतरित किया था और वर्तमान मे वहीं है। फणिनागवंशियों के पतन (लगभग 14 वीं शताब्दी) के बाद और कवर्धा रियासत के स्थापित होने (1751 ई.) के बाद के दौर मे मड़वा महल अभिलेख को पढ़ने के प्रयास किए गए। इस सम्बन्ध मे दो–तीन पाण्डुलिपियाँ ज्ञात हैं। मगर ये सभी 1850 ई. के बाद की प्रतीत होती हैं। इनमे से एक पाण्डुलिपि स्वर्गीय बी. एल. बख्शी के पास थी जिसे उन्होंने शासकीय कन्या उच्चतर माध्यमिक विद्यालय कवर्धा की वार्षिक पत्रिका 'अंकुर' के 1979-80 ई. के अंक मे प्रकाशित करवाया था और जिसे श्री सीताराम शर्मा ने अपनी पुस्तक 'भोरमदेव क्षेत्र: पश्चिम दक्षिण कोसल की कला' (1990 ई.) मे पुनर्प्रकाशित किया है। अनुवादक का नाम नहीं दिया है।

प्रस्तुत पांडुलिपि 1898 ई. की है। इसमें भी अनुवादक का नाम नहीं है। यह पांडुलिपि स्वर्गीय श्री नरेंद्र सिंह परिहार के पास थी। उनको यह कहां से प्राप्त हुई थी इसकी जानकारी हमे नहीं है। इसकी एक फोटोकापी उन्होंने स्वर्गीय श्री शरद हलवाई को दी थी। मुझे इसकी कापी शरद जी के भतीजे और मेरे मित्र श्री राजाराम हलवाई से प्राप्त हुई है। श्री सीताराम शर्मा ने अपने उल्लेखित पुस्तक में नरेंद्र परिहार जी के पास एक पांडुलिपि होने की बात लिखी है और जिसे उन्होंने देखा था। संभवतः सीताराम जी ने इसी पांडुलिपि की बात की है। श्री

शरद हलवाई ने अपने भोरमदेव संबंधी आलेख (1988 से 1992 के बीच का) में लिखा है "इस शिलालेख का दूसरा अनुवाद तैयार किया कवर्धा राजपुरोहित पंडित रामचंद्र जी ने लगभग आज से नब्बे वर्ष पहले जो संभवत: कवर्धा राजपरिवार के पास सुरक्षित हो।"

इन अनुवादकर्ताओं की विद्वता पर हमें शक नहीं मगर लिपि विकासक्रम की सम्यक जानकारी नहीं होने के कारण चूक हुई हैं। संस्कृत भाषा का ज्ञान एक बात है मगर लिपि वाचन के लिए पर्याप्त जानकारी और अभ्यास की आवश्यकता होती है। इन अनुवादों में नामों का बहुत जगह गलत वाचन किया गया है और कई ऐसी बातें भी जोड़ दी गई हैं जो शिलालेख में नहीं है। भुवनैकमल्ल को भुवनपाल पढ़ा गया है जिसके कारण मंदिर निर्माता के रूप में भुवनैकमल्ल के बदले भुवनपाल का जिक्र हुआ है। इसी तरह मड़वा महल अभिलेख में उल्लेखित जय नाम सम्वत् 1406 का किसी ने उल्लेख नहीं किया है, बल्कि दूसरे जगह के अभिलेख की बातें भी इसमें सम्मिलित कर दी गई हैं। मसलन भोरमदेव मंदिर के दक्षिणी दीवार अभिलेख के सम्वत् 1608 जिसे त्रुटिवश संवत् 160 पढ़ा गया है, इसमें शामिल कर दिया गया है। इसी तरह संवत् 1219 का पांडुलिपियों में जिक्र होता है जो मड़वा महल अभिलेख में नहीं है। यह कहां से लिया गया है यह ज्ञात नहीं है। यद्यपि यह भी सच है कि उपलब्ध पांडुलिपियाँ केवल शिलालेख का अनुवाद नहीं अपितु एक तरह का इतिहास हैं इसलिए इनमें अभिलेख से इतर बातें भी हैं।

अब हम पहले पांडुलिपि पाठ प्रस्तुत करेंगे उसके बाद उसका विश्लेषण करेंगे। हमारे पास उपलब्ध पांडुलिपि चूंकि फोटोकापी की फोटोकापी है इसलिए कुछ जगह अक्षर छूट गए हैं, कुछ अस्पष्ट हैं जिसे हमारे द्वारा पढ़ा नहीं जा सका है। कुछ हमारी अपनी समझ की सीमा के कारण समझने में त्रुटि हुई होगी। बहरहाल पाठ जिस तरह बन पड़ा पाठ प्रस्तुत है।

पाठ

....
लकरतनुप्रसादसरन
......जगसारदासदासुगती के
.... प्रसाद.......... राखो सदा सनेह
भोरमदेव प्रसिद हें सेसनाग के वंस

भोरमदेव के वंसावली

जै जै जै गन............. सोचित मुखवारन
लम्बोदर........... चारु अविवेक संघार
.... यक दंत सुंदर विसाल गिरजावरनंदन
फरसा अंकुस कर ....मुख वंदन
...चंदन॥ इंदु...........जय जगत पती
....

वंसावली भोरमदेव

जादुकरण नाम के यक़ मुनी था उस मुनी के 2 दु लड़का और 1 यक़ लड़की थी बड़े लड़का के नाम सुसर्मा और छोटे के नाम देवसर्मा था : और लड़को के नाम देवसर्मा था : और लड़की के नाम मीथिला य चारो सकस [शख़्स] संव [सब] यक ठेर रहता था: उनके कुटी जीस जगा में [था] अब तलाब हे: उसी जगा में बने थे उस जमाना में पानी के गढा [गड्ढा] रहा लेकिन पानी नहीं रहा...उसी जगा में कुटी बनय के रहते थे : जब वा मुनी मर गाया तब वा दोनों लड़के भगवान के भजन यानी तपस्या के (वास्ते) जंगल में चले जाते थे : ईंहा सीरिप [सिर्फ] लड़की रहती थी : उसी गढा [गड्ढा] से सेसनाग के खीजमतगार [खिदमतगार] निकला काम देवता हेके चन्द्रमा कैसे [जैसे] क्रांत [कांति] बीजली कैसे [जैसे] चमक मृगा कैसे [जैसे] नेत्र गज कैसे [जैसे] चाल उस लड़की को देखा तो मुस्ताक हो गया : तब ईंहा से पलटके सेसनाग के पास जाय के कुल हाल कहा:के प्रीथी [पृथ्वी] लोक में यक कन्या बहुत कबुलसुरत [खूबसूरत] हमने देखा : देव कन्या और नाग कन्या वीं [भी] नहीं हे : ऐसा तारीफ उस कन्या के सुनके उसी पानी के.... रा से निकला : और

देखता कया हे के उस लड़की बैठे हुय ह के सेनिको........................नी सीर के नागीन से लटक रहा हे इसके रूप को देखते ही मुस्ताक हुवा : और अपने रूप को बदल आदमी के स रूप बन गया : और उस कन्या के पास चले गय और उससे पूछा के तुम कौन हो और तुम किसके कन्या हो : वो किस कारन तुम जंगल में वास करते हो : तब लड़की बोली के हम जातुकरन [जातुकर्ण] मुनी के लड़की हैं : और हमारे दु भाई बी [भी] हे : जंगल को तपस्या भगवान के भजन के वास्ते गय हें : और आप का क [क्या] नाम हे तब बालक रूप............. फन पर समाले हुय हूँ मेरे नाम सेस हे : मयने [मैंने] तुम्हारे खबसूरती के तारीप सुन के मय तुम्हारे पास आये हों : और मेरे मन तुम्हारे तपर जाता हे : तब मीथुला बोला के हे नाथ मय तो आप के दासी हो जैसा उचित होय ओइसे करना चाही : तब उस जमाना में गंधरवीं [गंधर्व] विवाह के था सो उसके साथ गंधरवीं विवाह किया : और कहि दीया के या हाल कीसी से मत बतलाना : हम आना जना [जाना] बखत में हमेसा करेंगे या कहि के चले गय यही तरा आना जाना हरदम करने लगे कुछ रोज के बाद उस लड़की को हमल [गर्भ] हो गया बाद छय महीने के हमल हुवा तब दोनों लड़का को मालुम हुवा के ईंहा कीसी आदमी के..............नहीं हे या हमल कहाँ से आई ईसी तरा [तरह] पर दोनों के मन में हुवा और आपुस मे यकोयक [यकायक] भ्रम करने लगे : और या नौमत [नौबत] गुजरते थे के यकोयक मारने के ताक मे रहने लगे : तव [तब] मिथुला ने मन मे वीं चार कीया:के जो या भेद मैंने न बताऊंगा तो आपुस मे मर जावेगा इसलिये सारा हाल अपना कैहि दीया : तब दोउ भाई बोले के हम आँख से देख लेवेंगे तब हम मानेंगे : तब उन दोनों को कुटी के कोन्हे पर छीपाय दीया : तब सेसनाग अपने ममुली के वख्त [मिलने के वक्त?] आया उँहा अदमी के वुह आया और कछु अदमी के अहट [आहट] मीला तब सेस जी ने वोला [बोला] के हम औवल मे कह दीया था : के हमारे हाल कीसी से नहि बतलाना : सो तुमने बताय दीय ईसलिये वा य हमारे आना अमा [अमावस्या?] तक हे अब हम न करेंगे : तव [तब] मीथला बोला. के हे नाथ मेरा परवरिस कोन करेगा : और कीस तरा परनिर्वाह करुँगी : तव सेस जी ने निकाल के 1 पारस के पथर [पत्थर] उस को दीया: और सारा हाल उस पथर के बतलाय दीया : और कहा के मेरे हाथ के तुम्हारे लड़का होगा सो बड़े नसीवावर [नसीबा वर] होगा बलके ईंहा के राजा होगा : या आसिरवात [आशीर्वाद]] देकर चला गया :

नव महिना के बाद उस लड़की के लड़का पयदा [पैदा] हुवा था के क लौके 1219 वारा सो वौनैस [बारा सौ उन्नीस] वरस [बरस] क गुजर गया था तब पयदा हुवा : उस लड़के के नाम अहिराज देव रखे गया उस लड़का बड़े खबसुर्थ [खूबसूरत] वो ज्ञानी वो धर्मातमा [धर्मत्मा] हुवा: फेर उसके लड़का राजलदेव [राजल्ल] भय फेर उसके लड़का धरनीधरदेव भय फेर उसके लड़का महीपदेव [महिमदेव] फेर उसके लड़का सिर्फबंधदेव [शक्तिचंद्र] फेर उसके लड़का गोपालदेव भय फेर उसके लड़का नलदेव भय फेर उसके लड़का भवनपाल देव हुवा फेर उसके लड़का कीरतपालदेव[कीर्तिपाल] हाय फेर उसके लड़का जयतपाल देव [जयत्रपाल] फेर उसके लड़का महिपाल देव : फेर उसके लड़का का भीषमपालदेव [विषम पालदेव] के लड़का जहलुलदेव [जहुना (जन्हू)] फेर उनके लड़का विजनपालदेव [जगपाल] फेर उनके लड़का वीं जनपालदेव. फेर उनके लड़का जसोराजदेव [यशोराज] भय फेर उनके लड़का 2 दुय पयदा भय बड़े लड़का के नाम खङदेव [खड़गदेव] और दुसर लड़का के नाम चंदनदेव भय उस खङदेव के लड़का भवनपालदेव [भुवनैकमल्ल] हुय वा बड़े परतापिक [प्रतापी] हुवा उनोने [उन्होंने] मंदिर वो तलाब वनवाया [बनवाया] हे अब उनको ईस जमान [ज़माने] मे भोरमदेव कहते हें : फेर उनके लड़का अर्जुनदेव भय फेर उस भवनपाल देव [भुवनैकमल्ल] ने मंदिर वो तलाब बनवाया था उसके उद्यापन कीया था के सावन वदी [बदी] 10 सम्वत् 160 यक सो साठ [एक सौ साठ] के साल था और भवनपालदेव [भुवनैकमल्ल] ने सब तीर्थ के जल मंगवाय के डलवाय दीया गया फेर खङदेव के वंस टुट गया यक बखत ना हुय जो खङदेव के भाई चंदनदेव कयम [कायम] रहा जिनके वंस चला चंदनदेव के लड़का वीं जनदेव [विज्जन] फेर उनके लड़का भुवनपालदेव [भुवनैकमल्ल] फेर उनके लड़का अर्जुनदेव फेर भीमदेव के पुत्र भोज नाम के भय उनके पुत्र सुमीरनदेव [?] उनके पुत्र लछीमनदेव [लक्ष्मण देव] फेर उनके पुत्र रामचंद्रदेव जिनके वंस के रानी अंवीं का [अंबिका] नाम के भय अर्जुन देव वो बीराधुत और अर्जुन वीं र कीर्तनाम के भय ऊंहा से नाग वंस आखीर [आख़िरी] भय यानी पतना [पतन] भय और भवनपाल राजा [भुवनैकमल्ल] के रहने के अस्थान [स्थान] पक्षीम [पश्चिम] दीसा [दिशा] में यक छोटे से परवत [पर्वत] हे उसके उस पार उसके रहने के मकान था और कै अक हवेली कै अक मकान उसमें बने हुय थे और बड़े भारी सहर बसे थे उस सहर के दूरगावतीपुरी है उसी सहर के नजीक [नज़दीक] छोटे से नदी

निकला हे उस नदी के नाम सुखदी नदी सो दखीन [दक्षिण] के तरप बही के कर्मदा [कमरदा] के नजीक नीकल गया उसको सकरी नदी कहते हैं: और जो मंदिर भवनपालदेव [भुवनैकमल्ल] ने बनवाया हे उसके मजबुती कहे नही जाता हे: बड़े पायदार वो गौहा पथरो के बने हुय हे और इस्पात भरभर पथर उसमें लगे 4 हुय हे बड़े चिमितकारी [चमत्कारी] से बने हे उसी मंदर के नजीक [नज़दीक] यक तलाब हे उसके पानी नही सुखता और उसके गहराई के थाह को कोई नही लीया गया हे: उसके दखिन [दक्षिण] के तरफ मड़वा महल कहते हे :वा मंदीर बहुत अछा बने हे उसमें वारा [बारा] ठो खम्हा [खम्बा] जगमोहन में बने हे और गौह पथर के उपर खोदा गया हे और अछे अछे [अच्छे–अच्छे] मुरत वो पुतली [?] बने हुय हे और मंदीर के भितर महादेव के लींग हे उसके पुजा होता हें और भोरमदेव के मंदर मे हठेश्वर महादेव के असथापीत [स्थापित] हे और कँवार सुद नौवीं दसमी को बड़े मेला जुरता हे उंहा पर हजारों बोकरा बलदान [बलिदान] दिया जाता हे: और मड़वा महल के भीतर पारी नाम यक पथर [पत्थर] रहे उसी पथर पर कुल हाल लिखे हुय हे उस लीखने वाले के नाम वीं ठल [बिट्ठल] पंथ रहा हे उनो ने या हाल उस पथर पर खोदा हे और सब हाल उसी मे लीखे हुय हे मड़वा महल के पछीम [पश्चिम] के तरफ 1 मयल [मील] पर यक मंदर [मंदिर] बने हुय हे उसको छेरका महल कहते हैं : उसके नजीक [नजदीक] यक तलाब हे उसको छेरका बांध कहते हे: फकत ता: 3/6/98 [1898] मीती जेठ सुदी 14 सम्वत् 1955 के साल

विश्लेषण

1. ऐसा प्रतीत होता है कि पाठ कथा कहने की शैली मे बोलकर लिखाया गया है।

2. भाषा के विकास की दृष्टि से देखें तो उस समय आधुनिक हिंदी गद्य बनने के क्रम मे था। उर्दू-फारसी मूल के शब्दों का अनुपात अधिक था। शब्दों मे लिंग, वचन, मात्रा, वर्तनी की त्रुटि काफ़ी है। 'ब' के लिए सर्वत्र 'व', 'ख' के. लिए 'ष' तथा 'श' के लिए 'स' का प्रयोग हुआ है। शब्दों मे तद्भव रूप अधिक हैं। क्षेत्रीय छत्तीसगढ़ी का भी काफ़ी प्रभाव है।

3. वंशावली के प्रारम्भ मे सारदा और गणेश की वंदना है।

4. फणिनागवंश की उत्पत्ति कथा मड़वा महल अभिलेख के अनुरूप है।

5. वंशावली भी मोटे तौर पर मड़वा महल अभिलेख के अनुरूप है मगर कुछ नाम छूट भी गए हैं। कहीं क्रम मे गड़बड़ी है। पाठ मे त्रुटि है।

6. मड़वा महल अभिलेख मे भुवनपाल नामक एक ही व्यक्ति का जिक्र है नलदेव का पुत्र भुवनपाल देव (वंशक्रम मे 8 वा) जबकि वंशक्रम मे 19 वे नंबर का व्यक्ति भुवनैकमल्ल है जिसे इस पाण्डुलिपि मे [बी.एल.बख्शी वाली पाण्डुलिपि मे भी] त्रुटिवश भवनपाल/भुवनपाल पढ़ा गया है। अभिलेख मे इसके बारे मे लिखा है कि भुवनैकमल्ल द्वारा चतुरापुरी मे किला (दुर्गावली) बनवाया गया तथा उसके उत्तर मे एक शिव मंदिर (निलय:शिवस्य) तथा एक विशाल तालाब (महास्तडाग:) खुदवाया गया।

"श्रीखड्गदेवाद्भुवं नकमल्लस्तनूभवोभूद्भुजवीं र्यशाली आसाद्य राज्यं फणिणवंशकेतोः शशास पृथ्वीं चतुरर्णावान्तां ॥४७॥ जित्वा वैरिबलानि खड्गमुहृदा दोषणा स पूष्णा समस्ते-जस्वी चतुरः पुरीमरचदद्दूर्गावलीं दुर्गमां।यस्या दक्षिणतः स्वयं सुरनदी बाहोदरी शङ्करी, यत्तीरे हटकेश्वरे फणिकुले--स्वयं निर्गतः ॥४८॥ आराधिता तेन राज्ञा ब्रह्माणी देवता स्वयं ।आरक्षको कृता यस्याः खड्गस्येवाधि देवता ॥४९॥ तामुत्तरेण नगरों तरुणेन्दुमौलेरभ्र लिहो विरचितो निलयः शिवस्य । सिन्धो सपन्न इव तत्र तरंगलेखाभूभंग भीषणतरश्च महांस्तडागः ॥५०॥"

पाण्डुलिपि मे भुवनैकमल्ल द्वारा चतुरापुरी मे किला बनाने [यहाँ भी दुर्गावली को दूरगावतीपूरी पढ़ा गया है], उसके उत्तर मे शिव मंदिर बनवाने, तालाब खुदवाने का जिक्र है मगर

भुवनैकमल्ल का पाठ भुवनपाल करने के कारण मंदिर निर्माता भुवनैकमल्ल को न कहकर भुवनपाल को कहा गया है। यह त्रुटि लगभग सभी पुरानी पाण्डुलिपियों मे दिखाई पड़ती है।

7. पाण्डुलिपि मे भुवनपाल [भुवनैकमल्ल] द्वारा भोरमदेव मंदिर के निर्माण का समय सम्वत् 160 बताया गया है। पहली बात इस सम्वत् का उल्लेख मड़वा महल अभिलेख मे नहीं है, दूसरी बात मंदिर स्थापत्य उतना प्राचीन नहीं है। दरअसल यह त्रुटि भोरमदेव मंदिर के दक्षिणी प्रवेश द्वार अभिलेख मे उल्लेखित सम्वत् 1608 के गलत पाठ सम्वत् 160 के कारण है। यह त्रुटि भी सभी पुरानी पाण्डुलिपियों मे और कई ब्रिटिश अधिकारियों के प्रतिवेदनो मे भी है। जबकि इसका निराकरण कनिंघम मे 1881 के अपने सर्वे रिपोर्ट मे कर दिया था।

8. पाण्डुलिपि मे फणिनागवंशी प्रथम शासक अहिराज का जन्म समय सम्वत् 1219 माना गया है। ऐसा अन्य पाण्डुलिपियों मे भी मिलता है। मगर मड़वा महल शिलालेख मे इस सम्वत् का जिक्र नहीं है। यह सम्वत् कहां से लिया गया है पता नहीं चलता। यह सम्वत् किसी भी तरह से अहिराज के जन्म के समय से मेल नहीं खाता। विभिन्न स्रोतो से प्राप्त जानकारी से अहिराज को अधिकतम नवमी-दसवीं के मध्य रखा जा सकता है।

हमारे अपने मत से एक सम्भावना यह है कि मड़वा महल अभिलेख मे जहाँ छंद २९ ख़त्म होता है वहाँ एक पूर्ण विराम चिह्न के बाद २९ लिखा है [।२९] फिर इसके बाद अहिराज के जन्म का वर्णन है। अनुवादकर्ता इसे सम्वत् समझकर ९ के पूर्व एक और एक [।] की कल्पना कर इसे ही सम्वत् १२१९ समझ गए। हमने इसे एक संभावना के रूप मे ही प्रस्तुत किया है। इस संबंध मे अभी और शोध अपेक्षित है।

9. पाण्डुलिपि मे भोरमदेव के मंदिर मे हठेश्वर महादेव स्थापित होने की बात कही गई है। यह भी अभिलेख के त्रुटिपूर्ण पाठ के कारण जान पड़ती है। ऊपर उद्धृत मड़वा महल अभिलेख

के श्लोक नंबर ४८ से स्पष्ट है कि हटकेश्वर (शिव) मंदिर सकरी (शंकरी) नदी के किनारे स्थित था ।

"यस्या दक्षिणतः स्वयं सुरनदी बाहोदरी शङ्करी, यत्तीरे हटकेश्वरे फणिकुले--स्वयं निर्गतः ॥४८॥

मड़वा महल अभिलेख में भोरमदेव मुख्य मंदिर में स्थापित शिवलिंग के लिए कोई नाम नहीं दिया गया है।

10. राजाओं के रहनिवास [कोदई धोना तालाब के पास का क्षेत्र] के लिए दुरागवतीपूरी भी दुर्गावली का अपभ्रंश प्रतीत होता है।

****

पाण्डुलिपि के अंश

संदर्भ

1. मड़वा महल अभिलेख के वाचन के लिए देखें श्री बालचंद्र जैन का आलेख 'Mandawa Mahal Inscription of Ramachandra V.S. 1406 (सिंहावलोकन ब्लॉग, राहुल कुमार सिंह)।

2. मड़वा महल अभिलेख के श्लोक नं. ४७ -५0 के पाठ के लिए देखें श्री संतलाल कटारे का आलेख 'Bhoram Deo Temple and it's Transcription, V.S. 1608 ' I.H.Q. Nos.2 & 3 1960 .

16. राय बहादुर डॉ. हीरालाल का भोरमदेव के इतिहास सम्बंधित विवेचन

राय बहादुर हीरालाल (1867-1934) लब्धप्रतिष्ठित पुराविद और विद्वान थे। उनके बहुत से महत्वपूर्ण कामों में से एक काम तत्कालीन मध्यप्रान्त और बरार के प्राचीन अभिलेखों का संकलन, सम्पादन और पाठ सारांश प्रस्तुत करना भी है। यह कार्य उनके स्वतंत्र शोध आलेखों के अतिरिक्त उनकी कृति 'Descriptive Lists of Inscription in The Centrale Provinces And Berar' (1916) में दिखाई पड़ता है। 1932 में इसका परिवर्धित संस्करण प्रकाशित हुआ। इस पुस्तक में उन्होंने 'मड़वा महल अभिलेख (1349 ई.) का पाठ सारांश दिया है, साथ ही 'बोरिया अभिलेख', 'सहसपुर मूर्ति अभिलेख, सती स्तम्भ अभिलेख का भी सारांश दिया है। इनमे मड़वा महल अभिलेख के अलावा बांकी अभिलेखों पाठ कनिंघम से लिया गया है। मड़वा महल अभिलेख का पाठ हीरालाल जी को स्वयं करना पड़ा, क्योंकि कनिंघम ने उसका अनुवाद नहीं किया था। हीरालाल जी के कार्य के बाद से ही फणिवंश के बारे में प्रामाणिक जानकारी मिल सकी। उनसे पूर्व कवर्धा रियासत के राजपुरोहितों (एक पंडित रामचन्द्र जी) द्वारा मड़वा महल अभिलेख का तर्जुमा तैयार करने की जानकारी और कुछ सूचियां मिलती हैं जिनमे मुख्यतः वंशावली का क्रम और फणिवंश की उत्पत्ति की कथा की जानकारी मिलती है। ऐसा प्रतीत होता है कि पुरोहितों का उद्देश्य केवल वंशावली तैयार करने में होती थी अन्य जानकारियां उनके लिए गौण थी।

हीरालाल जी 'मध्यप्रदेश का इतिहास' भी लिख रहे थे, मगर दुर्भाग्यवश उनके आकस्मिक निधन से यह कार्य पूर्ण नहीं हो सका। बावजूद इसके जितना अंश वे लिख चुके थे वह 1939 में काशी नागरीप्रचारिणी सभा से 'मध्यप्रदेश का इतिहास' के नाम से प्रकाशित हुआ है। इस पुस्तक में भी उन्होंने भोरमदेव के इतिहास पर विचार किया है जो उनके पूर्व के कार्य पर ही आधारित है।

हीरालाल जी ने मड़वा महल अभिलेख को पढ़ा और फणि वंश की उत्पत्ति कथा, वंशावली, भौगोलिक नाम आदि का विवेचन किया मगर अभिलेख का सम्पूर्ण पाठ प्रस्तुत नहीं किया, इसके कारण अभिलेख की बहुत सी बातें जानकारी में नहीं आ सकीं। दरअसल हीरालाल जी उस समय पूरे मध्यप्रान्त और बरार के अभिलेखों की सूची तैयार कर रहे थे इसलिए पुस्तक के लिए सम्पूर्ण पाठ जरूरी भी नहीं था।

लेकिन हुआ यह कि उनके बाद मड़वा महल अभिलेख का सम्पूर्ण पाठ कभी सामने आ ही नहीं सका। बाद में श्री संतलाल कटारे ने साठ के दशक में मड़वा महल अभिलेख को पढ़ा था क्योंकि अपने आलेख Bhoram Deo Temple and it's Inscription, V.S. 1608 [I.H.Q. Nos.2 & 3 1960] में अभिलेख की कई नयी जानकारियां दी हैं। मगर उन्होंने भी अभिलेख का सम्पूर्ण पाठ प्रकाशित नहीं कराया।

मड़वा महल अभिलेख को श्री बालचंद्र जैन 1963 में अपने निर्देशन में मड़वा महल शिव मंदिर से महंत घासीदास संग्रहालय रायपुर लाए थे। 'उत्कीर्ण लेख' में इसका अनुवाद नहीं है मगर वे इस पर काम कर रहे थे। श्री राहुल कुमार सिंह ने अपने ब्लॉग 'सिंहावलोकन' में उनका एक आलेख 'Mandawa Mahal Inscription of Ramchandra V.S.1406' प्रकाशित किया है जो सत्तर के दशक का लिखा प्रतीत होता है। इस आलेख को देखने से स्पष्ट हो जाता है कि उन्होंने अभिलेख को पढ़ा था और उस आलेख में अभिलेख की लगभग सम्पूर्ण बातें आ गयी हैं फिर भी अभी अभिलेख का श्लोकवाद पाठ प्रस्तुत होना बाकी है।

हीरालाल जी ने 'जोगी मगरध्वज 700' पर भी आलेख लिखा है जिसका अंकन भोरमदेव सहित छत्तीसगढ़ और अन्य प्रांतों के मंदिरों तथा मूर्तियों पर पाया जाता है। हीरालाल जी ने मगरध्वज जोगी को रतनपुर से संबद्ध योगी माना है तथा 700 संख्या को उनकी शिष्य मंडली माना है।

पहले हम हीरालाल जी का उनकी कृति 'Descriptive Lists of Inscription in The Centrale Provinces And Berar'(1916) में भोरमदेव क्षेत्र के अभिलेखों के बारे में लिखा अंश देखते हैं

KAWARDHA STATE IMPORTANT INSCRIPTIONS

BORAMDEO TEMPLE INSCRIPTIONS

(In situ.)

Near the village Chhapra,11 miles east of Kawardha as Boramdeo,on account of Gonds having utilized it as a shrine of their god when they ere ascendant. The Oldest inscription here is one of the pedestal of a large figure of a bearded man sitting with joined hands, which General Cunningham considered to be the Raja's religious adviser. There are four records on it. The first gives a number of names apparently of the temple builder's religious advisers. In the second Inscription the names of his wife, sons and daughters are given, In the third the date is given as 840, during the reign of Gopaladeva, and the fourth gives the Names of masons.

The year apparently belongs to the Kalachuri era, and is thus equivalent to 1088 A.D. Gopaladeva was evidently a local chief under the sovereignty of the Ratnupur kings. He may be identical with Gopaladeva of the Pujaripali inscription. The principal image of the temple is that of Lakshmi Narayana, on the pedestal of which the name of that ubiquitous Jogi Magaradhvaja with the figure 700 inscribed. On the wall of the temple there is a modern inscription of the Samvat year 1608 (A. D. 1551),which was originally read as 160, equivalent to A.D. 103, and was quoted as a proof of the antiquity of Gond rule in Chhattisgarh.

(Cunningham's Archaological Reports, Volume XVIII, page 42.)

MANDAVA MAHAL INSCRIPTION AT CHAURA

(In situ.)

Chaura is a village about 11 miles from Kawardha. In a temple known as Mandava Mahal there is a long inscription on a slab containing 37 lines, which records the construction of a Siva temple by king Ramachandra born of the Phani or Nagavamsa, and married to Ambika devi of the Haihaya lineage. It gives the legend of the origin of e Nagavamsa, somewhat resembling that of the Haihayavamsa, who claim a serpent and a mare to be their original ancestors. Our record relates that a serpent got enamoured of Mithila,the beautiful daughter of the sage Jatukarna.He therefore assumed human form and had intercourse with her. Their issue was Ahiraj,who,having conquered the neighboring chiefs,set himself up as a king. The king kings who followed him are shown in the genealogical table below:-

It would appear that the succession deflected twice from the direct line.For nine generation up to Kirtipala it went in a direct line. The 10 king Jayatrapala was a brother of kirtipal who apparently had no son to succeed him.Twelve descendants of Jayatrapala succeeded one after the other,the last king Bhoj being succeeded by Lakshmana, a great-grandson of his great-great-grand uncle.Lakshmana's son was Ramachandra, the 20th descendant from the original ancestor Ahiraja.

The inscription is dated in Vikramadity Saka 1406, bearing the name Jaya, which makes it clear that the year intended was that of the Vikramadity era,as the cyclic year Jaya was current in Vikrama Samvat 1406 (A. D. 1349). This record shows that Kawardha and the neighbouring country were under the sway of the Nagavamsi kings for a period of about 500 years, commencing from the begining of the 9th Century A. D. a litlle before the advent of the Kalachuris or Haihayas to Chhattisgarh. Apparently the Nagavamsis became the feudatories of the Kalachuri and conntinued to rule under their protection Amongst the kings of this dynasty we find two names Gopaladeva (6) and Yasoraja (15) with which we are familiar from other inscriptions found in this locality. Gopaladeva's name occurs in the Boramdeo temple, about a mile away from our inscription slab. It is dated in the Kalachuri year 840, or A. D.1088, while at Sahaspur, only 21 miles away from Chaura, there is a record Yasoraja, dated in the Kalachuri year 934, or A.D. 1182. These kings must evidently belong to the dynasty which our record describes. Between Gopaladeva and Yasoraja there was an interval of only 94 years according to the their inscriptions, but our record gives eight inter-being generations, giving an average of less than 12 years to a generation. This throws a doubt on the accuracy of the genealogy, to swell which it is possible a numer of fictiious names may have been inserted.

The geographical names mentioned in the record are Chavarapura,the Samkari river, Rajapura,to the east of which the temple was built, is undoubtedly the village Chaura, within whose limits the temple still lies, and Samkari is the Sankari river which is about a quarter of a mile away. Rajapura was a village granted for the supply of offerings to the god, and may be identified a village of the same name three miles from Chaura. Kumbhipuri is not traceable. It was given at the same time as an agrahara to a Brahman named Mahesa. The record Which is in verse, was composed by a Dakshini Brahman Vitthala, which seems to account for the curious way in which he has indicated the era, calling it Vikrama Saka ;the last word Saka used in this phrase is merely an equivalent of a year.

KANKALI INSCRIPTIONS

(Two in situ and four in Kawardha)

There is a temple of Kankali in a fort 20 miles north of Kawardha, the nearest village being Boria, three miles to the south-east. The inscribed sculptures of this place have been removed to Kawardha, so that there remain only two records in situ, viz., the name of Magaradhvaja Jogi with his invariable figure 700 and that of Devadasa who appears to have been another pilgrim like Magaradhvaja.

Of the four inscriptions removed to Kawardh, two were Sati pillars which now support the mandapa of Rama's temple there, while the other two, recorded on the pedestals of statues, are kept in the Buarha Mahadeva temple near the new court-house. One of them is undated and gives no information beyond the name of Jasaraja. The other one is dated in what appears to be Samvat 945 or 915, and is engraved on the pedestal of a royal bearded figure who is seated with hands joined in devotional posture. It records the construction of a temple (prasada) for the salvation of her father by one Vivo, daughter of Vanchha, the mother of the wise Pandu, son of Thakur Mandu, the Prime Minister (mahamatya) of the Maharanaka Jasarajadeva. It appears that Mandu and his wife had died and their daughter built a temple in the name of her parents. The sculpture has three figures, two of a couple with haloes behind them, and the third of a female without any such insignia.

Apparently, the couple represents the parents and the simple female figure their devoted daughter.

General Cunningham read the date and 910 or 1110, which the iscription does not confirm. The figure are barely formed,and they were once read as 849.

The chief Jasardjadeva is apparently the same as Yashoraja of Sahaspur inscription, which is dated in Samvat 934 or 1183 A. D., and the present reading of the date goes to establish the identification more closely than before.Jasaraja is described a Maharanaka or feudatory chief ,the nucleus of whose dominions was obviously the Kawardha State. It seems possible that Yasoraja or Jasaraja was a descendant of Gopaladeva of the Boramdeo temple Inscription, The latter flourished a century earlier than the former.

(Cunninghams Archeological Reports, Volume XVII)

UNIMPORTANT, INCOMPLETE OR ILLEGIBLE INSCRIPTIONS

KAWARDHA INSCRIPTIONS

(In situ.)

In the temple of Rama, on the Ujiyar Sagar tank, there,are two inscribed pillars which are much worn. They appear to be Sati stones utilized as pillars to support the mandapa of the temple which was built only about a century ago from stones and materials brought from Boria(or Kankali). One of the inscriptions is dated in Samvat 1414 on Monday the 12th of the bright fortnight of Margasirsha, corresponding to Monday the 5th December 1356 A. D., during the reign of Maharaja Sri Ramadeva, and the other in Samvat 1422 on Monday the 13th of the bright half of Jyeshtha, corresponding to Monday the 13th may 1364 A. D. This stone records that the deceased Nayaka Mahadeva had three wives, Metai, Jaukhai and Divamai whom only Metai committed Sati, and it was in her honour that the pillar was erected. The Hindu sentiment would not allow a tombstone to be put up in a place if worship, but neither the builder of Rama's temple nor citizens of Kawardhs ever dreamt that these pillars contained records of this nature.

SATII INSCRIPTIONS

There are a number of Sati records in Chappri and Boria. Two of these, belonging to Boris,have been utilized pons, as pillars in Rama's temple at Kawardha. They belong to the 14th Century A. D. To the same period belong the Sati pillars of Chhapri, one of which is dated in Samvat 1430, or A. D. 1373, and another in Samvat1445,or A.D. 1388.

(Cunningham's Archeological Reports, Volume XVII)

अब 'मध्यप्रदेश का इतिहास' में लिखा भोरमदेव से सम्बंधित विवरण देखते हैं

कवर्धा के नागवंशी

ऊपर संकलित हैहयों के मांडलिकों की तालिका पूरी नहीं समझ लेनी चाहिए और न यही मान लेना चाहिए कि जिनको हैहयों ने हरा दिया वे सदैव के लिए मांडलिक बने बैठे रहे। बस्तर के नागवंशियों पर तो उनका अधिपत्य नाम मात्र का ही रहा। वे यथार्थ में स्वतंत्र ही बने रहे और अपने ही बल पर गोदावरी के उस पार के राजाओं से लड़ाई लेते रहे जिसका वर्णन आगे किया जायगा। यहाँ पर हैहयों के निकटस्थ उन

मांडलिकों का कुछ ब्योरा दे देना उचित जान पड़ता है जिनका नाम ऊपर की तालिका में नहीं आया। बिलासपुर जिले से लगी हुई कवर्धा रियासत के चौरा नामक ग्राम में एक मंदिर है जिसको अब मंड़वा महल कहते हैं। वहाँ एक शिलालेख है जिसमें नागवंशी २४ राजाओं की वंशावली दी गई है। यह लेख १३४९ ई० का है। इससे स्पष्ट है कि इस वंश का मूल-पुरुष दसवीं शताब्दी के लगभग राज्य करता रहा होगा। जिस राजा ने यह लेख खुदवाया है उसने हैहय-राजकुमारी अंबिकादेवी से विवाह किया था। जान पड़ता है कि इस वंश के राजा पहले ही से हैहयों के मांडलिक हो गए थे, इसलिये इनके विजय करने या करद राज्यों में गणना करने की आवश्यकता नहीं समझी गई, क्योंकि इन लोगों में नातेदारी चलने लगी थी। इनके वंश की उत्पत्ति कुछ-कुछ हैहयों की उत्पत्ति से मिलती जुलती है। हैहय अपनी उत्पत्ति अहि-हय अर्थात नाग पिता और घोड़ी माता से बतलाते हैं। कवर्धा के नागवंशी अहि पिता और जातुकर्ण ऋषि की कन्या मिथिला माता से बताते हैं। इनका पुत्र अहिराज हुआ जो इस वंश का प्रथम राजा गिना गया है। उसका लड़का राजल्ल उसका धरणीधर, उसका महिमदेव, उसका सर्ववंदन या शक्तिचंद्र, उसका गोपालदेव हुआ। चौरा के निकटवर्ती बोड़मदेव नामक मंदिर में एक लेख एक मूर्ति के तले लिखा मिला है जिसमें तत्कालीन राजा का नाम गोपालदेव और संवत् ८४० अंकित है। यदि इन दो गोपालदेवों को एक ही व्यक्ति मानें और संवत् को कलचुरि संवत् गिनें तो शिला-लेख के समय तक २६१ वर्षो का अंतर आता है जिसमें १४ पीढ़ियों और १८ राजाओं का समावेश करना पड़ता है। इस अवस्था में एक पीढ़ी की औसत आयु १७ साल और राजा के शासनकाल की औसत १४ साल होती है। यदि सम्वत् विक्रम माना जाय तो गोपाल-देव से लेकर अंतिम राजा रामचंद्र तक ५६६ वर्षो का काल होता है, जिसके अनुसार पीढ़ी की औसत आयु ३८ साल और शासन-काल की औसत अवधि ३१ साल पड़ेगी। ये दोनों बातें मेल नहीं खातीं। एक पीढ़ी की ३८ साल औसत आयु बहुत अधिक हो जाती है और १७ वर्ष बहुत ओछी पड़ जाती है। सम्वत् ८४० को शालिवाहन का मानने से पीढ़ी की औसत २९ साल और शासन-अवधि २६ साल पड़ जाती है परंतु यह भी प्रचलित लेखे के अनुसार समुचित नहीं है। इसके सिवाय कवर्घा की ओर शालिवाहन के सम्वत् का कभी प्रचार नहीं रहा। उस ओर के लेखों में तिथियाँ कलचुरिया विक्रम संवत् के अनुसार डाली जाती थीं। रामचंद्र के लेख में भी यद्यपि विक्रम के नाम का साफ-साफ

संकेत नहीं है परंतु उसमें इतना लिखा है कि सम्वत् त् १४०६ में जय नाम संवत्सर चल रहा था तब वह लिखा गया। गणना करने से स्पष्ट है कि जय नाम सम्वत्सर विक्रमीय १४०६ साल में पड़ा था। इन कारणों से यहीं से नागवंशावली में शंका उत्पन्न हो जाती है जिसका निवारण आगे चलकर किया जायगा।

गोपालदेव का लड़का नलदेव और उसका भुवनपाल हुआ। इसके दो पुत्र-कीर्तिपाल और जयत्रपाल-हुए, जो एक दूसरे के पीछे एक गद्दी पर बैठे। जयत्रपाल के मरने पर उसका लड़का महिपाल राजा हुआ, फिर उसका पुत्र विषमपाल, फिर उसका पुत्र जन्हुपाल, फिर उसका जनपाल या विजनपाल और फिर उसका पुत्र यशोराज हुआ।

यशोराज यशस्वी राजा जान पड़ता है, क्योंकि इसके समय के लेख कंकाली और सहसपुर में पाए जाते हैं। एक लेख में उसकी तिथि स्पष्ट रूप से सम्वत् ९३४ कार्तिक पूर्णिमा बुधवार लिखी है। कलचुरि सम्वत् के अनुसार हिसाब लगाने से यह ठीक ११८२ ई. के 13 अक्टूबर बुधवार को पड़ती है। गोपालदेव और यशोराज के बीच ८ पीढियां और ९४ वर्षों का अंतर पड़ता है जिससे औसत आयु १२ वर्ष रह जाती है। शासन अवधि चाहे जितनी छोटी हो जाय परन्तु पीढ़ी की आयु इतनी ओछी नहीं हो सकती। इससे सिद्धांत यही निकलता है कि वंशावली लंबीचौड़ी करके नागवंश की प्राचीनता का महत्व स्थापित करने का प्रयत्न किया गया है और कुछ कल्पित नाम घुसेड़ दिए गए हैं या नाता बताने में गलती हुई है।

यशोराज का पुत्र कन्हड़देव या वल्लभदेव था। उसका लक्ष्मवर्मा हुआ जिसके दो पुत्र थे-एक खड्गदेव और दूसरा चंदन। गद्दी खड्गदेव को मिली। उसके पश्चात उसका लड़का भुवनैकमल्ल उत्तराधिकारी हुआ, फिर उसका लड़का अर्जुन, फिर उसका भीम और फिर उसका भोज क्रमशः गद्दी पर बैठे। भोज के निस्संतान होने के कारण गद्दी चंदन की शाखा को पहुँची और उसके लक्ष्मण नामक प्रपौत्र को मिली। इसी लक्ष्मण का लड़का रामचन्द्र था जिसने शिलालेख लिखवाया।

गोपालदेव और यशोराज की तिथियों के आधार पर अनुमान किया जा सकता है कि कवर्धा के नागवंशियों का आरंभ दसवीं शताब्दी में हुआ

और कुल पीढ़ियाँ २१ के बदले १८ ही हुईं। जान पड़ता है कि गोपाल और यशोराज के मध्यस्थ राजाओं के रिश्ता बनाने में कुछ भूल हुई है। सम्भव है, गोपालदेव और नलदेव पिता पुत्र न होकर भाई-भाई रहे हों। इसी प्रकार महिपाल व विषमपाल और जन्हुपाल और जनपाल का नाता रहा हो, तब तो गोपाल और यशोपाल के बीच की तीन पीढ़ियाँ घट जाती हैं जिससे पीढ़ी की औसत आयु १२ से बढ़कर १९ वर्ष हो जाती है। पुनः सहसपुर के लेख में यशोराज के रानी का नाम लक्ष्मादेवी और राजपुत्रों का भोजदेव व राजदेव लिखा है, परंतु वंशावली में कन्हड़देव या वल्लभ देव बतलाया गया है और उसका पुत्र लक्ष्मवर्मा लिखा है। यद्यपि यह असम्भव नहीं है कि यशोराज के तीसरा पुत्र हुआ हो जिसको गद्दी मिली हो तो भी यह झलक उठता है कि नामों में कुछ गड़बड़ हो गई है। यदि कन्हड़ और लक्ष्म भोज और राजदेव के दूसरे नाम रहे हों तो कन्हड़ और लक्ष्म को पिता पुत्र न मानकर भाई मानना पड़ेगा। ऐसा करने से यशोराज ११ वीं और अंतिम राजा १७ वीं पीढ़ी में पड़ेगा। इससे पीढ़ी के आयु का झगड़ा मिट जायगा। गोपालदेव अहिराज से छठी पीढ़ी में हुआ, जिससे जान पड़ता है कि इनके बीच प्रायः सौ वर्ष का अंतर रहा होगा, इसलिए कवर्धा के नाग वंश का आरम्भ दसवीं शताब्दी के अंत में मानना असंगत न होगा। एक शिलालेख में यशोराज की पदवीं महाराणक लिखी है, इसलिए इस वंश के मांडलिक होने में संशय न रहा।

कवर्धा के राजवंशी रतनपुर के निकट होने के कारण अधिक दबे रहते थे।

मड़वा महल अभिलेख

विश्लेषण

1. राय बहादुर हीरालाल जी मड़वा महल के अपने पाठ, कनिंघम द्वारा किये गए कार्य और कलचुरियों के इतिहास पर किये गए अपने व्यापक अध्ययन से भोरमदेव के इतिहास को समझाने का प्रयास करते हैं। सबसे पहले तो वे इस बात को रेखांकित करते हैं कि फणिवंश की उत्पत्ति कथा कलचुरियों से मिलती है। जिस तरह कलचुरी अपनी उत्पत्ति घोड़ी और नाग के संसर्ग

से मानते हैं उसी तरह फणिवंशी भी अपने प्रथम शासक अहिराज को स्त्री (मिथिला) और शेषनाग के संसर्ग से उत्पन्न मानते हैं। इससे प्रतीत होता है कि यह मिथक फणिवंश को कलचुरियों की तर्ज पर महत्ता दिलाने के लिए गढ़ा गया होगा। यह अब भी शोध का विषय है कि फणिवंश का प्रथम शासक किसी स्थानीय व्यक्ति का उभार है या कहीं अन्यत्र से आया हुआ व्यक्ति। भोरमदेव मन्दिर की मूर्तियां तत्कालीन परम्परागत हिन्दू मंदिरों के अनुकूल ही हैं, इसलिए इसके निर्माता का हिन्दू परंपरा से जुड़ना स्वाभाविक है। इन शासकों के वेशभूषा और धार्मिक आस्था में जनजातीय समाज के विशिष्ट लक्षण नहीं दिखाई पड़ते। यद्यपि ऐसा भी होता रहा है कि कोई भी जातीय/जनजातीय समहू का व्यक्ति शासक बनने के बाद सामंती जीवन पद्धति अपना लेता है। अवश्य शासक वर्ग से इतर सामान्य नागरिकों की मूर्तियों में जनजातीय लक्षण ढूंढें जा सकते हैं, क्योंकि शासक चाहे कहीं का हो जनता सामान्यतः स्थानीय ही हुआ करती है। ऐसा माना जाता है कि भोरमदेव क्षेत्र फणिवंशियों के पतन के बाद पन्द्रहवीं-सोलहवीं शताब्दी के लगभग संग्राम साह के समय गढ़ा मंडला के अधिकार में आया होगा।

2. चौरागढ़ (भोरमदेव) का रतनपुर के कलचुरियों के करद राज्यों की सूची में कहीं नाम नहीं आता इसका कारण हीरालाल जी मानते हैं कि फणिवंश के राजा पहले से ही हैहयों के मांडलिक हो गए थे तथा उनमें वैवाहिक सम्बन्ध स्थापित हो गया था इसलिए उन्हें विजय करने या करद राज्यों में गणना करने की आवश्यकता नहीं समझी गयी होगी।

भोरमदेव क्षेत्र के फणि वंशियों को कलचुरियों के अधीनस्थ समझा जाता है इसका कारण यह है कि यह रतनपुर के अपेक्षाकृत करीब है और जब वहां के कलचुरी शक्तिशाली थे तब इनका स्वतंत्र रहना सम्भव प्रतीत नहीं होता। दूसरा कारण इस क्षेत्र के अभिलेखों में कलचुरी सम्वत् के प्रयोग को भी इसका प्रमाण माना जाता है।

इस सम्बंध में हीरालाल जी लिखते हैं "एक शिलालेख में यशोराज की पदवीं महाराणक लिखी है,इसलिये इस वंश के मांडलिक होने में संशय ही न रहा।" यशोराज को महाराणक बोरिया अभिलेख कलचुरी सम्वत् 910 (1158ई.) में कहा गया है। इसी तरह गोपालदेव को 'राणक' योगी की मूर्ति अभिलेख कलचुरी सम्वत् 840 (1088ई.) में कहा गया है। 'इंडियन एपिग्राफी' में डी. सी. सरकार से इस बात की पुष्टि होती है कि महाराणक/राणक शब्द का प्रयोग सामान्यतः अधीनस्थ शासकों/सामंतों/माण्डलिकों के लिए किया जाता था।

लेकिन श्री संतलाल कटारे मानते हैं कि केवल कलचुरी सम्वत् के प्रयोग से फणिवंशियों को कलचुरियों का अधीनस्थ नहीं माना जा सकता। यानी कटारे जी फणि वंशियों को स्वतंत्र शासक के रूप में मानते प्रतीत होते हैं। वैसे फणि वंशियों द्वारा निर्मित मंदिरों के साक्ष्य भोरमदेव, पचराही, गंडई, देवरबीजा, देवबलौदा, बालोद से लेकर इधर फिंगेश्वर तक मिलते हैं इससे उनके शासन क्षेत्र के विस्तार का पता चलता है। बावजूद इसके इसमे अभी और शोध अपेक्षित है।

3. हीरालाल जी ने भोरमदेव के लिए 'बोड़मदेव' शब्द का प्रयोग किया है। ऐसा प्रतीत होता है तत्कालीन समय मे मंदिर को बोड़मदेव मन्दिर कहा जाता रहा होगा।

4. हीरालाल जी मड़वा महल अभिलेख सम्वत् 1406 (1349ई.) में उल्लेखित गोपालदेव तथा योगी मूर्ति अभिलेख सम्वत् 840 (1088 ई.) में उल्लेखित गोपालदेव को एक मानने की संभावना पर विचार करते हैं और सम्वत् 1406 को विक्रम सम्वत् तथा सम्वत् 840 को उचित ही कलचुरी सम्वत् मानते हैं।

5. इसी तरह हीरालाल जी मड़वा महल अभिलेख के पंद्रहवे शासक यशोराज के सहसपुर मूर्ति अभिलेख कलचुरी सम्वत् 934 (1182-83 ई.) तथा कंकाली से प्राप्त अभिलेख (बोरिया

अभिलेख कलचुरी सम्वत् 910 (1158ई.) पर विचार करते हैं। प्रथम दो अभिलेखों की तुलना कर वे बताते हैं कि गोपालदेव (6वे शासक) तथा यशोराज (15वे शासक) के बीच आठ पीढ़ियों तथा 94 वर्षों का अंतर है जिससे एक पीढ़ी का औसत लगभग 12 वर्ष पड़ता है। उनका मानना है कि शासन वर्ष भले कम हो जाये मगर पीढ़ी का औसत इतना कम नहीं हो सकता। इसलिए वह मानते हैं कि "वंशावली लंबी-चौड़ी करके नागवंश की प्राचीनता का महत्व स्थापित करने का प्रयत्न किया गया है और कुछ कल्पित नाम घुसेड़ दिए गए हैं या नाता बताने में गलती हुई है।"

6. समस्या यशोराज के पुत्रों को लेकर भी आती है। सहसपुर मूर्ति अभिलेख में यशोराज की रानी लक्ष्मादेवी और राजपुत्रों का नाम भोजदेव और राजदेव लिखा है जबकि मड़वा महल अभिलेख में यशोराज का पुत्र कन्हड़ देव या वल्लभ बताया गया है तथा उसका पुत्र लक्ष्मावर्मा उल्लेखित है। यदि दोनों यशोराज को एक ही व्यक्ति माना जाय, जो कि समीचीन प्रतीत होता है, तो पुत्रों के नाम में असमानता उलझन में डालती है। हीरालाल जी इसका निराकरण इस तरह करते है कि "यद्यपि यह असम्भव नहीं कि यशोराज के तीसरा पुत्र हुआ हो जिसको गद्दी मिली हो तो भी यह हलक उठता है कि नामों में कुछ गड़बड़ी हो गई है। यदि कन्हड़ और लक्ष्म भोज और राजदेव के दूसरे नाम रहे हों तो कन्हड़ और लक्ष्म को पिता पुत्र न मानकर भाई मानना पड़ेगा। ऐसा करने से यशोराज ११वीं और अंतिम राजा १७ वीं पीढ़ी में पड़ेगा। इससे पीढ़ी की आयु का झगड़ा मिट जाएगा।" इस तरह हीरालाल जी अपने समय के उपलब्ध साक्ष्य के आधार पर भोरमदेव के इतिहास को समझाने का प्रयास करते हैं।

7. हीरालाल जी ने मड़वा महल अभिलेख में उल्लेखित भौगोलिक नाम शंकरी नदी, चौरापुर,राजापुर, कुंभीपुर का उल्लेख किया है। चौरापुर वर्तमान चौरा ग्राम ही है जहां मन्दिर स्थित है। शंकरी नदी वर्तमान सकरी नदी है जो मड़वा महल के दक्षिण से बहती है। राजापुर वर्तमान रजपूरा गांव हो सकता है जो

चौरा से लगभग 5 किलोमीटर दक्षिण में है, जिसे भगवान को भोगराग के लिए दिया गया था। कुंभीपुरी की पहचान नहीं हो सकी है। यह ग्राम महेश नामक ब्राह्मण को अग्रहार के रूप में दिया गया था। अभिलेख छंदबद्ध है जिसे दक्षिण के ब्राम्हण विट्ठल ने लिखा था और उसके कारण ही सम्वत् को विशिष्ट ढंग से 'विक्रम सक' लिखा गया जहां 'सक' केवल समय का सूचक है।

8. हीरालाल जी और बालचंद्र जैन जी द्वारा प्रस्तुत फणिवंश की वंशावली में कुछ जगह पाठ भिन्नता है।

****

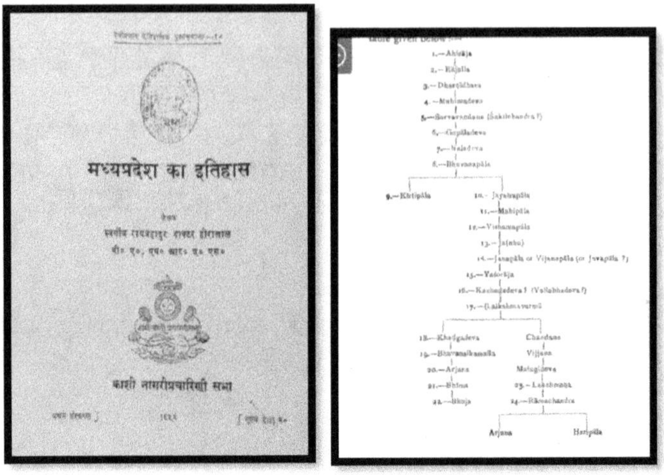

रायबहादुर हीरालाल और उनके कार्य

सन्दर्भ

1. 'Descriptive Lists of Inscription in The Centrale Provinces And Berar' (1916)--राय बहादुर हीरालाल (1916)

2. मध्यप्रदेश का इतिहास-राय बहादुर हीरालाल (1939)

3. ब्लॉग 'सिंहावलोकन'- राहुल कुमार सिंह

4. इंडियन एपिग्राफ़ी - डी. सी. सरकार

17. भोरमदेव क्षेत्र में बौद्ध एवं जैन धर्म के प्राचीन अवशेष

प्राचीन काल में दक्षिण कोसल (छत्तीसगढ़ क्षेत्र) में बौद्ध एवं जैन धर्म के पर्याप्त साक्ष्य मिलते हैं।

दक्षिण कोसल में बौद्ध धर्म की प्रारंभिक जानकारी प्रसिद्ध चीनी यात्री व्हेनसांग के यात्रा विवरण से मिलती है। व्हेनसांग ने सातवी शताब्दी में भारत के विभिन्न क्षेत्रों में यात्रा की थी। इस दौरान वे क्यिावसलो (कोसल/दक्षिण कोसल) भी आए थे। अपनी यात्रा विवरण में उसने लिखा है-

"राजधानी का क्षेत्रफल 40 ली है....... विधर्मी और बौद्ध दोनों यहां पर है जो उच्च कोटि के बुद्धिमान और विद्याध्ययन में परिश्रमी है। राजा क्षत्रिय और बुध-धर्म को मान देता है। उसके गुण और प्रेम आदि की बड़ी प्रशंसा है। कोई सौ सघाराम और दस हजार से कुछ ही कम साधु है जो सबके सब महायान संप्रदाय का अनुशीलन करते है। कोई बीस मंदिर अनेक मत के विरोधियों से भरे हुए हैं।"

यद्यपि वर्णित कोसल क्षेत्र को लेकर विद्वानों में मतभिन्नता है मगर अधिकांशत : इसे सिरपुर तथा राजा को महाशिवगुप्त बालार्जुन मानते हैं। बौद्ध दार्शनिक नागार्जुन का संबंध भी इसी क्षेत्र से जोड़ा जाता है। महाशिवगुप्त बालार्जुन के शासन काल में बौद्ध धर्म काफ़ी फला-फूला जिसके पर्याप्त अवशेष सिरपुर में दिखाई पड़ते हैं।

इसके अतिरिक्त सातवी सदी के शासक भवदेव रणकेसरी के भांदक अभिलेख से बुद्ध मंदिर के निर्माण की जानकारी कलचुरी शासक जाजल्लदेव प्रथम के गुरु रुद्रशिव जो दिङ्नाग के न्याय के भी ज्ञाता थे, से बौद्ध धर्म के प्रसार की जानकारी मिलती है ।

छत्तीसगढ़ में बौद्ध अवशेष मुख्यतः सिरपुर, मल्हार, तुरतुरिया भोंगापाल (बस्तर) में मिलते हैं जो मोटे तौर पर उत्तर गुप्तकाल के हैं।

कलचुरी परम शैव थे इसलिए इस काल में मुख्यतः शैव और वैष्णव संप्रदाय को अधिक महत्व मिला और तदानुरूप मंदिरो का निर्माण हुआ।

छत्तीसगढ़ में जैन धर्म के साक्ष्य के संदर्भ में द्वितीय शताब्दी के कुमार वरदत्त के गुंजी अभिलेख में उल्लेखित ऋषभ तीर्थ को प्रथम तीर्थंकर ऋषभनाथ से संबंधित माना जाता है।

छत्तीसगढ़ में जैन धर्म से संबंधित पुरातत्विक साक्ष्य मुख्यतः आरंग (भाड़ देवल मंदिर), नगपुरा, मल्हार, सिरपुर, धनपुर, नेतनगर, उरुसपाल (बस्तर), बकेला में मिलते हैं। ये साक्ष्य मुख्यतः सातवी से बारहवीं शताब्दी के मध्य के हैं जो सोमवंशी, फणिनागवंशी, कलचुरी, छिंदक नागवंशी काल के हैं। कलचुरियों के परम शैव होने से उनके समय में जैन धर्म के साक्ष्य कम मिलते हैं।

भोरमदेव क्षेत्र के फणि नागवंशियों (9वीं-14वीं शताब्दी) को कलचुरियों के अधीनस्थ माना जाता है। धार्मिक दृष्टि से भी वे कलचुरियों की तरह शैव परम्परा से अधिक संबद्ध जान पड़ते हैं। बावजूद इसके भोरमदेव क्षेत्र में वैष्णव और शाक्त परम्परा के देवी देवताओं की मूर्तियां पर्याप्त संख्या में मिली है।

भोरमदेव क्षेत्र में फणि नागवंशियों से पूर्व की स्थिति पर लगभग बात नहीं होती क्योंकि भोरमदेव मंदिर परिसर में इसके साक्ष्य दिखाई नहीं पड़ते, लेकिन पचराही में लगभग सातवी-आठवी शताब्दी के सोमवंशी काल के अवशेष मिले हैं। 2008-09 में प्रसिद्ध कंकाली टीला के उत्खनन से ईंट निर्मित जो मूल ढांचा प्राप्त हुआ उसे कलचुरी पूर्व का उत्तर गुप्त कालीन (सोमवंशी) माना गया है। उत्खनन के पूर्व भी पचराही से सोमवंशी कालीन अवशेष प्राप्त हुए थे जो संप्रति खैरागढ़ कला एवं संगीत विश्वविद्यालय के पुरातत्व संग्रहालय में संरक्षित हैं। इनमे द्वारपाल की दो मूर्ति तथा द्वार शाखा के खंड हैं जो कलात्मक दृष्टि से सादी हैं। इनको सातवी-आठवी शताब्दी का माना गया है। इस तरह

की एक द्वार शाखा का खंड कवर्धा के छोटे राम मंदिर में भी है। सम्भवतः वह भी सोमवंशी कालीन है। वर्तमान में उसके ऊपर पेंट कर देने के कारण पहचानने में समस्या है।

फणि नागवंश के पूर्व यह क्षेत्र किस शासक के अधीन था इसका कोई अभिलेखिय साक्ष्य नहीं मिलता।

यद्यपि फणि नागवंशी शैव, वैष्णव, शाक्त जैसे परम्परागत हिन्दू देवी-देवताओं के उपासक थे किन्तु उनके उत्कर्ष काल (11वीं-12वीं शताब्दी) में बौद्ध एवं जैन प्रतिमाओं का प्राप्त होना उनके धार्मिक सहिष्णुता को प्रकट करता है। अवश्य इस क्षेत्र में बौद्ध उपासकों, विद्वानों, तांत्रिकों का प्रभाव रहा होगा।

बौद्ध प्रतिमाएं [वि. वि. खैरागढ़ के संग्रहालय में संग्रहित]

1. बुद्ध (अक्षोभ्य)-संग्रहालय में प्रदर्शित अक्षोभ्य बुद्ध की प्रतिमा सिली-पचराही (कवर्धा) से प्राप्त हुई है। यह अनेक स्थानों से खण्डित है, जिसे जोड़कर प्रदर्शित किया गया है। इसका परिमाप 138X84X45 से.मी. है। यह धूसर बलुआ प्रस्तर पर निर्मित है। ये 12वीं सदी ई. की अनुमानित है। सिंहासन पर पद्मासनस्थ बुद्ध की प्रतिमा भूमिस्पर्श मुद्रा में प्रदर्शित है। बायीं ओर से प्रतिमा खण्डित है। पीछे प्रभामण्डल में कमल पुष्प का अंकन है। बुद्ध के कुंचित केश, कर्ण की लोर लम्बी और गले में तीन रेखाओं का अंकन है, जो महापुरूष की परिचायक है। बुद्ध ने चीवर धारण कर रखा है। ध्यानावस्थित बुद्ध के नेत्र अर्द्धनिमीलित है। मुख मुद्रा शांत एवं गम्भीर है। पादपीठ पर वज्र का अंकन है, जिससे प्रतीत होता है कि यह अक्षोभ्य है तथा वज्रयानी है। सिंहों के नीचे परम्परागत बौद्ध मंत्र उत्कीर्ण है।

"ये धर्मा हेतु प्रभवा हेतुं तेषां तथागतो ह्यावचत्,
तेषां च यो निरोधः एवं भवादीत् महाश्रमणः"

दाहिने परिकर में बुद्ध के जीवन से संबंधित घटनाओं को सुन्दरता से उकेरा गया है। ऊपर से नीचे की ओर क्रमशः महापरिनिर्वाण, सन्यासी वेश में अनुचरों सहित भ्रमण करते हुए, धर्मचक्रप्रवर्तन मुद्रा में, दो मृगों के मध्य चक्र का अंकन है। नीचे खड्ग लिए पुरूष, मल्ल युद्ध, कपि आदि का अंकन है। पादपीठ पर उपासक–उपासिकाओं का अंकन किया गया है। यह प्रतिमा मार-विजय के प्रसंग से संबंधित है।

2. तारा- सिली-पचराही से प्राप्त धूसर बलुआ प्रस्तर पर निर्मित प्रतिमा का परिमाप - 115X83X48 से.मी. है। यह 12वीं शती ई. की अनुमानित है। बौद्ध देवी तारा की बहुअलंकृत एवं कलात्मकता से परिपूर्ण प्रतिमा कमल पर ललितासन में विराजमान है। देवी का सिर बायीं ओर झुका हुआ दोनों हाथ आंशिक रूपों से तथा दाहिना पैर कमलाकृति युक्त पादपीठ पर स्थित है। प्रतिमा करंडमुकुट, कंठहार, स्तनहार, केयर, वलय, कटिमेखला पादवलय एवं पादजालक आदि से सुशोभित है।

   देवी के पार्श्व भाग में प्रभामंडल सुरक्षित परन्तु उर्ध्वभाग खंडित है। नीचे की ओर सेविकाओं का अंकन तथा पादपीठ के समीप लता-वल्लरी का अलंकरण है। पादपीठ के नीचे की ओर वादन एवं नर्तन का दृश्य अंकित है। समीप में उपासक एवं उपासिका अंजलीबद्ध मुद्रा में अंकित है। पादपीठ पर उत्कीर्ण लेख इस प्रकार हैं-

   "ये धर्म हेतु प्रभवा हेतुं तेषां तथागतो ह्यावचत्,

   तेषां च यो निरोधः एवं भवादीत् महाश्रमणः"

   जिस प्रकार हिन्दुओं में लक्ष्मी को जो स्थान प्राप्त है वही स्थान बौद्धों में तारा को प्राप्त है।

3. द्वारपाल (शीर्षविहीन)- कवर्धा से प्राप्त पीला बलुआ प्रस्तर पर उत्कीर्ण प्रतिमा का माप 112X62X23 से.मी. है। यह लगभग 7

वीं शती ई. की प्रतीत होती है। शीर्षविहीन चतुर्भुजी एवं स्थानक प्रतिमा का बायाँ पैर कुछ मुड़ा अवस्थित है। दक्षिणाधः क्रम से दाहिना निचला हाथ वक्षःस्थल पर वितर्क मुद्रा में, दाहिना ऊपरी हाथ में भाला (खण्डित), ऊपरी बायाँ हाथ खण्डित, निचले बायें हाथ से वस्त्र-पट्ट पकड़े हुए हैं। अधोवस्त्र (धोती) पाद तक विस्तारित है। प्रतिमा कंठहार, एकावलि, केयूर, वलय तथा यज्ञोपवीं त से सुशोभित है।

4. द्वारपाल- कवर्धा से प्राप्त पीला बलुआ प्रस्तर पर उत्कीर्ण प्रतिमा का माप 196X62X23 से.मी. है। यह लगभग 7 वीं शती ई. की है। चतुर्भुजी स्थानक प्रतिमा का दाहिना पैर कुछ झुका हुआ है। प्रतिमा की मुखमुद्रा अण्डाकार अर्धनिमीलित नेत्रयुक्त है। शीर्ष के पार्श्व में प्रभामण्डल उत्कीर्ण है। सिर पर बालों का जूड़ा बंधा है। प्रतिमा का दाहिना निचला हाथ वक्षःस्थल पर वितर्क मुद्रा में, दाहिने ऊपरी हाथ में भाला, बायाँ ऊपरी हाथ कलाई से खण्डित तथा बायें निचले हाथ से वस्त्र-पट्ट को थामें है। प्रतिमा मुकुट, कुण्डल, कंठहार, एकावलि, केयूर, वलय तथा यज्ञोपवीं त से आभूषित है। प्रतिमा कलात्मक रूप से समानुपातिक एवं सुन्दर है।

*द्वारपाल की उक्त दोनों प्रतिमाएं कवर्धा से प्राप्त हुईं थीं, जो हमारी समझ से पचराही से कवर्धा लायी गई रही होंगीं ।

अन्य मूर्ति

1. ध्यानी बुद्ध - डॉ. सीताराम शर्मा ने 'भोरमदेव क्षेत्र : पश्चिम दक्षिण कोसल की कला' में इस मूर्ति का वर्णन किया है। उस समय यह मूर्ति राजमहल कवर्धा में थी। वर्तमान में यह कहां है इसकी हमें जानकारी नहीं। सीताराम शर्मा ने इसका वर्णन इस प्रकार किया है

"प्रतिमा अभिधान - ध्यानी बुद्ध
काल - लगभग 12 वीं ई. सदी
प्रतिमा सामग्री - काले रंग का चिकना पत्थर

कवर्धा राजमहल (मोतीमहल) में संग्रहित अनेक मूर्तियों में यह भी उल्लेखनीय प्रतिमा है। भगवान बुद्ध पद्मासन में बैठे हैं, उनके सिर पर कुंचित केश और केशान्त में जुड़ा बंधा हुआ है। इनके लम्बे कर्ण कंधे को स्पर्श करते हुए अंकित हैं। दोनों हथेलियां एक पर एक धरी हुई पाद तल पर अवलंबित हैं। चौड़ा वक्षस्थल, क्षीण कटि और मांसल देहयष्टि न्यानाभिराम है। मुख मण्डल के दोनों ओर आकाशचारी आकृतियाँ माला लिए हुए है। इन्हे गन्धर्व या विद्याधर होना चाहिए। नीचे के दोनों पार्श्वों में दो स्त्री–आकृतियां है। संभवतः इन्हे तीन देवियों के अंतर्गत (कुरूकुल्ला, भृकुटि, महासितवती) कोई भी दो देवियां होना चाहिए। बुद्ध के शीर्षभाग के पीछे वर्तुलाकार प्रभामंडल है।"

जैन प्रतिमाएं [वि. वि. खैरागढ़ के संग्रहालय में संग्रहित]

भोरमदेव क्षेत्र में जैन प्रतिमाएं मुख्यतः बकेला–पचराही से प्राप्त हुई हैं। पचराही–बकेला संलग्न ग्राम हैं। हाफ नदी के दाहिने किनारे पर पचराही तथा बाएं किनारे पर बकेला ग्राम स्थित है। इसके अलावा फणि नागवंश के वृहत क्षेत्र को लिया जाय तो दक्षिण में बोरतलाव, डोंगरगढ़, पुतली–पुलिया, कृतबांस, बिरखा, गंडई से भी जैन पुरावशेष प्राप्त हुए हैं। इससे पता चलता है कि दक्षिण पश्चिम कोसल में फणि नागवंश के शासन काल में जैन धर्म की भी प्रतिष्ठा थी और इस क्षेत्र की मूर्तिकाल में भी उसका अहम योगदान है।

1. ऋषभ नाथ (पदमासनस्थ)- इन्दिरा कला संगीत विश्वविद्यालय, खैरागढ में प्रदर्शित ऋषभनाथ (आदिनाथ) की प्रतिमा घोरतलाब (डोगरगढ़) से प्राप्त हुई है। भूरे बलुए प्रस्तर पर निर्मित यह प्रतिमा समानुपातिक है तथा लगभग 65x55x20 से.मी. परिमाप की है। शीर्षविहीन ऋषभनाथ ऋषमनाथ को चौकी पर पदमासनस्थ दिखाया गया है। इस प्रतिमा में केशराशि दोनों स्कन्धों पर गिरी हुई है। वक्षःस्थल पर श्रीवत्स चिह्न का अंकन है। अधोभाग में दोनों पार्श्वों में एक-एक लघु आकृति उपासकों की है। कटि पर अधोवस्त्र इस बात का प्रमाण है कि यह प्रतिमा श्वेताम्बर सम्प्रदाय से संबंधित हैं। यह प्रतिमा लगभग 12 वीं शती ई. की है। ब्रह्माणपुराण में ऋषभदेव पृथ्वी पर क्षत्रियों के आदि पुरूष माने गये हैं। उनके

सौ पुत्रों में से भरत सबसे बड़े थे। (ब्रह्माण पुराण पर्व 11, 14)। शिवपुराण में ऋषभनाथ शंकर के योगावतारो में से एक माने गये है। (शिवपुराण पर्व 11, 9. 3)

2. ऋषभ नाथ (कायोत्सर्ग)- कवर्धा से प्राप्त आदिनाथ की यह प्रतिमा दिगम्बर सम्प्रदाय से संबंधित है। इसका परिमाप 100x36x23 से.मी. है। यह प्रतिमा निर्माण की दृष्टि से असमानुपातिक है। इसका उर्ध्वभाग लघु तथा अधोभाग अपेक्षाकृत लम्बवत् हैं। इस कायोत्सर्ग प्रतिमा के उर्ध्वभाग में अलंकृत छत्रावली है, जिसके ऊपर की ओर मृदंगवादक का अंकन है। छत्र के उभय पार्श्वों में अलंकृत हाथियों का सुन्दर अंकन है, जो जलाभिषेक कर रहे हैं। मस्तक के उभय पार्श्वों में उडिड्यान विद्याधरों का अंकन है। आदिनाथ ध्यान मुद्रा में अवस्थित हैं। शीर्ष तथा स्कन्ध पर कुंचित केशराशि विस्तृत है। गले में त्रिवली का स्पष्ट अंकन है। वक्ष के मध्य में अलंकृत श्रीवत्स चिह्न दृष्टव्य है। वक्षःस्थल चौड़ा तथा चूचुक वृत्तांकित है। भुजाएँ अजानुबाहु है। कटि क्षीण तथा नाभि-प्रदेश मांसल है। प्रतिमा के पादपीठ के दोनों ओर स्थानक चंवरधारी उत्कीर्ण है तथा उनके आगे अंजलि मुद्रा में उपासक एवं उपासिका प्रदर्शित है।

3. धर्मनाथ– कृतबाँस (गण्डई) से पन्द्रहवें तीर्थंकर धर्मनाथ की पद्मासनस्थ प्रतिमा प्राप्त हुई है, जो सम्प्रति इन्दिरा कला संगीत विश्वविद्यालय, खैरागढ़ संग्रहालय में प्रदर्शित है। प्रतिमा का परिमाण 120x72x40 से.मी. है। ये भूरे बलुआ प्रस्तर पर निर्मित है। धर्मनाथ की इस प्रतिमा में उनके दोनों हाथ एक दूसरे के ऊपर पैरों के तलुओं पर अवस्थित है। उनके शीर्ष पर कुंचित केश राशि अर्धनिमिलित नेत्र, कानों की लम्बी लोर (कर्णचाप), वक्षःस्थल पर श्रीवत्स का चिहन् अंकित है। पार्श्व में सादा वृत्तायत प्रभा मण्डल का अंकन है। प्रतिमा की नाभि गहन तथा शारीरिक सौष्ठव, समानुपातिक एवं आकर्षक हैं। मुख आंशिक क्षरित है। प्रतिमा फलक के उर्ध्वभाग में अलंकृत त्रिछत्रावली तथा मृदंगवादक का अंकन है। उनके उभय पार्श्व में दो गजों द्वारा पवित्र जल से जलाभिषेक किया जा

रहा है। गजारोहियों की भी लघु आकृतियाँ अंकित है। मस्तक के दोनों पार्श्वो में उडिड्यान - मालाधारी गन्धर्वों का अंकन है। स्कन्धों के उभय पार्श्व में लघु तीर्थकर प्रतिमाएँ पद्मासनस्थ उत्कीर्ण है। उनके नीचे दोनों ओर स्थानक चामरधारी परिचारक प्रदर्शित है।

प्रतिमा फलक के अधोभाग में पादपीठ पर मध्य में वज्र का अंकन है। उनके नीचे उपासिकाओं, सिंह तथा गजों का मनोहारी प्रदर्शन है। शिल्प की दृष्टि से प्रतिमा अत्यन्त आकर्षक सुघढ़ एवं भव्य है। कालक्रम की दृष्टि से प्रतिमा 12वीं शती ई. की अनुमानित हैं।

4. पार्श्वनाथ- तेइसवें तीर्थंकर पार्श्वनाथ की प्रतिमा सर्प की गेण्डुरी (कुण्डली) पर पद्मासन में विराजमान है। शान्त मुद्रा में परमेष्ठि पार्श्वनाथ के दोनों हाथों की हथेलियाँ एक दूसरे पर रखी हुई पैरों के तलुए पर अवस्थित है जिस पर शुभ चिह्न का अंकन है। मुख भाग अंशतः खण्डित है। प्रतिमा के शिरोभाग पर सप्तफणों का आटोप है। मुख, बायाँ वक्षभाग, बायाँ हाथ एवं बायाँ परिकर खण्डित है। कर्ण लोर स्कन्ध को स्पर्श करती हुई प्रदर्शित है। गले में त्रिवली तथा वक्ष पर श्रीवत्स का अंकन हैं शीर्ष के पीछे अलंकृत प्रभामण्डल उत्कीर्ण है। प्रतिमा लगभग 12वीं शताब्दी की है तथा डोंगरगढ़ से प्राप्त हुई है।

प्रतिमा के उर्ध्वभाग में त्रिछत्रावली है, ऊपर में मृदंगवादक को दिखाया गया है। उसके दोनों पार्श्वों में गजों द्वारा जलाभिषेक किया जा रहा है। नीचे मालाधारी गन्धर्व उड़ते प्रदर्शित है, जिसमें दायें भाग का गण अवस्थित है बायाँ भाग खण्डित है। परिकर के मध्य भाग में दोनों और स्थानक मुद्रा में तीर्थंकर को प्रदर्शित किया गया है। दाहिने परिकर में इनके ऊपर पद्मासनस्थ तीर्थंकर प्रदर्शित है। प्रतिमा के अधोभाग में सिंहासन प्रदर्शित है। तेइसवें तीर्थंकर पार्श्वनाथ जो एक ऐतिहासिक महापुरुष थे, को प्रोफेसर रिज डेविड्स ने जैन धर्म का वास्तविक संस्थापक बताया है ।

5. तीर्थंकर प्रतिमा- कवर्धा से प्राप्त तीर्थकर प्रतिमा विश्वविद्यालय संग्रहालय में प्रदर्शित है। भूरे बलुए प्रस्तर पर निर्मित इस प्रतिमा का परिमाण 74X49X18 से.मी. है। कुंचित केश, सादा प्रभामण्डल अर्धउन्मीलित नेत्र तथा लम्बी कर्णलोर स्कन्ध को स्पर्शक रती प्रदर्शित है। मुख पर शांति का भाव है। दोनों हाथए क दूसरे पर पैरों के तलुए पर अवस्थित है। प्रतिमा के उर्ध्वभाग में त्रिछत्रावली तथा उसके दोनों ओर गजों द्वारा जलाभिषेक का दृश्य अंकित है।प्रतिमा के पादपीठ पर नागिरी लिपि मैं दो पंक्ति का लेख उत्कीर्ण है।

अन्य मूर्तियां

1. पार्श्वनाथ की मूर्ति- बकेला से प्राप्त यह मूर्ति वर्तमान में पंडरिया के जैन मंदिर में अवस्थित है। इसका क्षेत्रीय नाम देवगनगुरु है। इस मूर्ति का वर्णन डॉ. सीताराम शर्मा ने इस प्रकार किया है

"प्रतिमा –अभिधान जैन तीर्थंकर पार्श्वनाथ

आकार 4 फूट ल. 2 फूट चौ.

स्थान बकेला (बोड़ला)

काल लगभग 11वीं सदी

प्रतिमा सामग्री काले रंग का चिकना पत्थर

ग्राम सिलीपचराही से लगभग 2 कि.मी. उत्तर की ओर हाँप नदी के किनारे बकेला ग्राम के सीमान्त में पार्श्वनाथ की मूर्ति भग्नावस्था में प्राप्त हुई थी। यह मूर्ति अभिलेख सहित है जो सम्प्रति पंडरिया (बिलासपुर) में नवनिर्मित जैन मन्दिर में प्रतिष्ठित कर दी गई है। यह मूर्ति पद्मासन की स्थिति में है। दोनों हथेलियाँ एक साथ (बाँयी हथेली के ऊपर दाहिनी हथेली) पैर के तलुओं से टिकी हुई है। सिर के ऊपर सर्पफण का

आटोप है। दोनों पाश्र्वों में मालाधारी विद्याधर-प्राकृतियाँ बनी हैं। कान लम्बे तथा दोनों कन्धों को स्पर्श कर रहे हैं । वक्षस्थल उभरा हुआ तथा श्रीवत्स के प्रतीकचिह्न से युक्त है। नेत्र प्रर्द्ध-निमीलित हैं तथा नासिकाग्र बताया गया है । चौकी के नीचे अभिलेख है जिसमें 'देवगनगुरू' भी उत्कीर्ण है। लिपि 11 वीं-12वीं सदी की देवनागरी में इस अभिलेख को उत्कीर्ण किया गया है। आसपास के लोग अभिलेख में प्रयुक्त देवगनगुरू शब्द के कारण प्रतिमा का नामकरण उक्त नाम से ही जानते हैं। इस अभिलेख में प्रतिमा-निर्माण तथा मन्दिर में प्रतिष्ठित करने वाले व्यक्ति के पुण्यों का उदय होने का उल्लेख किया गया है । इस क्षेत्र की जैन-प्रतिमाओं में यह विशिष्ट कोटि की है जिसकी साम्यता नगपुरा (दुर्ग) स्थित पार्श्वनाथ प्रतिमा से की जा सकती है।"

2. अष्टधातु निर्मित महावीर स्वामी की मूर्ति– कवर्धा के जैन मंदिर में स्थापित यह मूर्ति इस क्षेत्र की एक मात्र धातु निर्मित जैन प्रतिमा है। इस मूर्ति के बारे में डॉ. सीताराम शर्मा ने लिखा है।

"प्रतिमा–अभिधान जैन तीर्थंकर स्वामी महावीर

स्थान जैन मंदिर कवर्धा

आकार 3 फूट ल. और 2 फूट चौ.

काल लगभग 15वीं या 16वीं ई.सदी

प्रतिमा–सामग्री अष्टधातु निर्मित

तीर्थंकर महावीर को पद्मासन की स्थिति में दिखाया गया है। दोनों हथेलियाँ एक दूसरे के ऊपर तलुओं से टिकी हुई हैं। सिर के पीछे आरेदार प्रभामण्डल दिखाई देता है। इनका सिर मुण्डित है। कर्णाभूषण कन्धे तक लटक रहे हैं। वक्षस्थल उभरा हुआ तथा श्रीवत्स के चिह्न से विभूषित है। देहयष्टि सुडौल और मांसल है। शीर्षभाग पर दोनों ओर गज अभिषेक कर रहे हैं ।

उनके नीचे दोनों ओर पद्मासन की स्थिति में दो यति बने हुए हैं तथा उसके नीचे उपासक दम्पति अंकित हैं। सबसे नीचे भाग पर यक्षसदृश्य आकृतियाँ हैं, जिनके दोनों छोरों पर सिंह की आकृतियाँ हैं। चौकी के नीचे मृदंग वादन करते हुए दो पुरुष आकृतियाँ भी बनी हैं। मूर्तिकला में धातु का प्रयोग उत्कृष्टता के साथ किया गया है। यह प्रतिमा इस क्षेत्र की एकमात्र धातुनिर्मित जैनप्रतिमा है।"

3. घटियारी से प्राप्त जैन तीर्थंकर– सीताराम शर्मा के समय (1990 से पूर्व) यह प्रतिमा मंदिर परिसर में थी। वर्तमान में यह कहां है इसकी जानकारी मुझे नहीं है। इस मूर्ति के बारे में डॉ. सीताराम शर्मा ने लिखा है

"मन्दिर प्रांगण में जैन तीर्थंकर की इस दिगम्बर प्रतिमा को स्थानक और समपाद स्थिति में अंकित किया गया है। इसे कायोत्सर्ग मुद्रा कहा जा सकता है। प्रतिमा सुडौल और मांसल शरीर लिए हुए है। वक्षस्थल पर श्रीवत्स का चिह्न दिखाई दे रहा है। मुखमण्डल खण्डित है परन्तु प्रभा-मण्डल का आरेखण स्पष्ट है। बाँयी ओर मालाधारी गन्धर्व को प्रदर्शित किया गया है। नीचे दोनों ओर उपासक आकृतियाँ हैं। चौकी के नीचे मध्य भाग पर उपासक युगल को भी अंकित किया गया है । अर्हत प्रतिमा (तीर्थंकर) के सभी सामान्य लक्षण इस प्रतिमा में देखे जा सकते हैं, जिसका वर्णन वृहत्संहिता में भी मिलता है ।

घटियारी शिवमन्दिर प्रांगण में इस प्रतिमा का विद्यमान होना अनेक संभावनाओं की ओर संकेत करता है-

1. समीपस्थ टीलों में कोई जैन मन्दिर का अवशेष छिपा हो।

2. धार्मिक सहिष्णुता के प्रतीक स्वरूप उक्त जिन-प्रतिमा को मन्दिर प्रांगण में स्थापित किया गया हो ।

3. इस परिक्षेत्र में दिगम्बर सम्प्रदाय से सम्बन्धित जैन धर्मावलम्बियों की आबादी घन रही हो।"

4. इसी तरह भोरमदेव मंदिर परिसर संग्रहालय में भी जैन तीर्थंकरों की खंडित प्रतिमाएं देखी जा सकती है। डॉ. सीताराम शर्मा के अनुसार भोरमदेव मंदिर के बाह्य दीवारों में उत्कीर्ण कुछ प्रतिमाओं को जैन तीर्थंकरों के रूप में माना गया है।

पचराही उत्खनन में भी कुछ जैन धर्म से संबंधित स्थापत्य खंड प्राप्त हुए हैं। इस संबंध में 'Excavation At Pachrahi' में उल्लेखित है

Jain image slab

The excavation in area III at Pachrahi revealed a slab contains two Jain figures. This slab is made up of sand stone. The two Jain figures are separated from each other by a rounded pillar. The scholars identified first one as Jain Tirthankar and second one as Jaina sadhu. The elongated limbs and ears shows its artistic view. The second one wears perhaps rounded ear rings.

5. जिला पुरातत्त्व संग्रहालय राजनांदगांव मे तीन जैन प्रतिमाएं संग्रहित हैं

1. स्थानक तीर्थंकर- पुतली पुलिया से प्राप्त, 106x28x26 से.मी. बलुआ प्रस्तर,11-12वीं शती ई.

2. जैन तीर्थंकर- दिग्विजय स्टेडियम, राजनांदगांव
से प्राप्त,56x 67x25 से.मी. काला प्रस्तर 11-12वीं शती ई.

3. समपदस्थानिक आदिनाथ- कठुवा पुलिया (पाटेकोहरा) डोंगरगढ़ 77x 44 x 27 से.मी. बलुआ प्रस्तर, 13-14वीं शती ई.

ऐसी मान्यता हैं कि दिग्विजय स्टेडियम मे स्थापित मूर्तियां भोरमदेव क्षेत्र से ले जायी गईं थीं।

6. श्री S. N. Manwani ने अपने शोधग्रंथ The Temple- Art of the Kalchuri of Ratanpur (1984) में बकेला (देवसरा) में स्थित तीर्थंकर पार्श्वनाथ की एक मूर्ति का फोटोग्राफ दिया है। वर्तमान में यह मूर्ति कहां है इसकी जानकारी मुझे नहीं है

भोरमदेव क्षेत्र में पचराही–बकेला में बौद्ध–जैन प्रतिमाएं अधिक मिली हैं, भोरमदेव में कम, इससे प्रतीत होता है कि पचराही इनका अधिक महत्वपूर्ण स्थल रहा होगा। इधर दक्षिण दिशा में आगे बढ़ने पर गंडई, घटियारी, खैरागढ़ क्षेत्र में भी इन प्रतिमाओं की संख्या अधिक दिखाई पड़ती है। पचराही का इतिहास सोमवंशी काल से पता चलता है। उस काल के प्राप्त स्थापत्य खंड और प्रतिमाओं को बौद्ध स्थापत्य माना गया है। आगे 11वीं 12वीं सदी में दोनों धर्मों की प्रतिमाएं प्राप्त हुई हैं। इनसे इस क्षेत्र में तत्कालीन समय में इन धर्मों के प्रभाव का पता चलता है।

****

ऋषभ नाथ, कवर्धा

बुद्ध (अक्षोभ्य),
सिली-पचराही

तारा, सिली -पचराही

संदर्भ

(1) जैन प्रतिमाएँ (ब्राउज़र) इंदिरा कला संगीत विश्व विद्यालय खैरागढ़ - डॉ. आशुतोष चौरे (संग्रहालयाध्यक्ष)।

(2) बौद्ध प्रतिमाएँ (ब्राउज़र) इंदिरा कला संगीत विश्व विद्यालय खैरागढ़ - डॉ. आशुतोष चौरे (संग्रहालयाध्यक्ष)।

(3) भोरमदेव क्षेत्र पश्चिम दक्षिण कोशल की कला - डॉ. सीताराम शर्मा (1990)।

(4) Excavation At Pachrahi - S. S. Yadav, Atul pradhan (2010)।

(5) सिंहावलोकन - राहुल कुमार सिंह (2019)।

(6) विवरणिका जिला पुरातत्त्व संग्रहालय राजनांदगांव।

(7) व्हेनसांग की भारत यात्रा -अनुवाद ठाकुर प्रसाद शर्मा (1972)।

18. हरमो का सतखंडा महल

भोरमदेव क्षेत्र में फणिनागवंश का शासन भोरमदेव मंदिर के कारण प्रसिद्ध है। लेकिन कोई भी साम्राज्य चाहे कितना ही छोटा क्यों न हो, शासक वर्ग, नागरिक, सैनिक वर्ग भी होते हैं। भोरमदेव क्षेत्र में इस साम्राज्य के अवशेष बिखरे पड़ें हैं। मड़वा महल, छेरकी महल, के अलावा मंदिर के दक्षिण-पश्चिम में सम्भवतः राजाओं के रहवास जिसे रानीगढ़ी या महल कहा जाता है, स्थित है। इसी तरह राजाबेंदा, पचराही, सहसपुर, हरमो आदि स्थानों पर भी इस साम्राज्य के अवशेष प्राप्त होते हैं।

हरमो भोरमदेव के दक्षिण दिशा में लगभग पांच किलोमीटर की दूरी पर पहाड़ की तलछटी पर एक छोटा सा गांव है, जो फणिनागवंशी कालीन पुरातात्विक अवशेष के लिए प्रसिद्ध है। दरअसल यहां ईंटो से निर्मित तीन मंजिला इमारत है जिसके दो मंज़िल सुरक्षित हैं, मगर तीसरे का केवल दीवारें शेष हैं। सम्भव है तीन से अधिक मंज़िल भी रही हों अथवा संभव है यह इसी तरह अपूर्ण ही रहा हो। स्थानीय जनश्रुति में इसे सतखंडा महल या देउर कहा जाता है और माना जाता है कि यह सात मंजिला था, जिसकी ऊँचाई पास के पहाड़ के ऊँचाई के बराबर थी। वैसे जनश्रुति में पुराने भवन या महल को सतखंडा महल कहने की प्रवृत्ति रही है।

पूरा भवन ईंटो से निर्मित है। ईंट काफी बड़े आकार के और चपटे हैं, जिनकी जोड़ाई और पलस्तर चुना सदृश्य मिश्रण (मसाला) से हुआ है । लोहे का प्रयोग कहीं पर भी दिखाई नही देता, छत ढलाई में भी। उत्तर की तरफ बरामदा था, जो अब ध्वस्त हो चुका है, जिसका मलबा दबा हुआ है। भवन के मध्य में एक हॉल तथा दो कमरे हैं। सभी मंजिलों का स्वरूप ऐसा ही है। कमरों में बड़े-बड़े आले बने हुए हैं, जो शस्त्र रखने के लिए उपयोग में लाये जाते रहे होंगे। दूसरी मंजिल में जाने के लिए बनी सीढ़ियां तीव्र ढाल वाले तथा सकरी हैं, जो इसके सुरक्षात्मक उपयोगिता को सिद्ध करते हैं। ऊपरी मंजिल के चारो तरफ दरवाजे हैं,

जो आक्रमण के लिए उपयुक्त प्रतीत होते हैं। लेकिन भूतल में उत्तर के तरफ ही दरवाजे है। भवन पूर्व से पश्चिम लगभग 21 मीटर लंबा तथा उत्तर से दक्षिण लगभग 10 मीटर चौड़ा है। ऊंचाई लगभग 45 फीट है। कुल मिलाकर भवन के स्थापत्य को देखने पर यह सुरक्षा चौकी जैसा प्रतीत होता है, जिसमे सीमित संख्या में सैनिक रहते रहे होंगे। हरमो शब्द पर ध्यान दे तो यह संस्कृत के हर्म्य, जिसका अर्थ प्रासाद या भवन होता है से ध्वनि साम्य रखता है और उससे अपभ्रंषित लगता है। भवन के पास ही पुराना कुआँ है, जो पानी के जरूरत पूर्ति करता रहा होगा। गांव में इसी तरह और भी प्राचीन कुएँ हैं। एक कुआँ को घोड़ा बावली कहते थे, इसमें घोड़ों के पानी तक जाने के लिए रैम्प बना था। वर्तमान में वह कुँआ पट गया है। सम्भव है भोरमदेव साम्राज्य के लिए दक्षिण दिशा से खतरा अधिक रहा हो। श्री शरद हलवाई ने एक जनश्रुति का उल्लेख किया है जिसके अनुसार "यहां नागवंशी राजाओं ने बाहरी आक्रमणकारियों के साथ युद्ध किया था। पराजित होने पर पहाड़ के किनारे-किनारे दक्षिण की ओर भागे थे। उसी के अनुरूप इस ओर प्रत्येक ग्रामों में भोरमदेव के देवताओं के शरण लेने की कथा प्रचलित है। आज भी ग्रामवासी इन देवताओं की ग्रामदेव के रूप में पूजा करते हैं"।

मैंने 2003 में हरमो के एक बुजुर्ग से 'सतखंडा महल' के बारे में चर्चा की तो उसने जो जनश्रुति बताया उसके अनुसार "हरमो का राजा मण्डला के राजा के यहां रोज बैठने जाता था। वहीं रोज भोजन करते थे। एक दिन मण्डला का राजा शिकार खेलने गया था, तो हरमो का राजा वापस आ गया, लेकिन अपना जूता वहीं भूल गया और बदले में खर्री (चमड़ा) का जूता ले आया। मण्डला का राजा वापस आया तो उसे उसी सूरत में लाने को कहा तो सैनिक उसका (हरमो) के राजा का सिर काटकर ले आएं, तब वहां (मंडला) के राजा ने क्रोधित होकर उन्हें मरवा दिया"। इस जनश्रुति से इतना अनुमान तो लगाया ही जा सकता है कि भोरमदेव के राजाओं का मंडला ने राजाओं से सम्बन्ध रहा होगा। प्रारम्भ में फणिनागवंशियों का मण्डला के गोड़ वंशीय शासको से कैसा सम्बन्ध था इसकी जानकारी नही मिलती। यह माना जाता है कि वे रतनपुर के कलचुरियों के करद राज्य रहे होंगे। ऐसा माना जाता है कलचुरियों के पतन के बाद गढ़ा मण्डला के संग्राम साह के समय 52 किलों को जीता गया और कवर्धा क्षेत्र उनके अधीन हो गया। 1751 में

कवर्धा रियासत की स्थापना महाबली सिंह ने मण्डला के शासक के सहयोग से ही किया था।

भवन अनुमानतः चौदहवीं-पंद्रहवीं शताब्दी से पहले का प्रतीत नही होता, जो अब जर्जर होता जा रहा है, मगर अब तक इसके संरक्षण का कोई प्रयास नही दिखाई देता, जो अत्यावश्यक है। दूसरी बात इस क्षेत्र के विस्तृत पुरातात्विक सर्वेक्षण और अध्ययन की आवश्यकता है।

****

हरमो का सतखंडा महल

19. घटियारी का शिव मंदिर

भोरमदेव के फणिनागवंशियो के अवशेष मैकल श्रेणी के समानांतर दूर-दूर तक फैले हैं। उत्तर में पचराही से लेकर दक्षिण में खैरागढ़ क्षेत्र तक विभिन्न स्थलों में पुरातत्विक साक्ष्य मिलते हैं। दक्षिण में गंडई-पंडरिया के आस-पास के क्षेत्रों में गंडई का भांड़ देऊर मंदिर, घटियारी का शिव मंदिर प्रमुख हैं। इसके अलावा बिरखा, कटंगी, बिलहरी, बिरोड़ा, भड़भड़ी, कीरितबाँस आदि स्थलों से तत्कालीन समय की मूर्तियां और प्रस्तर खण्ड प्राप्त हुए हैं। इस क्षेत्र से प्राप्त कई मूर्तियां सम्प्रति खैरागढ़ संगीत विश्वविद्यालय के पुरातात्विक संग्रहालय में है।

घटियारी गंडई (जिला--खैरागढ़-गंडई-छुईखदान) से पश्चिम दिशा में लगभग 5 कि.मी. की दूरी पर है। वर्तमान में यह ग्राम आबादी विहीन है। मगर पास ही पूर्व में ग्राम बिरखा और उत्तर में कटंगी है। तालाब और शिव मंदिर के होने से प्रतीत होता है कि कभी यहां लोग रहते रहे होंगे। घटियारी के तुरन्त बाद पश्चिम में जंगल प्रारम्भ हो जाता है। अवश्य पूर्व में यह घटियारी से आगे तक रहा होगा। घटियारी के वर्तमान मंदिर स्थल में उत्खनन पूर्व केवल टीला था। पुरातत्व विभाग द्वारा 1978-79 में उत्खनन कराने से मंदिर उभर कर आया। इस संबंध में डॉ. पीसी लाल यादव ने अपने बचपन का रोचक वर्णन किया है -

"बात तब की है जब मैं विद्यार्थी था। 8वीं -9वीं में पढ़ता था। तब इस जंगल में अघुवा बनकर भौजी की लकड़ी लेने के लिए जाता था। गांव की महिलाओं के साथ हमारी बड़ी भौजी लकड़ी लाने जंगल जाती थी। तब हम पड़ोस के बच्चे घटियारी तक जाते थे। उनके बोझा से कुछ लकड़ी निकालकर स्वयं लाते थे। इससे उनका बोझ हल्का हो जाता था। अब भी लोग अघुआ जाते हैं। तब हम बच्चे लकड़हारिनों का इंतज़ार करते। घटियारी तालाब के किनारे पास के टीले पर खेलते थे। वहीं पर नंदी की मूर्ति थी। लोहे का बना एक टेपरा था। हम बच्चे उसी नंदी की पूजा करते, टेपरा बजाते और तब तक खेलते रहते जब तक कि लकड़हारिनें हमें पुकारती नही थीं। बालमन की स्मृतियां इस मंदिर

को देखकर आज भी मन को आनंदित कर देती हैं। तब किसी को ऐसा कहां अनुमान था कि उस टीले में हमारी यह पूरा संपदा छिपी है। घटियारी की पुरातात्विक आभा के साथ-साथ सागौन व पलाश वृक्षों से आच्छादित इसकी प्राकृतिक शोभा बड़ी निराली थी।"

उत्खनन से प्राप्त यह भग्न शिव मंदिर भूमिज शैली का है। गर्भगृह सहित विमान तक का भाग एक साथ अवस्थित है। शिखर भग्न है। मंदिर वास्तु के भग्नावशेष इसी परिसर में रखे हुए हैं। स्थापत्य शैली की दृष्टि से यह 12वीं-13वीं शताब्दी का प्रतीत होता है। वास्तु अवशेषों के अतिरिक्त कई देव प्रतिमाएं विद्यमान हैं; जिनमे राजपुरूष, गणेश, खड्गासनस्थ तीर्थंकर, स्थानक विष्णु, योद्धा, प्रतीक्षारत नायिका, भैरव, गवाक्ष, नृत्यरत शिव, चामरधारिणी, शिवलिंग पूजारत उपासिका, राम-हनुमान, महिषासुर मर्दनी प्रमुख है। चारो दिशाओं में चार जलहरियाँ होने के कारण चार अनुषांगिक देवालय होने का संकेत मिलता है। मंदिर का अधिष्ठान तीन तलों में विभक्त है। गर्भगृह का प्रवेश द्वार पंचशाखायुक्त है। मुख्य प्रवेश द्वार, सभामण्डप, अंतराल, गर्भगृह प्रवेश द्वार सभी भग्नावशिष्ठ हैं। आस-पास छोटी-छोटी पहाड़ियों और घाटियों के कारण डॉ. सीताराम शर्मा 'घाटराही' से 'घटियारी' अपभ्रंषित होना सम्भावित मानते हैं। उत्खनन से प्राप्त कुछ महत्वपूर्ण मूर्तियां महंत घासीदास संग्रहालय रायपुर में रखी गयी हैं।

मंदिर स्थापत्य [डॉ. सीताराम शर्मा के आधार पर]

वर्तमान में मंदिर का केवल गर्भगृह तथा उसके सामने स्थित मंडप प्राप्त हुआ है। मंदिर की दीवारें तथा शिखर का भाग गिरकर कई खण्डों में विभाजित हो गए हैं।

प्रवेश द्वार

मंदिर पूर्वाभिमुख है। गर्भगृह का प्रवेश द्वार पत्थर निर्मित और अलंकृत है, जो पंचशाखाओं से युक्त है। प्रथम शाखा जो निचले भाग में दोनों ओर देवमूर्तियाँ स्थानक स्थिति में हैं। उनकी मुखाकृति गोल, सिर पर जटाजूट, कानो में भारी कुंडल, हार और बाजूबन्द आदि अनेक आभूषण अलंकृत हैं। इन देवमूर्तियों के ऊपर दोनों ओर मयूर तथा

उसके ऊपर लतापत्रक अलंकरण हैं। द्वितीय शाखा के निचले भाग में दाहिनी ओर चतुर्भुजीय पार्वती स्थानक स्थिति में हैं। वे अपने हाथों में गदा, डमरू, सर्प एवं अक्षमाला लिए हुए है। चतर्भुजी शिव की मूर्ति बाँई ओर है। उनके दाहिनी ओर गदा है जिसकी मूठ पर बाँई हथेली रखी हुई है। दाहिना हाथ अभय मुद्रा में है। ऊपरी दाहिने हाथ में डमरू तथा ऊपरी बाएं हाथ में मुण्ड सहित त्रिशूल अंकित है। नीचे भाग पर नंदी की आकृति है। द्वितीय शाखा में इन आकृतियों के ऊपर दोनों तरफ पतले दीवाल-स्तम्भ बने हुए हैं। इनके निचले भाग पर ज्यामितिक रेखाओं का अलंकरण तथा ऊपर घटपल्लव है। घट के निचले भाग में दोनों बाजुओं में कीर्तिमुखों को दिखाया गया है, जिससे सांकल और घण्टियाँ लटक रही हैं। प्रवेश द्वार की तृतीय शाखा में नीचे की ओर शिव की चतुर्भुजी मूर्तियां और ऊपरी भाग में हाथ जोड़े उपासक गण हैं, जिन पर सर्प के फनो का आटोप है। चौथी तथा पांचवीं शाखा में भी नीचे शिव की मूर्तियां और ऊपरी भाग में दीवाल-स्तम्भ के अलंकरण बने हैं। प्रवेश द्वार का धरण भी सुसज्जित है। ऊपरी चौखट के निचले भाग के मध्य में चतुर्भुजी गणेश सुखासन में वीणाधारी विद्या सहित विराजमान है। मध्य चौकी पर विभिन्न वाद्य और नृत्य करती हुई देवांगनाएँ अंकित हैं। चौकी के दाहिनी ओर चतुर्भुजी सरस्वती तथा चतुर्भुजी गणेश की छोटी-छोटी आकृतियां बनी हैं। लंबाई 5 फुट 4 इंच तथा चौड़ाई 2 फुट 4 इंच है।

गर्भगृह

अलंकृत प्रवेश द्वार को लाँघकर गर्भगृह में सात सीढ़ियों से नीचे उतरकर पंहुचा जाता है। गर्भगृह पूर्व से पश्चिम 16 फुट 4 इंच और उत्तर-दक्षिण 14 फुट 4 इंच चौड़ा है तथा उसकी गहराई 9 फुट 8 इंच है। पार्श्व दीवालें सुद्दढ़ पत्थरों से बनी हैं। प्रस्तर निर्मित दीवालें 9 फुट 8 इंच उँची हैं जिसकी ऊपरी कपोत अलंकृत है। दीवाल के तीनों बाजू आले बने हुए हैं जिससे गर्भगृह का स्वरूप स्वास्तिक के आकार का बन जाता है तथा अंदर की दीवाल विभिन्न कोणों को बताती है। बाजू के दोनों आले वर्तमान में रिक्त हैं केवल पृष्ठ दीवाल के आले में महिषासुरमर्दिनी की मूर्ति बनी है। गर्भगृह के मध्य में जलहरी पर शिवलिंग है। जलहरी दीर्घाकार है परन्तु वर्तमान शिवलिंग का ऊपरी भाग अनगढ़ है। इससे स्पष्ट आभास होता है कि यह वास्तविक

शिवलिंग नही है। जलहरी का प्रस्तर काला और चमकदार है जो इसे नित्य नवीन निरूपित करता है। गर्भगृह की दाहिनी दीवाल के पास एक भारी भरकम नांद रखी है। इसके ऊपर दीवाल में बनी नाली में पानी आने का मार्ग दिखाई देता है। नाली का गोमुख टूटा पड़ा है, संभवतया उत्खनन के समय या मलबा हटाते समय खण्डित हुआ हो। गर्भगृह की दायीं दीवाल के मध्य में पानी के निकास के लिए एक डिस्त्री नाली भी निर्मित है।

मंडप

प्रवेश द्वार के सामने छोटा सा मंडप बना है जिसकी पार्श्व दीवालों को उत्खनित किया गया है। दोनों दीवालों के बीच का अंतर 7 फुट 10 इंच है। मण्डप की ऊंचाई 5 फुट 3 इंच है। इसमे कुल चार स्तम्भ हैं जो दो मध्य में और दो पार्श्वों मे अवस्थित है। मध्य का एक स्तम्भ सुरक्षित है परंतु शीर्ष भाग भग्न है। इस स्तम्भ से मन्दिर के सभामण्डप स्थित स्तंभो की कल्पना सम्भव है। स्तम्भ की चौकी तीन तलों में बनी है जिसकी यष्टि छोटे आकार की है। ऊंचाई 4 फुट 10 इंच तथा 12 पहल युक्त है। ऊपर का का शीर्ष घटाकृति युक्त है। इसके ऊपर विभिन्न कोण युक्त चौकी हैं जिस पर छत की धरण आधारित रही होगी। स्तम्भ की ऊंचाई से यह अनुमान होता है कि इस मंदिर की छत अधिक ऊँची नही रही होगी। दाहिने ओर की आले में महिषासुरमर्दिनी की प्रतिमा तथा बायीं ओर के आले में गणेश की। प्रतिमा विराजमान है जो कलात्मक रूप से उत्कृष्ट हैं।

मंदिर निर्माता

मंदिर से किसी भी प्रकार के शिलालेख/मूर्तिलेख प्राप्त न होने से मन्दिर निर्माता की जानकारी नही हो पाती। चूंकि इस क्षेत्र में फणिनागवंशियों के अधिपत्य होने से फणिनागवंशी किसी शासक अथवा उसके किसी सामंत द्वारा मन्दिर निर्माण कराया जाना प्रतीत होता है। वैसे यशोराज देव (जसराज देव) की कलचुरी सम्वत् 934 [1182ई.] की मूर्ति घटियारी से कुछ दूर ही उत्तर में सहसपुर से प्राप्त हुआ हुई है। घटियारी का मंदिर भी स्थापत्य की दृष्टि से लगभग 12 वीं शताब्दी का

प्रतीत होता है। इसलिए यशोराज के मंदिर निर्माता की सम्भावना पर विचार जा सकता है। बहरहाल यह शोध का विषय है।

2014-15 के लगभग घटियारी के पास गंडई –पंडरिया के श्री धनराज ताम्रकार ने पुरातत्त्व विभाग में दो ताम्र पत्र जमा कराया है जो उसे जाना बाई से प्राप्त हुआ था। जाना बाई को उक्त ताम्रपत्र घटियारी मंदिर से कुछ पहले अपने खेत से प्राप्त हुआ था। यह अभिलेख अभी अप्रकाशित है। श्री पीसीलाल यादव (गंडई) से हमें उसका जो फोटोकॉपी प्राप्त हुआ है वह काफ़ी अस्पष्ट है। फिर उसमे कुछ शासकों के नाम पढ़े जा सकते हैं

"मदन वम्र्म (वर्मा), महाराजा श्री त्रैलोकमल्ल देव, महाराजा श्री जयमल्ल देव, राज्ञी श्री मेला देवी"

"सम्वत् 1392 फाल्गुन सुदि 7(?)"

यह विक्रम सम्वत् जान पड़ता है। तदनुरूप यह ईस्वी सन 1335 ठहरता है। अक्षरों की बनावट से भी इसके अनुकूल है। ये नाम फणिनागवंशियो के मड़वा महल अभिलेख (1349 ई.) के परवर्ती शासकों से मेल नहीं खाते। तो क्या यहाँ कोई और वंश का शासक था? अथवा फणिनागवंशियो से इनका क्या संबंध था यह आगे शोध का विषय है। क्या उल्लेखित त्रैलोकमल्ल देव का संबंध त्रिपुरी के इसी नाम के शासक से है? इसके लिए घटियारी ताम्रपत्र का सम्पूर्ण पाठ प्रस्तुत होना भी आवश्यक है, संभव है उससे कुछ और जानकारी प्राप्त हो।

घटियारी के पास के अन्य पुरातात्विक स्थल

बिरखा

घटियारी से 1 कि.मी. पूर्व में। इस ग्राम के माता देवालय में शिव की शक्ति, शिवानी की एक दुर्लभ मूर्ति है। यह काले पत्थर की बनी है। पंचतल मुकुट की शिरोभूषा है। ऊपर की दाहिनी भुजा खंडित तथा नीचे में अक्षमाला है। उर्ध्ववामहस्त ने दर्पण तथा नीचे कमल है। चौकी के ऊपर तीन नरमुंड बने हैं। बायीं ओर शिव तथा दाहिनी ओर स्त्री

उपासिका है। देवी का अलंकरण बड़ा ही भव्य है। देवी सप्तमातृकाओं में से एक है।

इसी मंदिर में एक और भव्य प्रतिमा है, जिसमे पांच पुरुष शरीर के साथ एक ही सिर जुड़ा हुआ है। किसी भी ओर से देखने पर वह पांच मूर्तियां पूर्ण रूप से दिखाई पड़ती है। सम्भवतः यह मूर्ति कृष्ण की है, क्योंकि कृष्ण की इसी तरह की मूर्ति अन्यत्र प्राप्त हुई है। यहां एक प्राचीन कुआं भी है जिसे लोग बीहर कुआँ कहते हैं।

कटंगी

ग्राम बिरखा से कुछ दूरी पर (घटियारी से उत्तर में 1 कि.मी.) कटंगी ग्राम के सीमांत में काले पत्थर से निर्मित विष्णु की एक खण्डित मूर्ति है। मूर्ति शिल्प की भव्यता उच्चकोटि की है। इस मूर्ति के आस-पास बिखरे हुए अवशेषों के अवलोकन से ज्ञात होता है कि यहां भव्य मन्दिर रहा होगा। भग्नावशेषों में एक स्तम्भ भी प्राप्त हुआ है जो विश्वविद्यालय के संग्रहालय में सुरक्षित है। इसी ग्राम की प्रवेश सीमा पर उपासक राजा की वाम तथा दक्षिण पार्श्वों में रानियों सहित मूर्ति थी जिसे वर्तमान में गांव के अंदर शीतला मन्दिर में स्थापित कर दिया गया है। मूर्ति के ऊपर छत्र सुशोभित है।

भड़भड़ी

घटियारी से लगभग 2 कि.मी. दक्षिण में। यहां क्षेत्रीय बोली के अनुसार 'द्रुपदा' (कमला) की स्थानक मूर्ति है। प्रतिमा विज्ञान के लक्षण के अनुसार यह मूर्ति विष्णुप्रिया 'कमला' की है। अपने दो दाहिने हाथों में शंख और चक्र धारण किये हुए है तथा अन्य दो बाएं हाथों में गदा और कमल लिए हुए है।

****

घटियारी का शिव मंदिर, शिवानी की प्रतिमा

संदर्भ

1. भोरमदेव क्षेत्र: पश्चिम दक्षिण कोशल की कला- डॉ. सीताराम शर्मा (1990)।

2. जहां पाषाण बोलते हैं- डॉ. पीसीलाल यादव (2008)।

20. भोरमदेव मन्दिर के दक्षिणी दीवार अभिलेख सम्वत् 1608 (1551 ई.) का पाठ और ऐतिहासिक विश्लेषण : श्री संतलाल कटारे के आलेख के संदर्भ में

भोरमदेव मन्दिर के दक्षिणी अर्धमंडप के प्रवेश द्वार के बाएं किनारे पर 19 पंक्तियों का एक अभिलेख उत्कीर्ण है। अभिलेख लगभग 20.5 इंच लंबा और लगभग 13 इंच चौड़ा है जो प्रवेश द्वार के सपाट शिला पर उत्कीर्ण है।

यह शिलालेख भोरमदेव के इतिहास को समझने में महत्वपूर्ण हो सकता है मगर भोरमदेव के अध्येताओं कनिंघम (1881-82), मिराशी (1955), सीताराम शर्मा (1990) ने किन्ही कारणों से इसे महत्वपूर्ण नहीं समझा।

कनिंघम के पास सम्भवतः समयाभाव था इसलिए उन्होंने मड़वा महल अभिलेख पर भी ध्यान केंद्रित नहीं किया। मिराशी जी ने भोरमदेव के उन्ही अभिलेखों का पाठ प्रस्तुत किया है जिन पर कनिंघम ने कार्य किया था और जिनका इंक इम्प्रेशन सुलभ था। डॉ. सीताराम शर्मा का ध्यान मुख्यतः भोरमदेव के कलापक्ष पर केंद्रित था और इसे वे फणिवंश के बाद के होने के कारण भी सम्भवतः कम महत्व दे रहे थे।

मगर इस अभिलेख का पाठ श्री संतलाल कटारे ने 'Bhoram Deo Temple and it's Transcription, V.S. 1608 शीर्षक से I.H.Q. Nos.2 & 3 1960 में प्रकाशित कराया था। यह आश्चर्यजनक है कि डॉ. सीताराम शर्मा और डॉ. गजेंद्र कुमार चन्द्रौल जैसे बाद के अध्येता इससे अनिभिज्ञ जान पड़ते हैं, क्योंकि उनकी किताबों में इस कार्य का उल्लेख नहीं है।

हम स्वयं अपनी अध्ययन सीमा के कारण इस आलेख और श्री बालचंद्र जैन के मड़वा महल अभिलेख से परिचित नहीं हो सके थे, क्योंकि इन

आलेखों का सन्दर्भ किसी भी भोरमदेव सम्बन्धी पुस्तक में नहीं था। श्री राहुल कुमार सिंह द्वारा अपने ब्लॉग 'सिंहावलोकन' में जब श्री बालचंद्र जैन का सम्भवतः अप्रकाशित आलेख Mandawa Mahal Inscription of Ramchandra V.S.1406 प्रकाशित किया तब उक्त दोनों विद्वानों के कार्यों से हम परिचित हो सके।

श्री संतलाल कटारे ने इस अभिलेख के बारे में जो लिखा है उससे निम्न बातें उभर कर आती हैं

1. अभिलेख असावधानी पूर्वक (carelessly) नागरी लिपि में उत्कीर्ण है।

2. महत्वपूर्ण बात (more interesting) यह है कि भाषा थोड़े (little) क्षरित (corrupt) संस्कृत के साथ मुख्यतः हिंदी है।

3. अभिलेख की भाषा इसके कथ्य की तरह इस मामले में रोचक है कि इससे उस दौर (सोलहवीं शताब्दी) के हिंदी के स्वरूप की जानकारी मिलती है साथ ही संस्कृत की वैभवशाली परम्परा के क्षरण की भी (eclipse of the once gloriuous tradition of Samskrita)।

4. 'महाराजाधिराज' के लिए 'माहाराजाधीराजा', 'सिवालय' के लिए 'सीवालय', 'रानी' के लिए 'राणी', 'खम्भ' के लिए 'सम्भ (स. स्तम्भ), 'और' के लिए 'अरु', 'गणेसायनमः' के लिए 'गणेसायनमा', 'कनिष्ठ' के लिए 'कनीष्ट' का प्रयोग हुआ है। 'ख' के लिए 'ष' का प्रयोग भी रोचक है।

5. श्री कटारे इस बदलाव (क्षरण) को नकारात्मक अर्थ में देखते हैं और इसे दो संस्कृतियों के अंतर के रूप में रेखांकित करते हैं। (reflect the culture of the patrons and patronised)

6. श्री कटारे मानते हैं कि शिलाखंड जिस पर यह अभिलेख उत्कीर्ण है और जिसके ऊपर का दाहिना किनारा कुछ खंडित है जिसके कारण प्रथम दो लाइन के कुछ अक्षर नष्ट हो गए हैं,

इससे पता चलता है कि शिलाखंड खंडित होने के बाद मंदिर दीवार में संलग्न (affixed) किया गया है। यह कार्य मन्दिर और मंडप में कुछ जीर्णोद्धार (some repair) के दौरान बाद के समय मे किया गया होगा।

7. शिलालेख 'महाराजा श्री प्रतापचन्द्र देव' के शासनकाल से सम्बंधित है। मगर वे किस वंश से सम्बंधित हैं तथा इस अभिलेख के उत्कीर्ण कराने का उद्देश्य क्या रहा होगा, इसकी जानकारी नहीं मिल पाती।

अभिलेख का पाठ(संत लाल कटारे के अनुसार)

L. 1 सम्वत् (त्) १६०८ सावन वदी ३० xxx

L. 2 सुक्रे क – –स धि–व प - - ते x x [1*]

L. 3 स्वस्ति श्रीगणेसायनमा ।।। माहाराजा-

L. 4 धीराजा श्रीभुवनपाल तस्य

L.5 सीवालय माडाव को पती सफा -

L.6 कलश भङ्ग कीह्ने अरु माहारा-

L.7 जा' रत्नपुर को दादुराय ते सङ्गमे-

L.8 श्वर को षाम लै गये ते को [छ] त्र =अ

L.9 रु षाम ते माहाराजाधीराज श्री

L.10 घाघुजी कलस=अरु षाम वैलाये

L.11 कमीण कमाल राजा श्रीरामचंद्र

L.12 तस्य सुत वाडमदेव तस्य पुत्रो

L.13 घटामादास तस्य सुत दसराज

L.14 देव ।।। तस्य सुत श्री नारायणदास

L.15 तस्य सुपुत्रो राजा श्रीघाघुश्री ॥ त

L.16 स्य श्री राग्नी पतीव्रता राणी सीता

L.17 द्वीपा तस्य सुत श्री माहाराज जङ्गमा-

L.18 र श्रीप्रतापचंद्रदेव तस्य कनीष्ट बन्धु

L.19 श्रीधीरसिन्ह वीं र ।।।

---

*सुक्रे=शुक्रे, कीह्ने=कीन्हे, षाम=खम्भ,स्तम्भ, वैलाये=बुलाये, राग्नी=राज्ञी

8. अभिलेख का प्रारम्भ 'सम्वत् 1608, श्रावण बदी 30 शुक्र', से होता है। यदि 1608 को बिता हुआ (expired) और 1609 को वर्तमान (current) शुक्रवार से मेल किया जाय तो तिथि 19 अगस्त 1552 ई. होगी। चूंकि श्रावण बदी 14 (अथवा 29, तिथि रिकार्ड करने की विधि के अनुसार) शुक्रवार को खत्म होता है। यदि 1608 को वर्तमान (current) लिया जाय तो यह 2 अगस्त 1551 ई. होगा, मगर तिथि रविवार होगी।

9. अभिलेख के दूसरी लाइन के अधिकांश अक्षर मिट गए (effaced) हैं। केवल कुछ अक्षर ही स्पष्ट हैं जिनसे कोई अर्थ नहीं बन पा रहा है।

10. तीसरी लाइन 'स्वस्ति' से शुरू होती है और आगे गणेश की वंदना (invocation) है।

11. चौथी लाइन में 'महाराजाधिराज भुवनपाल के सीवालय' का जिक्र है। इससे स्पष्ट है कि मन्दिर भुवनपाल द्वारा निर्मित है।(लाइन 4-5)

12. लाइन 5-6 से पता चलता है कि किसी के द्वारा मन्दिर का कलश तोड़ा गया था, जिसका नाम स्ष्ट नही है (not clear)। केवल 'माड़व को पति सफा' में 'सफा' सम्भवतः माड़व के देव (lord) का के रूप में पढ़ा जा सकता है।

13. लाइन 7-9 का कथ्य (text) स्पष्ट नहीं है। यह प्रतीत होता है कि रतनपुर के महाराजा जिसका नाम लेख में 'दादुराय' है, छत्र (कलश) 'खम्भ' और शिखर (pinnacle) को 'संगमेश्वर' ले गए और तब 'महाराजाधिराज श्री घाघुजी ने कलश, 'खम्भ' को वापस लाने भेजा।

14. लाइन 11 में आए शब्द 'कमीण कमाल' का न तो अर्थ न ही संदर्भ स्पष्ट है। 'कमीण' का पाठ 'कमीना' हो सकता है। यह अर्थ/आधार शब्द हो सकता है और 'कमाल' नाम हो सकता है। ऐसी स्थिति में इसका सम्बन्ध मन्दिर के 'कलश' को तोड़ने वाले से हो सकता है। उस स्थिति में उसके लिए 'कमीना' शब्द का प्रयोग मन्दिर को 'अशुद्ध' करने के प्रति रोष के रूप में हुआ होगा। लेकिन अभिलेख में पूर्व में उल्लेखित है कि 'माडाव को पती' ने कलश को तोड़ा, इससे भी इस शब्द के प्रयोग का अर्थ स्ष्ट नहीं हो पा रहा है।

15. ग्यारहवें लाइन से एक वंशावली का प्रारंभ होता है जिससे 'महाराजा श्री प्रतापचन्द्र देव' और उसके पिता 'महाराजाधिराज श्री घाघुजी' सम्बंधित हैं।

16. प्रथम उल्लेखित राजा 'राजा श्री रामचन्द्र है। उसके पुत्र 'वाडमदेव (Vadamdeva), उसके पुत्र 'दाशराज देव', उसके पुत्र 'नारायण दास', उसके सुपुत्र 'श्री घाघुजी' थे। उन्हें 'सुपुत्र' उल्लेखित करने का कारण सम्भवतः मन्दिर के कलश और खम्ब (स्तम्भ) को वापस लाने के कारण है। घाघुजी की रानी

'सीता द्वीपा' थी। 'द्वीपा' सम्भवतः उनका नाम था और 'सीता' विशेषण के रूप में प्रयोग हुआ है। महाराजा श्री 'प्रतापचन्द्र देव' घाघुजी जी के पुत्र थे। उनके लिए 'जंगमार' (युद्ध मे विजेता) विशेषण का प्रयोग हुआ है। अगले व्यक्ति 'धीरसिंह' हैं जो श्री प्रतापचन्द्र के छोटे भाई (कनिष्ट बंधु) हैं। उन्हें वीर कहा गया है।

17. श्री संतलाल कटारे लिखते हैं चूंकि मन्दिर को महाराजाधिराज भुवनपाल का सिवालय कहा गया है इसलिए कनिंघम का मत जिसमे उन्होंने मन्दिर में प्राप्त गरुडासीन विष्णु-लक्ष्मी की मूर्ति तथा एक और विष्णु-लक्ष्मी की मूर्ति के आधार पर मन्दिर को विष्णु को समर्पित कहा था, अमान्य हो जाता है।

18. श्री कटारे के अनुसार शिवमंदिर का वास्तविक अर्घ अभी भी गर्भगृह में स्थित है, जबकि ऐसा प्रतीत होता है कि मूल शिवलिंग स्थांतरित हो गया है क्योंकि वर्तमान शिवलिंग अर्घ के अनुपात में बहुत छोटा है। मन्दिर के सामने गर्भगृह की ओर उन्मुख नन्दी से भी इसके शिव मंदिर होने की पुष्टि होती है। मंडप में स्थित विष्णु की मूर्ति को वे कनिंघम के तर्क से ही अन्यत्र की मूर्ति मानते हैं।

19. श्री कटारे के अनुसार (इस अभिलेख का) भुवनपाल मड़वा महल अभिलेख के भुवनपाल जो कि नलदेव पुत्र और गोपालदेव का प्रपौत्र (grand son) है का समरूप हो सकता है। यह गोपाल देव (मड़वा महल अभिलेख का) दाढ़ी युक्त व्यक्ति की मूर्ति (योगी की मूर्ति-लेखक) जिसके पादतल में कलचुरी सम्वत् 840 अंकित है, प्रतीत होता है।

20. श्री कटारे आगे लिखते हैं कि इससे डॉ. मिराशी का यह मत भी अमान्य हो जाता है कि गोपालदेव रतनपुर के कलचुरियों के अधीनस्थ सामंत रहे होंगे, क्योंकि सिर्फ कलचुरी सम्वत् के प्रयोग से ही किसी शासक के उनके अधीनस्थ होने की अनिवार्यता नहीं हो सकती। वे यह भी लिखते हैं उसे शिवरीनारायण अभिलेख कलचुरी सम्वत् (919) के गोपालदेव

जो कि कलचुरी राजकुमार (prince) था या फिर पुजारीपाली अभिलेख के गोपालदेव जो शिवरीनारायण वाले गोपालदेव के समरूप प्रतीत होते हैं, से समानता दिखाने की आवश्यकता नहीं है क्योंकि फणि नागवंशी गोपाल का राज्य वहां तक विस्तारित नहीं था। इस परिस्थिति में भुवनपाल को लगभग 1150 ई. में रखना होगा।

21. इसलिए श्री कटारे के अनुसार मन्दिर का निर्माण मड़वा अभिलेख में उल्लेखित फणिवंशी राजा 'भुवनैकमल्ल' द्वारा करवाया गया था न कि उसके पूर्वज 'भुवनपाल' द्वारा। मन्दिर निर्माण का समय लगभग 1280 ई. था। इससे मन्दिर में नाग की प्रतिमा होने का भी स्पष्टीकरण हो जाता है क्योंकि नाग इस राजा के परिवार (फणि कुल-लेखक) का देवता (कुलदेवता) था।

22. चूंकि मड़वा महल अभिलेख इस बारे में ख़ामोश है (कोई जिक्र नहीं है-लेखक) कि इस शिव मंदिर का निर्माण भुवनपाल ने कराया था, जबकि भुवनपाल के बाद के पीढ़ी के भुवनैकमल्ल द्वारा शिव मंदिर (निलय:शिवस्य) तथा एक विशाल तालाब (महास्तडाग:) का जिक्र आता है तथा रामचन्द्र द्वारा एक शिव मंदिर बनाये जाने का जिक्र आता है जो कि मड़वा महल ही है, जहां विक्रम सम्वत् 1406 का शिलालेख रखा हुआ है। (वर्तमान में महंत घासीदास संग्रहालय रायपुर में-लेखक)

"श्रीखड्गदेवाद्भुर्वं नकमल्लस्तनूभवोभूद्भुजवीर्यशाली आसाद्य राज्यं फणिणवंशकेतोः शशास पृथ्वीं चतुरर्णावान्तां ॥४७॥ जित्वा वैरिबलानि खड्गमुह्रदा दोषणा स पूष्णा समस्ते -जस्वी चतुरः पुरीमरचदद्दूर्गावलीं दुर्गमां। यस्या दक्षिणतः स्वयं सुरनदी बाहोदरी शङ्करी, यत्तीरे हटकेश्वरे फणिकुले--स्वयं निर्गतः ॥४८॥ आराधिता तेन राज्ञा ब्रह्माणी देवता स्वयं। आरक्षको कृता यस्याः खड्गस्येवाधि देवता ॥४९॥ तामुत्तरेण नगरों तरुणेन्दुमौलेरभ्र लिहो विरचितो निलयः शिवस्य। सिन्धो सपन्न इव तत्र तरंगलेखाभूभंग भीषणतरश्च महांस्तडागः ॥५०॥"

(मड़वा महल अभिलेख का श्री कटारे द्वारा बाँची गई छंद संख्या 47-50)

23. विशाल तालाब और उसके किनारे भव्य शिव मंदिर जो कि भुवनैकमल्ल ने बनवाये थे, वर्तमान शिव मंदिर की ओर ही संकेत करते हैं, इसलिए श्री कटारे मानते हैं कि दक्षिणी दीवार अभिलेख के लेखक द्वारा भ्रमवश भुवनैकमल्ल को भुवनपाल लिख दिया गया होगा। भुवनैकमल्ल का कार्यकाल 1270 ई. - 1295 ई. के लगभग हो सकता है। इसका कारण (भुवनैकमल्ल के कार्यकाल को पीछे ले जाने का-लेखक) यह है कि रामचन्द्र के मड़वा महल अभिलेख सम्वत् 1406 (1349 ई.) के अनुसार भुवनैकमल्ल और रामचन्द्र तक वंशावली में दो अलग-अलग पीढियों का सम्मिलन (intervened) हो चुका था। मन्दिर दीवार के मूर्तियों में कला का क्षरण से भी इसकी पुष्टि होती है। (मन्दिर के तेरहवीं शताब्दी का होने-लेखक)

24. श्री कटारे लिखते हैं कि इसलिए योगी की मूर्ति जिसके पादतल में चार अभिलेख हैं और जिसमे कलचुरी सम्वत् 840 अंकित है, मंदिर निर्माण से पूर्व का है और उस मूर्ति अभिलेख में उल्लेखित लक्ष्मण देव का मन्दिर निर्माण से कोई सम्बन्ध नहीं है। अभिलेख में लक्ष्मण देव, उसकी रानी, माँ और उसके पुत्र तथा पुत्रियों साथ ही 'साधु धाँगु' जिसने राजा गोपालदेव के समय 'उमा-महेश्वर' की सुंदर प्रतिमा बनाई थी, का इस मन्दिर से सम्बन्ध नहीं है।

25. श्री कटारे लिखते हैं उमामहेश्वर की दो सुंदर प्रतिमाएं अभी भी इस मंदिर के अंदर और बाहर और उत्तर दिशा के ईंट निर्मित मन्दिर में रखी है। (हमारी जानकारी में सन 2000 तक उमामहेश्वर की प्रतिमा 'मुख्य' मन्दिर और ईंट निर्मित मन्दिर के अंदर नहीं रही है। प्रांगण में अवश्य थी जिसे वर्तमान में संग्रहालय में रख दिया गया है-लेखक) उनमें से एक वही मूर्ति हो सकती है जिसका जिक्र सम्वत् 840 के अभिलेख में है। श्री कटारे के अनुसार इस मूर्ति की कला निश्चित रूप से मंदिर की

कला से पूर्व की है। उसी तरह कुछ और मूर्तियां जो मन्दिर के आले में जड़ी हैं, दीवार में उत्कीर्ण मूर्तियों से पूर्व की हैं। इससे प्रकट होता है कि वे किसी दूसरे मन्दिर से सम्बंधित हैं जो वर्तमान मन्दिर से पूर्व के हैं। यहां तक कि सम्वत् 840 वाली मूर्ति भी पूर्व का है।

26. श्री कटारे के अनुसार मुख्य मंदिर के उत्तर में स्थित ईंट निर्मित मंदिर वह मंदिर हो सकता है जिनसे ये मूर्तियां सम्बंधित हों। कनिंघम की यह सलाह कि यह मंदिर (ईंट निर्मित-लेखक) भोरमदेव मुख्य मंदिर के समकालीन हो सकता है सही प्रतीत नहीं होता। ऐसा प्रतीत होता है कि यह मंदिर मुख्यतः पत्थर निर्मित रहा होगा और उसके ऊपर ईंट का कार्य बाद का होगा। यह मंदिर भी शिव मंदिर था जो इसके अंदर अर्घ के धंसे होने से स्पष्ट हो जाता है। लेकिन इसकी निर्माण शैली और प्रतिमाओं से प्रतीत होता है कि यह मंदिर मुख्य मंदिर से पूर्व का है। वर्तमान में यह मंदिर आकार और मंदिर योजना में मुख्य मंदिर से बहुत छोटा है, केवल गर्भगृह ही मुख्य मंदिर के आकार के बराबर है।

27. श्री कटारे के अनुसार मन्दिर का वर्तमान 'भोरमदेव' नाम 'वादम/वाडम' (Vadama Deva) से व्युत्पन्न हुआ जान पड़ता है, जिसका उल्लेख इस अभिलेख (दक्षिणी दीवार अभिलेख-लेखक) में रामचन्द्र जो कि इस वंश के जनक (founder) है, के पुत्र के रूप में हुआ है। यह रामचन्द्र मड़वा महल अभिलेख में उल्लेखित फणिवंशी रामचन्द्र जो कि वर्तमान रामचन्द्र से लगभग दो सौ वर्ष पूर्व हुआ था, भिन्न है।

28. 'वाडम/वादम' आगे बिगड़कर 'वोडम/वोदम' हो गया होगा जो आगे 'भोरम' हो गया होगा। इस तरह वोडम देव बाद में गोंड़ जनजाति के देवता भोरमदेव से भ्रमवश जुड़ गया होगा और मन्दिर से उसका सम्बन्ध जुड़ना प्रारम्भ हो गया होगा। चूंकि 'वाडम देव' और उसके परिवार को समयांतराल में भुला दिया गया और उनके पहचान के अन्य स्रोत भी नहीं हैं, इसलिए ऐसी परम्परा का विकास हुआ जो गलत ढंग से मन्दिर से जुड़ा

था और जिसे जनता ने स्वीकार कर लिए और तदनुरुप मन्दिर के निर्माण और इतिहास की व्याख्या करने लगे।

29. मन्दिर में कलश नहीं है। स्थानीय लोग इसका कारण यह बताते हैं कि मन्दिर एक रात में बनाये जाने की योजना थी मगर सुबह हो जाने के कारण कलश का निर्माण पूरा नहीं हो सका। यह परंपरा चल पड़ी क्योंकि व्यक्तियों के पास यह जानने का साधन नहीं था कि कलश वास्तव में कुछ आक्रमणकारियों द्वारा तोड़ा गया था। शिलालेख से स्पष्ट है कि कलश तोड़ा गया है। दुर्भाग्य से इस बर्बर कार्यवाही के दोषी का नाम सटीक रूप से पढ़ना सम्भव नहीं है। वह 'मालवा' का स्वामी (lord) था। केवल उसके नाम के दो अक्षर बचे हैं जो पढ़ने में 'सफा' प्रतीत होता है और तीसरा अक्षर प्रस्तर अभिलेख के खंडित होने के कारण नष्ट हो गया है।

30. श्री कटारे लिखते हैं आख़िर क्यों रतनपुर के महाराजा 'दादुराय' मंदिर के 'छत्र' और 'स्तम्भ' को 'संगमेश्वर' ले गए, यह स्पष्ट नहीं है। ऐसा प्रतीत होता है कि कुछ समय बाद 'महाराजाधिराज श्री घाघुजी' उसे वापस लाये थे। रतनपुर के हैहयों के परंपरागत इतिहास में, जैसे कि 'रेवाराम' ने जिक्र किया है 'दादुराय' अथवा 'दादू सहाय' (Dadu Sahai) ने 1462 ई. से 1487 ई. के मध्य शासन किया था। उसके बाद उसका पुत्र 'पुरुषोत्तम सहाय' (1487-1509 ई.) और उसके प्रपौत्र 'वहार सहाय' (1509-1526 ई.) ने शासन किया। इन तीनों राजाओं और उनके वंश के बारे में कनिंघम फिर उनका अनुसरण करते 'विल्स', 'हीरालाल' ने रेवाराम कृत रतनपुर का इतिहास के आधार पर जो तिथि निर्धारित किया वह त्रुटिपूर्ण है।

31. वहार सहाय, वहार अथवा वाहरेन्द्र के बारे में जानकारी तीन अभिलेखों से भी मिलती है, एक रतनपुर से सम्वत् 1552 (1495 ई.) का, दो कोसगई से, जिनमे से एक सम्वत् 1570 (1513ई.) का है। रेवाराम के इतिहास से पता चलता है कि वहार ने रतनपुर के महामाया मन्दिर के मंडप का सम्वत्

1551 (1493 ई.) में निर्माण कराया था। रेवाराम के हस्तलिखित पांडुलिपि के एक प्रतिलिपि में एक स्थान पर कहा गया है इसका निर्माण विक्रम सम्वत् 1552 (1495 ई.) में हुआ था। मंडप में वहार के सम्वत् 1552 (1495 ई.) से भी यह पता चलता है कि उसने 1495 ई. में ही इसका निर्माण कराया था। रेवाराम आगे बताते हैं वहार अपने पिता द्वारा उनके जीवन काल में ही उत्तराधिकारी नियुक्त हुए थे। इससे महामाया मन्दिर मण्डप शिलालेख के समय का पता चलता है जो रेवाराम के अनुसार वहार के पिता पुरूषोत्तम सहाय के समय ध्वस्त (मंडप) हुआ था।

32. वहार के पिता रामचन्द्र और पितामह मदनब्रह्म जैसा कि कोसगई अभिलेख में उल्लेखित है रेवाराम के पांडुलिपि में उल्लेखित वहार के पिता और पितामह से भिन्न हैं। आज की स्थिति में हमारे पास जो जानकारी है उससे इस विरोधाभास को स्पष्ट करना कठिन है। यह तभी सम्भव है जब यह मान लिया जाय कि वहार सहाय कोसगई में शासन कर रहे परिवार से भिन्न परिवार के हों और उसे पुरुषोत्तम सहाय पुत्र के रूप में गोद लिए हों। दोनों कोसगई अभिलेख यह दिखाते हैं कि वहार ने अपनी राजधानी रतनपुर से कोसगई में सम्वत् 1552 (1495 ई.) के स्थानांतरित किया था। वहार के एक उत्तराधिकारी राजसिंह (Rajasimha) उसकी रानी सोनकुँवरि (Sonkunwari) और उसके दीवान बड़गइन्या (Badagainya) ब्राम्हण (Brahmana) के बीच 'नियोग' द्वारा पैदा हुए थे, क्योंकि उनके संतान नहीं थे। उन्होंने रायपुर हैहय परिवार के एक राजकुमार मोहनसिंह को पुत्र के रूप में गोद लिया था। मोहनसिंह राजगद्दी को प्राप्त नहीं कर सके क्योंकि वे राजसिंह के मृत्यु से पूर्व रतनपुर नहीं पहुँच सके और राजसिंह के चाचा सरदारसिंह को राजा के रूप में स्वीकार कर लिया गया।

33. श्री संतलाल कटारे लिखते हैं कि कलश का ध्वंश का समय 1462 और 1487 ई. के बीच निर्धारित किया जा सकता है। 'मांडव को पति सफा' जिसने कलश को तोड़ा था को

पहचानना सम्भव नहीं है। मांडव, 'मारो' हो सकता है जिसका छत्तीसगढ़ के अठारह गढ़ों में जिक्र आता है, जो वर्तमान में बिलासपुर जिले के मुंगेली तहसील का गांव है। [अब बेमेतरा जिला -लेखक] अथवा फिर मालवा का मांडू हो सकता है। इसे मांडू स्वीकार करना कठिन है क्योंकि मालवा के सुलतान गयासुद्दीन खिलजी (1469-1500 ई.) जिसे शिलालेख में मांडो का सुल्तान भी कहा गया है का कवर्धा क्षेत्र में आक्रमण करना सम्भव प्रतीत नहीं होता। बिलासपुर का मारों गढ़ा के गोंड़ शासक संग्राम शाह (1481-1530 ई.) के 52 गढों में शामिल है। लेकिन संग्राम शाह कलश को नहीं तोड़ सकते थे। यह विश्वास करना भी कठिन है कि यूसुफ आदिल खान जिसने बम्हनी सुल्तान मुहम्मद शाह III (1463-1482 ई.) को भेजा था और जिसने चाँदा जिले के वैरागढ़ और मध्यप्रदेश के बालाघाट जिले के लांजी में कब्जा कर लिया था, इतने पहाड़ों को पार करने के खतरे को जानते हुए इस मन्दिर पर आक्रमण किया होगा। केवल यह सुझाव दिया जा सकता है कि मुस्लिम आक्रमणकारी जिसने मन्दिर के कलश को तोड़ा वह बहलोल लोदी (1451-1489 ई.) का कोई अधिकारी हो सकता है जिसका मुख्यालय बिलासपुर जिले के मारों, मुंगेली तहसील रहा हो।

34. घाघुजी जिसने कलश और खम्ब को वापस लाया था, उसका कार्यकाल लगभग 1520-1540 ई. हो सकता है, जैसा कि वर्गमान अभिलेख विक्रम सम्वत् 1608 (1552 ई.) उसके पुत्र प्रतापचन्द्रदेव के शासनकाल में जारी किया गया था। यदि घाघुजी ने कलश को वापस लाया था तो उसे फिर से मन्दिर में क्यों नहीं लगाया गया इसकी जानकारी नहीं है। वर्तमान में मन्दिर में कलश नहीं है। कलश सम्भवतः नारायणदास के शासन के समय तोड़ा गया था, जो दशराजदेव के पिता और घाघुजी के पितामह थे, कलश को दादुराय द्वारा ले जाया गया था। यदि परम्परा की यह बात कि एक समय कुछ पहाड़ी सरदार घुघुसा रतनपुर के राजा के साथ दस वर्ष तक लड़ाई लड़ी थी, में कोई ऐतिहासिक सच्चाई हो, इसका अर्थ यह होगा घाघुजी निश्चित रूप से पहाड़ी सरदार (मुखि़या) थे जिन्हें

रतनपुर के राजा से कलश प्राप्ति के लिए दस वर्ष लड़ाई लड़नी पड़ी थी। कहा जाता है वर्तमान घुघुसा पहाड़ जो रतनपुर से लगभग तीन मील की दूरी पर है, घुघुसा का निवास स्थान था। कहा जाता है कि वह नाइयों को मारता था और रतनपुर के राजा को परेशान करता था और अंततः एक नाई के द्वारा ही मारा गया। श्री कटारे लिखते हैं कवर्धा के निवासियों ने भी मुझे कुछ घुघसा की कहानी बतायी जो पहाड़ों में रहता था और जिसकी तलहटी में भोरमदेव मन्दिर है। भोरमदेव मन्दिर से लगभग एक मील की दूरी पर घने जंगल में किले के अवशेष और मोटी दीवार है, यह निश्चित रूप से घाघु (Ghaghu) या घाघुसा (Ghaghusa) के छिपने का स्थान होना चाहिए। घाघुसा और घाघुसा पहाड़ के बारे में एक अन्य कहानी 'देवकर' जो कवर्धा और दुर्ग के बीच में है के निवासियों द्वारा भी बतायी गयी।

35. यह पहचान करना कठिन है कि रतनपुर के किस राजा के विरुद्ध घाघुजी को लड़ाई लड़नी पड़ी थी। रेवाराम के अनुसार वहार के बाद उसका पुत्र कल्याण सिंह 1526-1563 ई. शासन किया। विक्रम सम्वत् 1620 (1563 ई.) में मुगल शासक अकबर के दरबार में पेश होना पड़ा क्योंकि मंडला के गोंड़ राजाओं के साथ उसके सम्बन्ध सामान्य नहीं थे। वह आठ वर्ष दिल्ली में रहा और विक्रम सम्वत् 1628 (1571 ई.) में लौटा। लेकिन 'जहाँगीरनामा' में यह उल्लेखित है शाहजादा परवेज़ इस राजा के विरुद्ध सेना भेजी थी और 80 हाथी एक लाख रुपये वसूल कर दिल्ली ले गया था। यह 1612 ई. की घटना होनी चाहिए (must be)। लोक मान्यता की यह बात कि घाघुसा रतनपुर के भूपाल सिंह के द्वारा मारे गए थे, सत्य प्रतीत नहीं होती।

36. इस अभिलेख में जिस राजवंश का उल्लेख है वह कवर्धा क्षेत्र में रामचन्द्र (मड़वा महल अभिलेख के रामचन्द्र से भिन्न-लेखक) द्वारा फणि वंश के राजाओं जो कई शताब्दी तक शासन कर रहे थे, के पतन के बाद स्थापित हुआ था। रायपुर के रामदेव जो हरिब्रम्हदेव के पिता थे, फणि वंश के भोड़िंगदेव को

पराजित करने का दावा करते हैं। यह घटना विक्रम सम्वत् 1458 (1401 ई.) जो कि हरिब्रम्हदेव का ज्ञात न्यूनतम तिथि है, से पूर्व का होगा। भोड़िंगदेव फणिवंशी अर्जुन जो कि मड़वा महल अभिलेख सम्वत् 1406 (1349 ई.) के रामचन्द्र के ज्येष्ठ पुत्र थे, के पुत्र हो सकते हैं। भोरमदेव, मड़वा महल तथा आस-पास के क्षेत्र में कई स्मृति स्तम्भ तथा सती स्तम्भ मिलते हैं जिनमे से कुछ की तिथियाँ विक्रम सम्वत् 1430 (1373 ई.), 1433 (1376 ई.), 1445(1388 ई.) है। इससे पता चलता है कि इस दौरान इस क्षेत्र में भयंकर लड़ाई हुई थी जिसके बाद फणि वंश का वैभव खत्म हो गया होगा। योद्धा स्मारक जिसमे योद्धा घोड़े के पीठ पर बैठा है अथवा तलवार और ढाल धारण किया हुआ है, से प्रतीत होता है नागवंशी राजकुमारों सहित काफी अधिक संख्या में योद्धा और नागरिक रायपुर के हैहय और उल्लेखित अभिलेख के रामचन्द्र, तथा बाद में मुस्लिम, रतनपुर के राजा, गढ़ा के गोंड़ राजा के आक्रमण के समय हताहत हुए होंगे।

37. ऐसा प्रतीत होता है कि घाघुजी गोंड़ परिवार से सम्बंधित थे। 'संगमेश्वर' जहां दादुराय मन्दिर के कलश और खम्ब को ले गए थे, रतनपुर के पास तीन नदियों के संगम पर स्थित था। श्री कटारे लिखते हैं कि मैं अभी तक उस स्थल को पहचान नहीं सका हूँ। यह स्थल बहुत पवित्र माना जाता था और बिम्बाजी की ज्येष्ठ रानी आनन्दीबाई ने इस स्थल पर संगमेश्वर महादेव मंदिर का निर्माण कराया था। बिम्बाजी रघुजी के पुत्र थे और जब मराठों ने रतनपुर को अधिगृहित किया तब वे ही रतनपुर के राज प्रशासन को संभाल रहे थे।

विश्लेषण

श्री संतलाल कटारे का यह आलेख महत्वपूर्ण है और यह भोरमदेव के इतिहास को समझने की नयी दृष्टि देता है

1. श्री संतलाल कटारे मानते हैं कि दक्षिण दीवार का यह अभिलेख दीवार में बाद के दौर में जीर्णोद्धार (मंडप के) के

समय जड़ा गया होगा। श्री सीताराम शर्मा भी मानते हैं कि मन्दिर का जीर्णोद्धार किया गया होगा। मन्दिर का जीर्णोद्धार असम्भव नहीं है, ऐसा बहुत से मंदिरों मे हुआ है। यह भी सम्भव है कि यह कार्य अभिलेख उत्कीर्ण (1551ई.) के समय हुआ होगा। मगर हमारे अपने निरीक्षण से ऐसा प्रतीत होता है कि अभिलेख युक्त शिलाखंड को बाद में नही जड़ा गया है अपितु मन्दिर निर्माण के समय से ही दक्षिणी प्रवेश द्वार के दोनों पार्श्व सपाट थे जिन पर अभिलेख उत्कीर्ण किया गया होगा। इस दीवार के दाहिने पार्श्व में उत्कीर्ण 'जोगी मगरध्वज 700' भी बाद में उत्कीर्ण किया गया है। हमारी समझ मे द्वार के दोनों पार्श्व के सपाट हिस्से द्वार चौखट के स्वाभविक हिस्से प्रतीत होते हैं।

2. श्री कटारे 5 वीं पंक्ति में जिसे 'मांडव को पति सफा' पढ़ते हैं शिलालेख को देखने से हमारी समझ मे 'मांडव को पति साहो' है जैसा कि कई अन्य लोगों ने भी लक्षित किया है। श्री कटारे 'साह' से भी इंकार नहीं करते और इसकी पड़ताल 'मांडू' से लेकर 'मारो' तक करते हैं। हमारी समझ मे 'मांडव' मारो गढ़ ही हो सकता है क्योंकि जनश्रुति में 'मारो' को मांडव गढ़ कहे जाने की जानकारी मिलती है। निकटता की दृष्टि से भी यह उचित जान पड़ता है। 'साह' हमेशा मुस्लिम शासक के लिए ही उपयोग हो यह आवश्यक नहीं है। प्रारम्भ अवश्य मुस्लिम शासकों से हुई थी मगर बाद के दौर में गैर मुस्लिम शासकों के साथ 'साह' जुड़ने लगा। जैसे गढ़ा मंडला के 'संग्राम साह' आदि। 'साहो' के बाद शिला के खंडित होने से एक-दो अक्षर नष्ट हो गए है। सम्भव है आगे इस 'साह' का नाम रहा हो।

3. 'कमीण कमाल' शब्द अवश्य उलझन में डालने वाला है क्योंकि इसका कोई अर्थ नहीं बनता। सम्भव है यह 'कमीण को मार', 'कमीना को मार' हो और कलश भंग करने वाले के लिए अपशब्द हो जैसा कि श्री कटारे भी लक्षित करते हैं। इसके बाद का शब्द है 'कमीणकमालराजाश्रीरामचन्द्र' यह इस तरह भी प्रतीत होता है 'कमीणक महाराजा श्री रामचन्द्र' मगर यहां भी 'कमीणक' का अर्थ स्पष्ट नहीं है।

4. श्री कटारे उचित ही इस अभिलेख में उल्लेखित वंशावली को फणिवंश से भिन्न बताते हैं, क्योंकि इस वंश की शुरुआत रामचन्द्र [रामचन्द्र> वाडमदेव> घटामदास> दसराज> नारायण दास> घाघुजी> प्रतापचन्द्रदेव> धीरसिंह (भाई)] से होती है न कि 'अहिराज' से। फणिवंशी अभिलेख संस्कृत में सुव्यवस्थित हैं, जबकि यह अभिलेख तुलनात्मक रूप से काफी 'अशुद्ध' है। यदि ये फणिवंशी होते तो मड़वा महल अभिलेख के पूर्वजों को इस अभिलेख में अवश्य याद करते।

5. अभिलेख भले फणिवंशियों का न हो मगर जिस तरह से फणि वंशी 'भुवनपाल' को याद किया गया है (महाराजाधिराज श्री भुवनपाल तस्य सिवालय) उससे फणि वंशियों के प्रति सम्मान का भाव प्रकट होता है। सम्भव है ये फणिवंश के अधिकारी/कर्मचारी रहे हों। इस वंश के बारे में और अधिक जानकारी नहीं मिलती मगर इतना स्पष्ट है कि फणिवंश के पतन के बाद कुछ समय तक इनका प्रभाव रहा होगा। इनका गढ़ा मंडला से क्या सम्बंध था अथवा यह क्षेत्र क्या इनके बाद गढ़ा मंडला के प्रभाव में आया होगा इसकी जानकारी नहीं मिल पाती।

6. श्री कटारे इस अभिलेख में उत्कीर्ण 'भुवनपालदेव' को त्रुटिवश उत्कीर्ण मानते है जो 'भुवनैकमल्ल' के बदले अंकित हो गया होगा। और इस तह शिवालय भुवनपाल का न होकर भुवनैकमल्ल का होगा। अर्थात भोरमदेव मन्दिर का निर्माता भुवनैकमल्ल है। श्री कटारे मजबूत तर्क देते हैं कि मड़वा महल अभिलेख में स्पष्टः भुवनैकमल्ल द्वारा चतुरापूरी के उत्तर में शिव मंदिर बनवाने और विशाल तालाब खुदवाने का जिक्र आता है, जो कि परीक्षण से वर्तमान भोरमदेव मन्दिर ही प्रतीत होता है। दूसरी बात यदि गोपालदेव अथवा भुवनपाल अथवा लक्ष्मण देव ने मंदिर का निर्माण कराया होता तो उसका जिक्र मड़वा महल अभिलेख में होना चाहिए था, जैसा कि रामचन्द्र और भुवनैकमल्ल के द्वारा बनवाये गए मंदिरों का जिक्र है।

7. यह तर्क मजबूत है मगर इसमे एक दिक्कत मन्दिर निर्माण समय को लेकर आती है। निर्माण शैली से मन्दिर 11वीं -12वीं का प्रतीत होता है। इस दृष्टि से गोपालदेव के कलचुरी सम्वत् 840 (1088 ई.) से वे ग्यारहवीं शताब्दी तथा इस दृष्टि से गोपालदेव के प्रपौत्र भुवनपाल 1150 ई. के आस-पास हो सकते हैं। अतः 'भुवनपाल देव तस्य सिवालय' भुवनपाल के लिए नहीं है तो मंदिर निर्माण बाद का जैसा कि बालचंद्र जैन 1140 ई. के आस-पास बताते हैं, हो सकता है।

8. श्री कटारे इस समस्या का हल इस दृष्टि से करते हैं कि वे मन्दिर निर्माण का समय थोड़ा बाद 1280 ई. लगभग (13वीं शताब्दी का उत्तरार्ध) का मानते हैं। इस सम्बंध में वे तर्क देते हैं कि चूंकि 24 वें शासक रामचन्द्र 1349 ई. में वर्तमान थे इसलिए 19 वे शासक भुवनैकमल्ल का कार्यकाल 1270-1295 ई. के लगभग हो सकता है क्योंकि हम देखते हैं कि मड़वा महल अभिलेख के वंशावली में 15 वें शासक यशोराज के बाद दो अलग-अलग पीढ़ियों का सम्मिलन हो जाता है जिससे शासकों के बीच का समय अंतराल कुछ कम हो सकता है। इस दृष्टि से मन्दिर निर्माण के समय को थोड़ा बाद का माना जाय तो भुवनैकमल्ल मन्दिर निर्माता के रूप में सर्वाधिक उपयुक्त जान पड़ते हैं।

9. श्री कटारे मुख्य मंदिर के मंडप में रखे योगी की मूर्ति, उमा महेश्वर की मूर्ति, मुख्य मंदिर के आलों की मूर्ति को मुख्य मन्दिर के निर्माण से पूर्व का मानते हैं। वे मन्दिर प्रांगण के ईंट निर्मित शिव मंदिर को भी मुख्य मंदिर से पूर्व का मानते हैं। उनका मानना है कि ईंट निर्मित मन्दिर का मूल ढांचा पत्थर निर्मित ही रहा होगा था उसके ऊपर ईंटो का कार्य बाद का है। ईंट निर्मित मन्दिर मुख्य मंदिर से पूर्व का है और मूलतः शिव मंदिर है, यह अधिकतर विद्वान मानते हैं। मुख्य मंदिर के मंडप में रखी योगी की मूर्ति में उल्लेखित उमा महेश्वर की प्रतिमा भी इस मंदिर से सम्बंधित हो सकती है। इस तरह तत्कालीन समय मे प्रांगण में रखी कुछ मूर्तियों का सम्बन्ध भी इसी मन्दिर से हो सकता है मगर इस मंदिर को मूलतः प्रस्तर

निर्मित और ईंटो के प्रयोग को बाद कार्य मानना हमारी समझ में उचित जान नहीं पड़ता। प्रस्तर पत्थर के ढांचे के ऊपर ईंट के प्रयोग से मन्दिर बनाने की परंपरा बाद तक दिखाई पड़ती है। भोरमदेव में ही छेरकी महल शिव मंदिर को इस दृष्टि से देखा जा सकता है।

10. श्री कटारे भोरमदेव के कुछ मूर्तियों को कलात्मक दृष्टि से अन्य मूर्तियों, विशेषकर मन्दिर के दीवारों में उत्कीर्ण मूर्तियों से उत्कृष्ट मानते हैं। ऐसा वे मुख्यतः मन्दिर के निर्माण काल को थोड़ा बाद का होने के दिखाने के लिए करते प्रतीत होते हैं। वे मूर्तिया वाकई कलात्मक रूप से बेहतर हैं और कई मुख्य मन्दिर से पहले की भी होंगी क्योंकि ईंट निर्मित मन्दिर कुछ पहले का जान पड़ता है, इसके अलावा कनिंघम के आगमन के समय ईंट निर्मित मन्दिर के उत्तर में एक छोटा मन्दिर के अवशेष बांकी थे जो अब नहीं दिखाई पड़ते। मगर हमारी समझ में आले के मूर्तियों का दीवार की मूर्तियों से कलात्मक रूप से उत्कृष्ट होने का कारण समय अंतराल न होकर पत्थर की गुणवत्ता और कलात्मक प्राथमिकता है। मन्दिर गर्भगृह के द्वार चौखट की मूर्तियां भी उतनी ही कलात्मक है जितनी योगी की मूर्ति या अन्य आले की मूर्तियां। द्वार चौखट, योगी की मूर्ति, कई उमा महेश्वर, विष्णु लक्ष्मी, राजपुरुष की मूर्तियां काले ग्रेनाईट मजबूत पत्थर में बने होने के कारण उनमें सूक्ष्म अलंकरण की सुविधा मिली होगी, जबकि दीवारों की मूर्तियां भूरे बलुआ पत्थरों से बनी हुई हैं, जिनमे सूक्ष्म अलंकरण में असुविधा होती है, फिर मौसम का प्रभाव भी उन पर अधिक पड़ा है और उनका क्षरण अधिक हुआ है। मड़वा महल शिव मंदिर में भी इसे देखा जा सकता है जो यद्यपि बाद (1349 ई.) का है और जिसकी दीवार में उत्कीर्ण मूर्तियां कलात्मक दृष्टि से काफ़ी श्रीहीन हैं मगर गर्भगृह के द्वार चौखट की मूर्तियां कलात्मक दृष्टि से बेहतर हैं। इसलिए दोनों एक ही समय के होकर भी पत्थर की उत्कृष्टता और कम-अधिक प्राथमिकता के कारण कलात्मक दृष्टि से भिन्न हैं।

11. श्री कटारे भोरमदेव नाम की उत्पत्ति इस अभिलेख के 'वाडम देव' से निकला मानते हैं। भोरमदेव नाम की उत्पत्ति के कारण के कई सुझाव दिए गए हैं, लेकिन कोई सर्वमान्य नहीं हो सका है। श्री कटारे का सुझाव भी तार्किक है।

12. श्री कटारे 'संगमेश्वर' नामक स्थल जहां मन्दिर के कलश को दादुराय द्वारा ले जाया गया था, के बारे में लिखते हैं कि यह रतनपुर के पास तीन नदियों के संगम पर रहा होगा और जहां बिम्बाजी की रानी आनंदी बाई ने 'संगमेश्वर महादेव' मन्दिर का निर्माण करवाया था। श्री कटारे लिखते हैं कि वे स्थल को पहचान नहीं पाएं। मगर कई स्रोतों से पता चलता है कि वह जगह वर्तमान खूंटाघाट बांध के जलभराव क्षेत्र के आस-पास रहा होगा। पंडित शिवदत्त शास्त्री रचित 'रत्नपुर आख्यान' (उन्नीसवीं शताब्दी का पूर्वार्ध) में उल्लेखित है

"बिंबाजी के बड़े रानी अनंदी बाई राम पहरी में बिंबाजी के मूर्ति किये रामपहरी के पूर्व तरफ रानी तलाब किए जेका नवा तलाब कहत हयं खारून नदी के संगम में मंदिर संगमेश्वर (जो संगमेश्वर का मन्दिर आज खन्टावार की नहर में डूब रहा है) महादेव के किला भीतर नवा महल किए।"

इसी तरह पं. लालाराम कृत 'रतनपुर महिमा' में उल्लेखित है

"रानी आंनदी बाई ने खूंटाघाट बंधान।
बिंबाजी की पत्नि थी, किय संगम निर्माण।।
पंच नदी की धार को, बंधवाई एक मिलान।
पंच नदी संगम जहां निर्मित दियो कराय।
स्नान, पान वो दान से नाशत पाप पहार।।
संगम की महिमा पुनि, जानत सब संसार।।
शिव जी की मूखत पुनि, पर्वत माला बीच।
पधायों मंदिर शुचि, सुंदर शोभा खींच।

आनंदीबाई रानी ने खूंटाघाट में जो पांच नदियों का धार था उसको बंधवाकर पंच संगम बनवाया और उसके ऊपर पर्वत

के बीच में शिव जी का मंदिर बनवाया और शिवलिंग की स्थापना करवाई। वहां की शोभा अद्वितीय है। वहां जाकर जो कोई स्नान करेगा, वो वहां के जल को पान करेगा कह पिंड दान करेगा और दान वगेराह देकर शिव जी के ऊपर संगम के जल को चढ़ावेगा वह पितरों के सहित सामुज्य गति को प्राप्त करेगा। तीन नदियां के धार एक स्थान में मिलने से महापुण्य प्राप्त हो जाता है अगर पांच नदियों का धार एक मिला हो तो कितना पुण्य स्थल होगा। इसलिए यह स्थान बहुत पुण्यप्रद है। अब तो यहां अंग्रेजी राज्य शासन के वक्त उस बंधान को दृढ़ बना दिया गया है। जहां हजारों दर्शक त्यौहार व पर्व के अवसर पर जाकर वहां की मनोहर शोभा को देखते हैं। वो पापों से रहित हो जाते हैं।"

13. अभिलेख में रतनपुर के 'दादुराय' का भी उल्लेख है। कई किताबों में इसे 'बाहुराय' लिखा गया है, जबकि दादुराय पाठ ही उचित है क्योंकि इस नाम के रतनपुर के शासक का नाम कई पांडुलिपियों में मिलता है। बाबू रेवाराम कृत 'किला पुराण' में उसे 'दादू साहि' कहा गया है।

पंडित शिवदत्त शास्त्री के 'रत्नपुर आख्यान' में 'दादुराय साह' कहा गया है।

'छत्तीसगढ़ के ऐतिहासिक नगर' (1858 ई.) में 'दादुराय' कहा गया है

बाबू रेवाराम कृत 'तवारिख श्री हैहयवंशी राजाओं की' (1858 ई.) में उल्लेखित है

"राजा दादू माता पिता लिखू ऊपर के रानी की नाम विमला देवी मुकुंद देव राजा पटना वाले के बेटी, बेटा के नाम राजा पुरुषोत्तम साय राजधानी रतनपुर राज्य किये बरस 25 गत कलि 4588 सं. 1544 यह वक्त में बादसाही तख्त दिल्ली में चकतापुनरे आलिमपनाह बंदोबस्त फरमाया गया बकायदे राजावों के उस दरम्यान में यह राजा के बयिल्लत मुल्क

मुंबारक हनइत हुई। छत्तीसगढ़ सीमा घाट मेकल क्षेत्र अमरकंटक अशिल पूरक लगाय लड़हर सिंध झूमि नागपुर, चंद्रपुर, कांकेर, इधर पश्चिम भोरमदेव राजाद्वार रामगढ़ प्रति मेकल दक्षिण घाट लांजी तक।"

इसमे दादुराय की पश्चिम में सीमा भोरमदेव, राजद्वार (राजाढार-लेखक), लांजी तक बताने से भी अनुमान होता है कि सम्भवतः दादुराय के समय भोरमदेव क्षेत्र में उनका आक्रमण हुआ रहा होगा।

14. इस अभिलेख (विक्रम सम्वत् 1608) का 'नायक' श्री घाघुजी के बारे में श्री कटारे ने महत्वपूर्ण जानकारियां जुटाई है। घाघुजी/घुघसा/घुघ्घुस के बारे, उसके ऐतिहासिक चरित्र होने के बारे में पर्याप्त जानकारी नहीं मिलती। श्री कटारे ने तत्कालीन समय मे (60 का दशक) में रतनपुर, कवर्धा, देवकर क्षेत्र में प्रचलित घुघुसा के कथाओं का जिक्र किया है।

पंडित शिवदत्त शास्त्री के 'रत्नपुर आख्यान' में उल्लेखित है

"भूपाल सिंह देव इनका घुघुस राजा नाम के राक्षस देवकर से आकर दश वर्ष के दुःख दिए घुघुस पहार में रहत रहिस फेर मारे गए रत्नपुर देवकर में ओकर मूर्ति बने हय।"

देवकर मे घुघ्घुस राजा की मन्दिर आज भी है और उनका आदिवासी नायक के रूप में मान्यता है। ऐसा प्रतीत होता है कि घुघुसा कोई वीर आदिवासी योद्धा रहा होगा और रतनपुर के कलचुरियों से उसका टकराव हुआ होगा। उसे केवल मिथकीय नायक अथवा उसके द्वारा भोरमदेव मन्दिर के कलश वापस लाने की कथा को महज अतिरंजना मानकर ख़ारिज करना उचित नहीं होगा। इस दिशा में अभी और शोध अपेक्षित है।

इस तरह संतलाल कटारे का यह आलेख भोरमदेव के इतिहास को समझने के लिए नया आयाम देता है। जरूरत है इस दिशा में पुरातत्विक साक्ष्यों की तलाश के साथ-साथ इस क्षेत्र के लोक परम्पराओं और मौखिक इतिहास के गहन पड़ताल की।

****

दक्षिणी प्रवेश द्वार अभिलेख संवत्(1608)

सन्दर्भ

1. Indian Historical Quarterly vol. XXXVI JUNE & SEPT 1960 Nos 2&3

2. छत्तीसगढ़ के दुर्लभ ऐतिहासिक स्रोत-संकलन एवं सम्पादन रमेन्द्र नाथ मिश्र (छत्तीसगढ़ राज्य हिंदी ग्रन्थ अकादमी 2017)।

3. छत्तीसगढ़ का इतिहास-रमेन्द्र नाथ मिश्र (शताक्षी प्रकाशन 2010

4. कंनिघम आर्कियोलॉजिकल सर्वे रिपोर्ट भाग 17, 1881-82

5. इस्क्रिप्सन इन सी.पी. एंड बरार-राय बहादुर हीरालाल 1916

21. गंडई का भाड़ देऊर शिव मन्दिर

भोरमदेव क्षेत्र के फणि नागवंशियों के पुरातत्विक साक्ष्य समीपवर्ती क्षेत्रों में काफी दूर तक फैले हुए हैं। ये साक्ष्य मुख्यतः मैकल पर्वत श्रेणी के समानांतर फैले हैं। भोरमदेव को केंद्र माना जाय, तो इसके उत्तर में पचराही तक, दक्षिण में घटियारी, गंडई से खैरागढ़-राजनांदगांव तक उनके शासन के अवशेष मिलते हैं। इन अवशेषों में मुख्यतः मूर्तियां, प्रस्तर खंड तथा मन्दिरों के अवशेष हैं।

गंडई-घटियारी में घटियारी का भग्न शिव मंदिर अपनी पूर्णता में भव्य रहा होगा। आस-पास के गांवो में प्रस्तर खण्ड और मूर्तियां बिखरी हुई हैं। घटियारी का मन्दिर शिल्प और स्थापत्य में 11-12वीं शताब्दी का प्रतीत होता है। यह मंदिर फणि नागवंश के तत्कालीन शासक अथवा उसके किसी सामंत/धनाढ्य द्वारा बनवाया गया हो सकता है। पास ही सहसपुर में फणि नागवंशी शासक यशोराज (जसराज) की मूर्ति प्राप्त हुई है जिससे उसके इस क्षेत्र में प्रभाव का पता चलता है।

इस मंदिर के बारे में हमे प्रारम्भिक जानकारी जेनकिन्स (1825) से मिलती है। उन्होंने अपने सर्वे में मंदिर के बारे में लिखा है-

"Out of the village is a Pagoda of Mahadeo, on the gate of which, the name of the five Pandavas are engraved".

गंडई का शिव मन्दिर शहर के भीतर टिकरी पारा में स्थित है। नागर शैली का यह मंदिर स्थापत्य की दृष्टि से उच्च कोटि का है। वर्तमान में मंदिर का अधिष्ठान, विमान तथा शिखर विद्यमान है। मंदिर वास्तु से यह पंचायतन शैली का न होकर एकायतन प्रकार का प्रतिभासित होता है। मन्दिर पूर्वाभिमुख है। इस केंद्र से किरातशिव और त्रिपुरान्तक शिव की मूर्ति वर्तमान में महंत घासीदास संग्रहालय रायपुर में रखी है। इस मन्दिर का निर्माता भी फणिवंश का कोई शासक अथवा कोई प्रतिष्ठित सामन्त/अधिकारी होना चाहिए।

मंदिर स्थापत्य [डॉ. सीताराम शर्मा के अनुसार]

इस मंदिर का गर्भगृह पंचरथ प्रणाली का है। प्रक्षेपण का तरंग अधिष्ठान से लेकर आमलक तक है। भूविन्यास की दृष्टि से समूचे मंदिर की लंबाई 18 फीट और चौड़ाई 16 फीट है। भूमिसूत्रीय व्यवस्था मंदिर-अधिष्ठान पर अवलंबित है। अधिष्ठान तीन सज्जा पट्टियों से परिवेष्टित है। इसके ऊपर का भाग विभिन्न मूर्तियों से युक्त है। इनमे तीन मेखला दृष्टिगोचर होती है, जिसके अंदर प्रथम गजथार, द्वितीय हयथार और तृतीय नरथार से युक्त है। नरथार के अंतर्गत सैनिक अभियान का दृश्य अंकित है। गर्भगृह का द्वार-मुख तीन शाखाओं में विभक्त है। प्रवेश द्वार का नीचे एवं ऊपर का भाग अलंकृत मेखलाओं से युक्त है। मध्यभाग दो भागों में विभक्त किया गया है। इसमे विभिन्न देव एवं देवियों की मूर्तियां हैं।

मन्दिर का शिखर नागर शैली का है। गर्भगृह की दीवार सादी है। उसकी दीवार अतिछादन शैली में बनी है। गर्भगृह का प्रवेश द्वार तीन शाखाओं से बना है, प्रथम शाखा के ललाटबिम्ब पर गणेश की आकृति है। मध्य में शिव का अर्धनारीश्वर रूप अंकित किया गया है। तृतीय शाखा में पंच पांडवों को प्रदर्शित किया गया है। साथ ही द्रोपदी और कुंती को भी अंकित किया गया है। ये सभी शिवलिंग की अर्चना करते हुए दिखाये गए हैं। यहां महत्वपूर्ण दृश्य यह है कि शिवलिंग को महिष के पृष्टभाग में अधिष्ठित किया गया है। पूरे पांडव परिवार का नाम तत्कालीन देवनागरी लिपि में उत्कीर्ण है। लिपि की शैली 12 वीं सदी की है। सम्भवतया मंदिर निर्माण का काल उक्त तिथि होनी चाहिए। मन्दिर का आंतरिक गर्भगृह तथा बाहरी प्रांगण भी मंदिर वास्तु के परिचायक हैं। गर्भगृह निरांधार है। इसके अंदर केवल जलहरी विद्यमान है। अंदर की दीवारों में कोई आले नही बने हैं और कमरे का आभास मिलता है। मन्दिर का प्रांगण सपाट है। कोई स्तंभ या अन्य अवशेष प्राप्त न होने से इसके प्रांगण का स्वरूप क्या रहा होगा, इसे स्पष्ट करना कठिन है।

मंदिर स्थापत्य [डॉ. पीसीलाल यादव के अनुसार]

डॉ. सीताराम शर्मा ने जो बातें संक्षिप्त और संश्लिष्ट भाषा में कही है, उसे डॉ. पीसीलाल यादव ने सरलीकृत ढंग से किंचित विस्तार से कहा है।

मंदिर की निर्माण शैली व स्थापत्य की दृष्टि से पुरातत्ववेत्ताओं ने इस मन्दिर को कलचुरी काल में 11वीं-12वीं शताब्दी में निर्मित माना है। यह मंदिर भोरमदेव मन्दिर का समकालीन है तथा भोरमदेव मन्दिर की तरह भव्य एवं मूर्तिकला की दृष्टि से समुन्नत है। नागर शैली में निर्मित यह पंचरथ प्रकार का व पूर्वाभिमुखी है। इस मन्दिर में महामंडप नही है, किंतु अंतराल का कुछ भाग सुरक्षित है। इससे यह प्रमाणित होता है कि मन्दिर का महामंडप व अंतराल भी भव्य और अलंकरण युक्त रहा होगा। मन्दिर के सम्मुख नंदी की अलंकारिक पश्चिमाभिमुख प्रतिमा स्थापित है। आंशिक रूप से सुरक्षित अंतराल के ऊपर पृथक शिखर स्थापित है। इस शिखर में ज्यामितीय आकृतियां व पुष्प वल्लरियों के साथ नारी मूर्तियां विद्यमान है। शीर्ष में गर्जन की मुद्रा में सिंह विराजमान है, जिसकी भव्यता कला प्रेमियों को सम्मोहित करती है।

ललौहे पत्थर से निर्मित मंदिर का प्रवेश द्वार सर्वाधिक अलंकृत है। प्रवेश द्वार के अधोभाग में प्रस्तर खण्डों पर उत्कीर्ण वादन रत व नृत्य रत नर-नारियों की मूर्तियां हैं। चौखट के चारो ओर सूक्ष्म रूप से उत्कीर्ण लता-वल्लरियाँ अंकित हैं। खड़े चौखटों पर नृत्यरत मयूर शोभायमान है। अधोभाग में गणेश जी व सरस्वती की छोटी किंतु सजीव मूर्तियां हैं।

प्रवेश द्वार के दोनों भाग में भगवान शिव का मानुषी रूप हाथ में त्रिशूल, डमरू, सर्प के साथ प्रदर्शित है। नीचे नंदी विराजित है। अन्य मंदिरों की तरह द्वारपाल के रूप में मकर वाहिनी गंगा तथा कूर्म वाहिनी यमुना का सुंदर सजीव अंकन है। इसी स्थान पर सात-सात की संख्या में नाग कन्याओं की अतिसूक्ष्म आकृतियां अंकित हैं, जो परस्पर प्रत्येक के पृच्छ भाग से गुंफित हैं। द्वार शाखा के सिरदल के मध्य नृत्यरत गणेश उत्खचित है। प्रवेश द्वार के ऊपर की ओर क्रमशः लक्ष्मी, दुर्गा व सरस्वती की मूर्तियां शोभायमान हैं। प्रवेश द्वार के ऊपर भाग में पांडव

परिवार द्वारा शिवपूजन का शिल्पांकन अप्रतिम है। महाभारत में स्वर्गारोहण के पूर्व पांडवों द्वारा महादेव के पूजन का प्रसंग मिलता है। पांडव की मूर्तियों के मध्य महिष की पीठ पर शिवलिंग की स्थापना है। दोनों पार्श्व में ऋषिगण पूजा की मुद्रा में हैं। पांडव भ्राता अपने आयुधों के साथ अंकित हैं। यहां देवी द्रोपदी व माता कुंती भी उपस्थित है। नीचे पट्टिका में इनका नामोल्लेख है। माता कुंती का नाम यहां "कोतमा" अंकित है। यहां विचारणीय तथ्य यह है कि कुछ पुरातत्ववेताओं ने महिष मूर्ति को नन्दी माना है। जबकि यह मूर्ति स्पष्टतः महिष की ही परिलक्षित हो रही है। महिष की पीठ पर शिवलिंग की स्थापना और पांडव परिवार द्वारा उसकी पूजा-प्रतिष्ठा कब की गई? यह अन्वेषण का विषय है।

मन्दिर के गर्भगृह में ग्रेनाइट पत्थर से निर्मित बड़ी जलहरी है, जिसमे शिवलिंग स्थापित है। परंतु यह शिवलिंग मूल प्रतीत नही होता। क्योंकि इसकी आकृति जलहरी के अनुरूप स्वाभाविक नही लगती। शिवलिंग की जलप्रवाहिका उत्तर की ओर है। गर्भगृह की दीवारें सादी, अलंकार विहीन हैं। गर्भगृह की पश्चिमी भित्ति पर आले में करबद्ध नारी प्रतिमा है। लोग जिसकी पूजा पार्वती के रूप में करते हैं। गर्भगृह के चारो कोनों में अलंकृत स्तंभ हैं। तीन भित्तियों पर छः भारवाहकों की प्रतिमाएं हैं। ऊपर का शीर्ष भाग पांच वृत्ताकार भागो में विभक्त है। जो शीर्ष की ओर क्रमशः संकीर्ण होते गए हैं। गर्भगृह के केंद्रीय शीर्ष पर पूर्ण विकसित कमल का अलंकरण है।

मंदिर का अधिष्ठान, जंघा, शिखर व आमलक अत्यंत ही अलंकृत हैं। मन्दिर की जगती भूमि पर ही निर्मित है। अधिष्ठान के प्रथम भाग में ताड़ पत्रों व पत्रावलियों का अलंकरण है। द्वितीय भाग में प्रथम गजरथ है; जिसमें हाथियों को गतिशील मुद्रा में अंकित किया गया है। कहीं हाथी युद्ध की मुद्रा में हैं तो कहीं तरु-पल्लवों के साथ क्रीड़ारत। कुछ दृश्यों में शिकारियों द्वारा हाथियों के शिकार का दृश्य है। गजथर के ठीक ऊपर हय अर्थात अश्वथर है। इस थर में विभिन्न मुद्राओं में अश्वारोहियों को अंकित किया गया है। अश्वारोही हाथ में तीर-कमान, तलवार, भाला आदि धारण किये हुए हैं। अश्वथर में कुछ मिथुन मूर्तियां भी उत्कीर्ण हैं। अश्वथर के ऊपर नरथर है। नरथर में स्त्री-पुरुष की विभिन्न भाव भंगिमाओं के साथ-साथ रामायण व कृष्ण लीला से सम्बंधित दृश्यों का

शिल्पांकन है। दक्षिण दिशा में कृष्ण द्वारा कालिया नाग का मर्दन, गोवर्धन पर्वत का धारण तथा त्रिभंग मुद्रा में बंशीवादन की मनोहारी दृश्यवालियां है। कुछ मिथुन मूर्तियां भी हैं। पश्चिम दिशा के नरथर में मैथुन क्रिया में रत मिथुन मूर्तियां तथा मल्ल युद्ध आदि का अंकन है। उत्तर दिशा में रामलीला से सम्बंधित चित्रण है। बालि-सुग्रीव युद्ध, बालि-वध, अशोक वाटिका में शोकमग्न सीता, स्फटिक शीला पर बैठे राम लक्ष्मण के सम्मुख करबद्ध हनुमान तथा वानरों का नृत्य संगीत आदि का सहज शिल्पांकन है।

मंदिर के जंघा भाग में स्तंभाकृतियाँ नौ-नौ भागो में विभक्त है। इस भाग में अनेक देवी-देवताओं, दशावतार, जीवन-जगत से जुड़े पहलुओं जैसे- नवयौवना, स्तनपान कराती माता, प्रेमालाप करते नर-नारी, गदाधारी व धनुषधारी सैनिकों की सुंदर मूर्तियां उत्कीर्ण हैं। जंघा में आलों का भी निर्माण हुआ है। जिसमे केवल तीन आलों में काल भैरव, सती स्तंभ व महिषासुर मर्दनी की भव्य मूर्तियां हैं।

मंदिर के शिखर भाग भी अनेक अलंकरणों से परिपूर्ण है। शिखर के निचले भाग में तीनों दिशाओं उत्तर, पश्चिम व दक्षिण में एक-एक मंदिर का शिरांग आमलक कलश निर्मित है; जिनमे मूर्तियों के तीन थार है। अश्वारोही थर, नरथर में कृष्ण की बंशीवादन की तीन मूर्तियां व तृतीय थर में नायिका की दो मूर्तियां है। शिखर के शीर्ष भाग में चारो कोनों में देवपुरुष उत्कीर्ण है। शीश पर पगड़ी बांधे गंभीर भाव लिए ये मूर्तियां भव्य हैं। इसके साथ ही शिखर में ज्यामितीय आकृतियों की बहुलता है। आमलक के ऊपर क्रमशः पांच लघु आमलकों की श्रृंखला के पश्चात प्रस्तर कलश स्थापित है।

डॉ. सीताराम शर्मा और डॉ. पीसीलाल यादव के आकलन में एक भिन्नता का बिंदु यह है कि, सीताराम शर्मा मन्दिर में सभा मंडप होने की सम्भवना पर जोर नही देते क्योंकि मन्दिर प्रांगण में उसके कोई अवशेष नही दिखाई देते। पीसीलाल यादव मन्दिर 'अंतराल' की उपस्थिति के आधार पर सभामण्डप पूर्व में होने पर बल देते हैं। अंतराल में पृथक शिखर होना भी इस पक्ष में एक तर्क है। वैसे इस क्षेत्र में देवरबीजा का शिव मंदिर भी केवल गर्भगृह युक्त है और इस तरह के एकायतन मंदिर

की भी परम्परा रही है अतः यह कह पाना कठिन है कि मंडप रहा ही होगा।

नामकरण

'भांड़ देऊर' में देऊर तो स्पष्टतः देवालय है।' भांड़' डॉ. पीसीलाल यादव के अनुसार छत्तीसगढ़ी 'भठ' से व्युत्पन्न है, जिसका अर्थ भग्न या गिरा हुआ होगा। इस तरह ऐसा देवालय जो भग्न हो। प्रसंगवश आरंग के भग्न जैन मंदिर को भी 'भांड़ देऊर' कहा जाता है। इस तरह यह लोक परंपरा जनित नामकरण है।

****

गंडई का 'भांड़ देऊर' मंदिर

'भांड़ देऊर' मंदिर का प्रवेश द्वार

संदर्भ-

1. भोरमदेव क्षेत्र :पश्चिम दक्षिण कोशल की कला- डॉ. सीताराम शर्मा ,1990 ।
2. जहां पाषाण बोलते हैं- डॉ. पीसीलाल यादव, 2008 ।
3. Asiatic Researches vol.15 -Jenkins (1825)।

22. राजाबेंदा का पुरातत्व

भोरमदेव क्षेत्र में फणिनागवंशी कालीन अवशेष बिखरे पड़े हैं। ये अवशेष मुख्यतः मैकल पर्वत श्रेणी के समानांतर दक्षिण में सहसपुर, घटियारी से खैरागढ़ क्षेत्र तक तो उत्तर में पचराही-बकेला तक फैले हुए हैं। राजाबेंदा ऐसा ही पुरातत्विक स्थल है जहां लगभग तेरहवीं-चौदहवीं शताब्दी (शिल्प खण्डों की कला दृष्टि के अनुमान से) के शिवमंदिर (जलहरी प्राप्ति के आधार पर अनुमानतः) के अवशेष बिखरे हैं। अवशेष इतनी अधिक मात्रा में हैं कि इससे स्पष्ट पता चलता है कि यहां बड़ा मन्दिर रहा होगा। मुख्य मन्दिर के पूर्व में लगभग पचास फीट आगे किसी छोटे मंदिर के अवशेष भी हैं। इसी प्रकार उत्तर में लगभग आधा किलोमीटर में तालाब के उत्तर में भी प्रस्तर खंड बिखरे हैं। सम्भवतः तालाब के पास भी मन्दिर रहा होगा। अवशेष में कलात्मक मूर्तियां, द्वार चौखट दिखाई नहीं दे रहे हैं। यदि ये अन्यत्र स्थानांतरित नहीं हुए होंगे तो मलबे में दबे होने चाहिए। यदि मलबे को हटाकर स्थल का उत्खनन किया जाय तो पर्याप्त पुरातत्विक अवशेष मिलने की संभावना है। मुख्य मन्दिर के दक्षिण में कुछ दूर पर ही वृक्ष के नीचे एक गणेश की प्रतिमा है जिस पर ग्राम वासियों द्वारा छोटा मन्दिर बना दिया गया है।

ग्रामवासियों का कहना है कि पूर्व में आस-पास कई मूर्तियां थी तथा पुराने लोग बताते हैं कि कई मूर्तियां पूर्व में यहां से ले जाई गई हैं।

ग्रामवासी यह जनश्रुति भी बताते हैं कि पहले भोरमदेव के राजा यहीं थे। यहां मंदिर कलात्मक नहीं बन सका तब भोरमदेव में जाकर अच्छा से (कलात्मक) बनाए। यहाँ अनगढ़ स्थापत्य खंडो की अधिकता के कारण एक अनुमान यह भी लगाया जाता है कि संभव है यहाँ मंदिर स्थापत्य खंडो, मूर्तियों के तराश का कार्य किया जाता रहा हो।

'राजाबेंदा' नाम में ही राजा के साक्ष्य हैं। इसी प्रकार पास ही 'राजाढार' ग्राम में भी राजा है। कुल मिलाकर इस क्षेत्र में दसवीं से पंद्रहवीं

शताब्दी के मध्य राजशाही होना प्रतीत होता है। निश्चय ही यह भोरमदेव के फणिनागवंश से संबंधित रहा होगा। मन्दिर का निर्माता फणि वंश का कोई शासक अथवा कोई स्थानीय सामन्त हो सकता है। राजाबेंदा के प्राप्त अवशेष में कला का ह्रास प्रतीत होता है जिससे यह ,'मड़वा महल', 'छेरकी महल' के समकालीन प्रतीत होता है। फणिवंश के पतन के बाद सम्भवतः यह क्षेत्र गढ़ामण्डला के प्रभाव में आया होगा। बहरहाल उत्खनन से ही नयी जानकारी उभर कर आ सकती है।

'राजाबेंदा' कवर्धा से 45 कि.मी. चिल्फी से 5 कि.मी., भोरमदेव से लगभग 25 कि.मी. पश्चिम में 'सुपखार' मार्ग पर दाहिनी दिशा में स्थित है। गांव में मुख्यतः बैगा और गोंड़ जनजाति निवासरत हैं तथा परिवेश में साल वनों की बहुलता है।

****

राजा बेंदा का मंदिर अवशेष

राजा बेंदा का मंदिर अवशेष

23. 'बहना खोदरा' के मंदिर अवशेष

ग्राम बहना खोदरा चिल्फी-रेंगाखार रोड पर चिल्फी से 6-7 किलोमीटर दक्षिण में है। यहां एक प्राचीन लघु तालाब के पूर्वी तटबंध पर पूर्वाभिमुख मंदिरों के अवशेष हैं। मंदिर लघु आकार के एकायातन प्रकार के जान पड़ते हैं, जिनमे केवल गर्भगृह होता है। वर्तमान में एक मंदिर का ढांचा ही सुरक्षित है मगर स्थल निरीक्षण से पूर्व में एक लाइन में उसी तरह छः-सात मंदिर होने की सम्भावना है। मंदिरों के अवशेष स्थल पर बिखरे हैं। मंदिरों के आधार के बेस और नीव देखे जा सकते हैं। कुछ मलबा पूर्व में स्थानीय निर्माण कार्यों के लिए उपयोग के लिए भी ले जाया गया है।

मंदिर का निर्माण बड़े-बड़े आयताकार तराशे गए पत्थरों से किया गया है। पत्थर की उपलब्धता आस-पास का ही प्रतीत होता है। मंदिर का शिखर सीढ़िनुमा ऊपर की ओर घटते क्रम में है। भोरमदेव क्षेत्र के मंदिरो में इस तरह के शिखर नहीं दिखाई पड़ते। इस दृष्टि से यह विशिष्ट है। गर्भगृह का द्वार बड़े-बड़े पत्थर के स्लेबों से बना है, मगर किसी प्रकार का अलंकरण नहीं है। मंदिर के दीवारों में भी अलंकरण नहीं है, मगर स्लेबों के जमाने में एक क्रम है, जिसमे एक सुंदरता है। बिखरे स्थापत्य खंडों में कुछ ज्यामितीय आकृतियां भी दिखाई पड़ती हैं, इससे प्रतीत होता है, कुछ मंदिरों मे अलंकृत स्थापत्य खंड भी रहे होंगे गर्भगृह के अंदर की दीवारें भी सपाट हैं। कक्ष खाली है, कोई मूर्ति नहीं है। मंदिर के आस-पास भी कोई मूर्ति नहीं है। इस संबंध में ग्राम वासियों का कहना है कि काफ़ी समय पूर्व मूर्तियों को यहाँ से ले जाया गया था।

मंदिर किस देवता/देवी को समर्पित था यह हमारे स्तर पर पता नहीं चल पाता। ग्राम वासी भी इस संबंध में कुछ नहीं बता पाते। स्थानीय स्तर पर वर्तमान में बावा देवता के रूप में पूजते हैं।

गाँव वालों ने बताया कि साठ-सत्तर के दशक तक पाँच मंदिर खड़े थे, जो अब ध्वस्त हो गए हैं। सभी मंदिरों का स्थापत्य एक जैसा रहा होगा, ऐसा प्रतीत होता है। मंदिरों के ध्वस्त होने का एक बड़ा कारण मंदिर समूह के बिचोबीच एक विशाल गश्ती वृक्ष का उग आना भी है।

जनश्रुति में मंदिर को भोरमदेव से सम्बन्धित मानते हैं। भोरमदेव के राजा इसी दिशा से भोरमदेव गए थे, ऐसी जनश्रुति है। मंदिर स्थापत्य प्रथम दृष्टया 12-13 शताब्दी का प्रतीत होता है। मंदिर निर्माण की यह शैली मदकू द्वीप के मंदिरों की याद दिलाती है। वहाँ भी इसी तरह एक लाइन से कई लघु आकार के मंदिर उत्खनन से प्राप्त हुए हैं।

यह भी अध्ययन का विषय है कि कहीं इस पर बालाघाट–लांजी क्षेत्र के निर्माण शैली का प्रभाव तो नहीं। चिल्फी के पास राजाबेंदा भी एक बड़ा पुरातात्विक स्थल है जहां मंदिरों के अवशेष और टीले हैं। बहना खोदरा से राजाबेंदा लगभग 10–12 किलोमीटर यथा भोरमदेव सीधी रेखा में लगभग 20 किलोमीटर की दुरी पर होगा।

****

बहना खोदरा का मंदिर अवशेष

24. बिलहरी-बिरसा (बिरखा) का पुरातत्व

फणिनागवंशियो के पुरातात्विक अवशेष मुख्यतः मैकल पर्वत श्रेणी के समानांतर मिलते हैं। यदि भोरमदेव को केंद्र माना जाए तो उत्तर में राजाबेन्दा, कामठी, पचराही में पुरावशेष मिलते हैं। उसी तरह दक्षिण में सहसपुर, बिलहरी-बिरसा, घटियारी, खैरागढ़ क्षेत्र तक पुरातत्विक साक्ष्य मिलते हैं। भग्नावशेषों में मुख्यतः मंदिर तथा मूर्तियों के अवशेष मिलते हैं। ज़ाहिर है जहां देवस्थल हो वहां आस-पास लोगों का रहवास भी रहता है।

बिलहरी-बिरसा (बिरखा) दो संलग्न पर्वतीय गांव हैं जो लोहारा से पश्चिम दिशा में पाँच-छह किलोमीटर की दूरी पर स्थित हैं। सहसपुर से भी इसकी दूरी लगभग इतनी ही होगी। यहां पर बिरखा में पहाड़ी के तलहटी पर मंदिरों और मूर्तियों के अवशेष प्राप्त हुए हैं। यहां से मुख्यतः खंडित चतुर्भुजी स्थानक विष्णु, उमा महेश्वर, उपासक राजा रानी की मूर्तियां प्राप्त हुई हैं, जिसे पूर्व में खैरागढ़ के पुरातात्विक संग्रहालय में स्थानांतरित कर दिया गया है। वर्तमान में वहां कुछ जलहरी, प्रस्तर खंड, सती स्तम्भ दिखाई देते हैं। पास ही पहाड़ी के तलछटी में ईंटो के साक्ष्य तथा टीले दृष्टिगोचर होते हैं, जिसके नीचे पुरावशेष दबे होने की संभावना है। यहां प्राकृतिक जलस्रोत है, जिसमे एक प्राचीन कुंड है जिसका जीर्णोद्धार कर नया स्वरूप दिया गया है। सर्वविदित है कि जहां जल के प्राकृतिक स्रोत होते हैं वे क्षेत्र धार्मिक आस्था के केंद्र के रूप में विकसित हो जाया करते हैं। यहां भी मंदिरों का निर्माण इसी कारण हुआ होगा, ऐसा प्रतीत होता है। यहां के साक्ष्य को मुख्यतः बारहवीं-तेरहवीं शताब्दी का माना गया है।

श्री सीताराम शर्मा के अनुसार बिलहरी से कलचुरी नरेश (रतनपुर) जाजल्लदेव अंकित सवर्ण मुद्राएं प्राप्त हुई हैं, इसलिए यह क्षेत्र उनके अनुसार उनके प्रभावक्षेत्र (या मांडलिक राजा के अधीन) रहा होगा। हमारी समझ मे यहां के स्थापत्य फणिनागवंशियो के तात्कालिक

शासक अथवा उसके किसी सामन्त/अधिकारी द्वारा निर्मित होना चाहिए। पास ही सहसपुर में फणिनागवंशी शासक यशोराज की मूर्ति प्राप्त हुई है इससे इस बात को और बल मिलता है। चूंकि फणिनागवंशी रतनपुर के कलचुरियों के अधीन थे इसलिए जाजल्लदेव की मुद्राएं प्राप्त होना स्वाभाविक प्रतीत होता है। कला की दृष्टि से भी भोरमदेव क्षेत्र की मूर्तियों से यहां की मूर्तियों में समानता स्पष्ट है। इसलिए सीताराम जी भी इन्हें भोरमदेव क्षेत्र की कला में शामिल करते हैं। पास ही एक लघु आकर का बांध निर्मित है जिसे बिलहरी बांध कहा जाता है।

****

बिलहरी के पुरावशेष

विष्णु, तेरहवीं शताब्दी ई., बिरखा–बिलहरी

उमा–महेश्वर, 12 वीं शती ई.

संदर्भ

1. सीताराम शर्मा-भोरमदेव क्षेत्र : पश्चिम दक्षिण कोसल की कला

25. रजपुरा के पुरावशेष: भोरमदेव क्षेत्र

भोरमदेव के फणि नागवंशियों के अवशेष आस-पास के क्षेत्रों में बिखरे पड़े हैं। कई गांव में आज भी वृक्षों के नीचे अथवा आधुनिक मंदिरों में तत्कालीन समय की मूर्ति अथवा प्रस्तर खंड मिल जाते हैं।

ग्राम 'रजपुरा' भोरमदेव के पास ही दक्षिण में लगभग चार-पांच किलोमीटर की दूरी पर है। नाम से ही पता चल रहा है कि 'राजापुर' का बिगड़ा रूप हो सकता है। संयोग से इस गांव के बारे ऐतिहासिक साक्ष्य भी उपलब्ध है। फणि नागवंशी राजा रामचन्द्र राय/देव के मड़वा महल अभिलेख सम्वत् 1406 (1349 ई.) जिसमे फणि नागवंशी शासकों की वंशावली दी गई है, से ज्ञात होता है कि "राजपुरा गांव देवता के भोगराग के लिए प्रदान किया गया था"। इससे गांव के प्राचीनता का पता चलता है।

वर्तमान में रजपुरा में गांव के उत्तर में लगभग आधा कि.मी. की दूरी पर पहाड़ी के तलछटी में एक स्थल है जिसे स्थानीय लोग 'किनरिया पाट' कहते हैं। यह स्थल छोटा सा पुरातात्विक टीला सा है जिसके चारों ओर खेत हैं। स्थल निरीक्षण से अनुमान होता है कि पहले यह 'टीला' अपेक्षाकृत बड़ा रहा होगा। पहाड़ी से सटे होने के कारण सम्भव है पहले खेत भी न रहे हों। बाद में खेत बने होंगे और धीरे-धीरे उसे खेत के क्षेत्र को बढ़ाते जाने से टीला सिकुड़ता गया होगा। वर्तमान में वह तीन-चार सौ वर्गफीट से अधिक नहीं जान पड़ता।

इस टीले में वर्तमान में दो सती स्तम्भ हैं और एक उपासक स्त्री की खंडित मूर्ति है। आस-पास फणिवंश कालीन ईंटों के टुकड़े बिखरे और मिट्टी में धसे हैं। टीले में बड़े-बड़े वृक्ष और झाड़ी उग आये हैं। इन सती स्तम्भों को ग्रामवासी पूजते हैं।

यह 'टीला' मंदिर का अवशेष नहीं जान पड़ता क्योंकि प्रस्तरखण्डों के अवशेष नहीं दिखाई पड़ते। ऐसा प्रतीत होता है कि यह 'सती चौरा'

जैसा स्थल रहा होगा। सम्भव है किसी प्रतिष्ठित व्यक्ति/राजपुरुष की पत्नी यहां सती हुई रही हो। स्थल की खुदाई से और पुरावशेष प्राप्त होने की संभावना है।

गांव में एक वृक्ष के नीचे खंडित देवी मूर्ति है जो चामुंडा/काली की जान पड़ती है।

गांव के बाहर पहाड़ी की तलछटी में एक प्राकृतिक पत्थर है जिसे गांववासी 'जलहरी' कहते हैं और पूजते है।

पास ही तालाब के पार में सात-आठ इमली वृक्षों के बीच 'बावा देवता' है, मगर वहां पुरावशेष नहीं है।

*मड़वा महल अभिलेख के विषय वस्तु के लिए देखें 'इंस्क्रिप्सन इन सीपी एंड बरार'- राय बहादुर हीरा लाल (1916) ।

****

राजपुरा के सती स्तंभ

26. बावा मंडी (बावा देवता): दियाबार भोरमदेव

भोरमदेव क्षेत्र में फणि नागवंशी कालीन अवशेष बिखरे पड़े हैं, कई टीले उत्खनन की बाट जोह रहे हैं, मगर समुचित प्रबंधन न होने के कारण इनके अस्तित्व खत्म होते जा रहे हैं। कृषि क्षेत्र और अन्य निर्माण कार्यों का विस्तार इनको निगलते जा रहे हैं। बहरहाल यह प्रशासन स्तर का काम अधिक है।

भोरमदेव में ग्राम छपरी से घोंघा-बोड़ला मार्ग पर लगभग आधा किलोमीटर की दूरी पर सड़क के दायीं ओर दियाबार पहाड़ के तलहटी मे एक टीला है जिसमे राजपुरुष की एक खंडित मूर्ति है स्थानीय लोग जिसे बावा मंडी (बावा) देवता कहकर पूजा करते हैं। टीले में घनी झाड़ियां उग आयी हैं इसलिए इसका स्वरूप दिखाई नही देता, मगर करीब से देखने पर ईंट और प्रस्तर खण्ड के अवशेष दिखाई पड़ते हैं। एक दो जगह को बाद में खोदने के लक्षण दिखते हैं, जिसका कारण बहुधा धन प्राप्ति के लालसा में ऐसे जगहों के साथ छेड़छाड़ किया जाना है। इससे पुरातात्विक अवशेषों को क्षति पहुँचती है और यह गैरकानूनी भी है।

बहरहाल यदि इस टीले का उत्खनन किया जाय तो पुरातात्विक अवशेषों के प्राप्त होने की संभावना है। आकार में छोटे होने से ऐसा प्रतीत होता है कि यह किसी मंदिर के अवशेष हों।

****

राजपुरुष बावामंडी भोरमदेव

27. प्राचीन गढ़ी और राजनिवास के अवशेष

भोरमदेव के फणिनागवंशियों द्वारा निर्मित भव्य मंदिरों को देखकर इस बात का अनुमान हो जाता है कि जब उन्होंने मंदिर बनवाएं हैं तो अवश्य यहाँ रहते भी रहे होंगे। अवश्य किसी समय यह स्थल आबाद रहा होगा। यह बात सत्य है राजवंश के उत्कर्ष काल मे इसे चतुरागढ़ कहा जाता था, जो आज अपभ्रंशित होकर "चौरा" हो गया है, इसलिए आज यहां चौरा ग्राम है।

मड़वा महल अभिलेख सम्वत् 1406 (1349ई.) में इस बात का जिक्र आता है कि-" 'भुवनैकमल्ल' (फणिवंशी राजा) ने चतुरापुरी (चौरापुर) में विशाल किला (दुर्गावली) बनाया जिसके दक्षिण में शंकरी (सकरी) नदी बहती है। उस नदी के किनारे 'हटकेश्वर' मन्दिर खड़ा था। राजा उस मंदिर में ब्राम्हणी की पूजा करता था।"

भोरमदेव के प्राचीन गढ़ी एवं मंदिरों के धन्सावशेष के बारे में गजेंद्र कुमार चंद्रौल [1984] महत्वपूर्ण जानकारी देते हैं–

"भोरमदेव मंदिर के 1/2 कि.मी. पश्चिम मे लेकर चौराग्राम के 1 कि.मी. पश्चिम के बीच के क्षेत्र में एक प्राचीन बस्ती के अवशेष विद्यमान है। खेतों से यदा–कदा ताम्र मुद्रायें भी सर्वेक्षण में प्राप्त होती है। सन् 1974 में इसी क्षेत्र से प्राप्त तीन गोल ताम्र मुद्राएं संचालनालय में मेरे द्वारा जमाकर दी गई थी। दो ढाई कि.मी. लम्बाई एवं 1. 1/2 कि.मी. चौड़ाई वाले इस क्षेत्र में प्राचीन काल में नगर बसा हुआ था। जिसके ध्वंसावशेष आज भी अपने गौरवपूर्ण अतीत की स्मृति ताजी कराते हैं। इस स्थान की पहचान नागवंशी शासकों की राजधानी के रुप में की जा सकती है। यहां पर गढी, तालाब एवं मंदिरों के भग्नावशेष बिखरे पड़े हैं। भोरमदेव मंदिर के प्रांगण में संग्रहीत कलाकृतियां अधिकांशतः इसी क्षेत्र की है। भोरमदेव मंदिर से दक्षिण में आधा कि.मी. आगे बढ़ने पर एक गढ़ी (किला) के परकोटा की प्रस्तर निर्मित दीवार के अवशेष विद्यमान है। इसकी दीवार अनगढे प्रस्तरों से चूने की जुड़ाई द्वारा निर्मित की गई थी।

यह दीवार पश्चिम की ओर 5 मी. 55 से.मी. अधिक ऊँची है। यह चौकोर, गढ़ी 15 एकड़ भू-खण्ड में तालाब के किनारे एक महल के अवशेष है जिसे रानीमहल कहा जाता है। नाले के दाहिनी ओर एक शिव मंदिर के अवशेष फैले हुए हैं यहां चबूतरे पर एक जलाधारी पड़ी हुई हैं। कुछ दूरी पर शंकरी (संकरी) नदी के बाईं तरफ लगभग 1 कि.मी. दूरी पर एक दूसरा तालाब नहर धोना (ताल) है जिसके किनारे पर एक ईंट निर्मित शिव मंदिर के भग्नावशेष बिखरे हुए है जो संभवत: शिव को समर्पित था। इसमें पुरुष प्रतिमा और एक सिर विहीन पुरुष का मध्यभाग पड़ा हुआ है। इस स्थान से ले जायी गई कलाकृतियां उमामहेश्वर एवं सती स्तम्भ आदि भोरमदेव मंदिर की परिसीमा में रखे हुए हैं। इन मंदिरों के निर्माण में प्रयुक्त ईंटें सामान्य रूप से 30 से.मी. लम्बी, 15 से.मी. चौड़ी एवं 8 से.मी. मोटी हैं।"

गजेंद्र जी द्वारा किए गए प्रत्यक्ष अवलोकन का महत्व अत्यधिक है। इससे भोरमदेव के राजनिवास एवं तत्कालीन बसाहट के क्षेत्र का पता चलता है। इससे मड़वा महल अभिलेख में उल्लेखित चतुरापुरी का अनुमान भी हो जाता है।

सीताराम शर्मा [1990] इस स्थल के बारे में लिखते हैं

"प्राचीन किला एवं अन्य ध्वंसावशेष- भोरमदेव मन्दिर से 3/4 कि.मी. दक्षिण पश्चिम की ओर नगर योजना के अवशेष बिखरे हैं। इस स्थान में खेतों की खुदाई के समय या सर्वेक्षण से ताम्रमुद्राएँ पायी गई हैं। 2½ कि.मी. लम्बे और 1½ कि.मी. चौड़े क्षेत्र में बस्ती रही होगी। इसके ध्वंसावशेष नागवंशी राजाओं के अतीत गौरव की याद दिलाते हैं। इन अवशेषों में गढ़ी, तालाब और मन्दिरों के खण्डहर मुख्य हैं। गढ़ी अनगढ़ प्रस्तर निर्मित है जिसे चूने से जोड़ा गया था। चौकोर 15 एकड़ क्षेत्र में एक सरोवर के किनारे भग्नावशिष्ट राजप्रासाद है जिसे लोग रानी महल के नाम से जानते हैं। समीपस्थ नाला है, जिसकी दाहिनी ओर मन्दिर वास्तु अवशेष बिखरे हुए हैं तथा काले पत्थर की विशाल जलहरी भी है। इससे शिवमन्दिर होने का संकेत मिलता है। गढ़ी से थोड़ी दूर पर तीव्र ढाल लिये कुण्डनुमा जलाशय है, जिसे क्षेत्रीय बोली में "कोदई धोना" कहते हैं । बनावट के आधार पर “वापी” (बावली) रही होगी । इसके इर्द-गिर्द ईंटों के वास्तु अवशेष हैं तथा जलहरी भी मलवे के ढेर

में अवस्थित है। इससे शिवमन्दिर के अस्तित्व का ज्ञान होता है । इन अवशेषों के 1/2 कि.मी. की दूरी पर सकरी (शांकरी) नदी की धारा बहती है, इन केन्द्रों से अनेक मूर्तियां उठाकर भोरमदेव मन्दिर परिसर में रखी गई हैं। उनमें उमामहेश्वर तथा अनेक अभिलेख सहित सती स्तंभ हैं। बिखरे हुए ईंटों का आकार 0.30 से.मी. लम्बाई और चौड़ाई 0.15 से.मी. है। मोटाई 0.08 से.मी. है। इस प्रकार भोरमदेव परिसर पुरातत्वीय सम्पदा से समृद्ध है।"

यह स्थल आज भी देखा जा सकता है। अभी भी गढ़ी का मोटा दीवार 'कोदई धोना' तालाब तथा 'हरधोना तालाब' जिसे गजेंद्र जी के समय नहर धोना बताया गया रहा होगा, विद्यमान हैं। ईंट और प्रस्तर खंड आज भी देखे जा सकते हैं। मगर धीरे-धीरे यह क्षेत्र सिकुड़ता जा रहा है।

****

गढ़ी का मोटा दीवार

हरधोना तालाब क्षेत्र

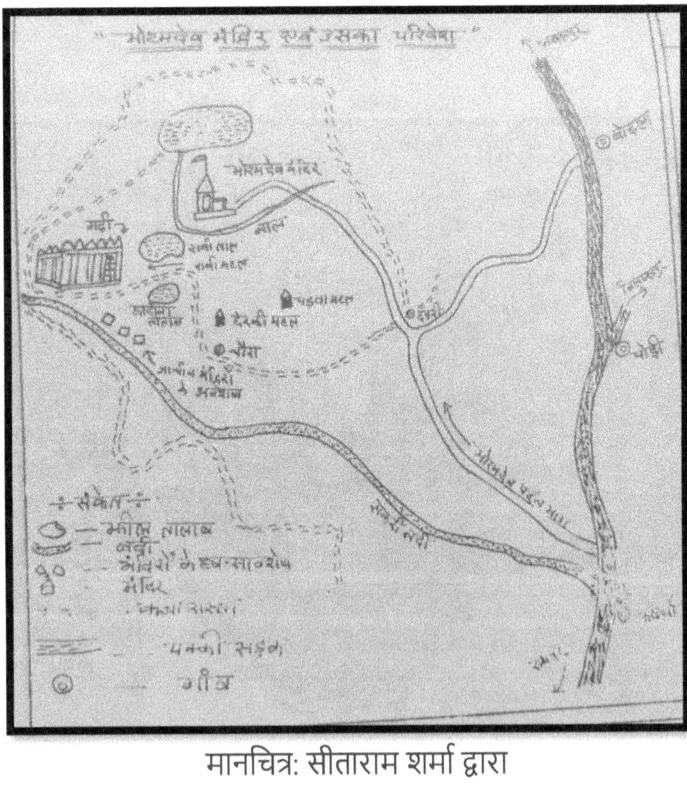

मानचित्र: सीताराम शर्मा द्वारा

संदर्भ

1. मड़वा महल अभिलेख में भुवनैकमल्ल सम्बन्धी श्लोक के लिए देखे डॉ. संतलाल कटारे का आलेख 'Bhoram Deo Temple and it's Transcription' V.S. 1608 [I.H.Q. Nos.2 & 3 1960]।

2. श्री बालचंद्र जैन का आलेख 'Mandawa Mahal Inscription of Ramchandra' V.S.1406 [सम्भवतः सत्तर के दशक में लिखित, सिंहावलोकन ब्लॉग, राहुल कुमार सिंह]

28. कटंगी के पुरावशेषः भोरमदेव क्षेत्र

भोरमदेव के फणिनागवंशियो के साक्ष्य मुख्यतः मैकल श्रेणी के समानांतर मिलते हैं। यह आश्चर्यजनक भी है कि मैदानों को छोड़कर जंगलों में रहवास और मंदिरों के साक्ष्य अधिक मिलते हैं। सम्भवतः सुरक्षा की दृष्टि से यह चुनाव किया जाता रहा हो। यदि भोरमदेव को केंद्र माने तो उसके उत्तर में सहसपुर, बिलहरी, कटंगी, घटियारी, गंडई से खैरागढ़ क्षेत्र तक पुरावशेष मिलते हैं।

कटंगी घटियारी के शिव मंदिर से लगभग दो किलोमीटर उत्तर में एक गांव है। इस गांव के 'खार' में एक शिव मंदिर तथा एक चबूतरा के अवशेष हैं। मंदिर पूरी तरह ध्वस्त हो चुका है तथा उसके निर्माण सामग्री आस-पास बिखरे हुए हैं, जो अब काफी कम हैं। कालक्रम में मूर्तियां तथा सामाग्री इधर-उधर हो गई होंगी। कुछ मूर्तियां संग्रहालयों में ले जायी गई हैं। मंदिर की ज़मीन से लगी नीव तक का हिस्सा सुरक्षित है। इसे देखने से पता चलता है कि मंदिर दो हिस्सों में विभक्त था मंडप और गर्भगृह। मंडप से गर्भगृह गहराई में था जहां तक पहुंचने के लिए दो-तीन सीढ़ी उतरनी पड़ती है। गर्भगृह में प्राचीन जलहरी तथा जल-निकासी प्रनाली है, जिससे पता चलता है कि मंदिर शिव मंदिर था। मगर जलहरी में स्थित शिवलिंग बाद का प्रतीत होता है। इसी प्रकार मंदिर के पास ही नन्दी की क्षतिग्रस्त मूर्ति है, जो सम्भवतः मंदिर के सम्मुख रहा होगा। यह भी मंदिर के शिव मंदिर होने को इंगित करता है।

मंदिर के ध्वस्त मंडप में कुछ मूर्तियां रखी हुई हैं। जिनमे काले प्रस्तर निर्मित विष्णु की चतुर्भुजी स्थानक मूर्ति विशिष्ट है। मूर्ति आंशिक खंडित है मगर इसकी शिल्पकला और चिकनाई आकर्षित करती है। मूर्ति ऐसी प्रतीत होती है मानो काला पेंट किया गया हो। मूर्ति के हाथों में शंख, चक्र, कमल तथा एक हाथ अभय मुद्रा में है। मूर्ति के पास ही एक देवी मूर्ति है जो सम्भवतः लक्ष्मी है। एक मूर्ति 'नाग पुरूष' की जान पड़ती है, जिसके धड़ का ऊपरी हिस्सा पुरूष तथा निचला हिस्सा नाग का है।

यह मूर्ति इसलिए भी विशिष्ट है क्योंकि इस क्षेत्र में अन्यत्र ऐसी मूर्ति दिखाई नहीं पड़ती। इसे 'फणि नागवंश' से सम्बद्धता के रूप में भी देखा जा सकता है।

एक मूर्ति उपासक राजपुरुष की है जो हाथ जोड़े हुए है। उसके पार्श्व में रानी की मूर्ति थी जो लगभग खंडित हो चुकी है। राजपुरुष की एक अन्य मूर्ति गांव की शीतला मंदिर में रखी हुई है, इसके बारे में डॉ. सीताराम शर्मा ने (भोरमदेव क्षेत्र: पश्चिम दक्षिण कोशल की कला,1990) लिखा है "इसी ग्राम की प्रवेश सीमा पर उपासक राजा की वाम तथा दक्षिण पार्श्वों में रानियों सहित मूर्ति है। मूर्ति के उपर छत्र सुशोभित है जो राजचिन्ह का प्रतीक है। पद्मासन स्थिति में राजा कमल कलिका सहित हाथ जोड़े हुए नमन करते हुए अंकित है। आसन की चौकी पर चँवरधारिणी परिचारिका की आकृति है।"

ज़ाहिर है मूर्ति पहले अन्यत्र थी जिसे बाद में शीतला मंदिर परिसर में लाया गया है। यह उपासक राजा इस क्षेत्र का स्थानीय सामंत अथवा अधिकारी अथवा सीधे फणिनागवंश का कोई शासक हो सकता है,और यही घटियारी और कटंगी के मंदिरों का निर्माता हो सकता है। दुर्भाग्य से अधिकतर राजपुरुषों की मूर्तियों की तरह इसमे भी कोई अभिलेख उत्कीर्ण नही है, जिससे उसके बारे में जानना सम्भव नही है। मंदिर के आस-पास उत्खनन से पुरातात्विक सामाग्री प्राप्त होने की संभावना है।

****

भग्न मंदिर कटंगी

1. स्थानक विष्णु
2. राजपुरुष एवं रानियाँ

29. बोरिया के पुरातात्विक अवशेष

बोरिया बोड़ला से दलदली रोड पर लगभग पंद्रह किलोमीटर की दूरी पर स्थित है। वहां पहुंचने का एक और रास्ता पांडातराई से सिंघारी मार्ग है जो आगे जाकर दलदली मार्ग से जुड़ जाता है। चर्चित पुरातात्विक स्थल पचराही बोरिया से पाँच किलोमीटर की दूरी पर है और पुराने दस्तावेजो में पचराही के पुरातत्व को बोरिया के नाम से ही उल्लेखित किया गया है। इसका कारण यह है कि उस समय बोरिया ज़मीदारी थी और यह क्षेत्र उसी के अधीन था।

ऐतिहासिक स्रोतों से भोरमदेव क्षेत्र के फणि नागवंशियों की जानकारी पंद्रहवीं-सोलहवीं शताब्दी के बाद प्राप्त नहीं होती। ऐसा प्रतीत होता है कि उनके पतन के बाद इस क्षेत्र में गढ़ा मंडला के शासको का अधिपत्य हुआ और उनके अधीनस्थ कई छोटी ज़मीदरियाँ कायम हुई। उनमें बोरिया भी एक रही होगी।

दस्तावेजों में बोरिया का हमारी जानकारी में पहला जिक्र आर. जेनकिन्स के रिपोर्ट में आता है (एशियाटिक रिसर्चेस वॉल.15, 1825)। उन्होंने पचराही में प्राप्त अभिलेखों का बोरिया (Boria of Pandria) नाम से उल्लेख किया है।

अलेक्जेंडर कनिंघम (1881-82) जेनकिन्स को ही दोहराते हैं। (आर्कियोलॉजिकल सर्वे ऑफ इंडिया वॉल 17)

डी. ब्रेट 1909 (छत्तीसगढ़ फ़्यूदडेट स्टेट) में लिखते हैं "बोरिया ज़मीदार राज-गोड़ हैं, और मुंगेली तहसील के नवागढ़ परिवार से सम्बंधित हैं। यह ज़मीदारी जैत सिंह को ठाकुर उजियार सिंह द्वारा प्रदान की गई थी, क्योंकि उसने जैतसिंह की बहन से विवाह किया था। यह ज़मीदारी भी ऋणग्रस्त है और इसकी व्यवस्था आजकल रियासत द्वारा होती है।"

राय बहादुर हीरालाल (1910) सपष्ट रूप से पचराही और बोरिया को अलग करते हैं और बोरिया को पचराही का निकटस्थ ग्राम कहते हैं। (इंस्क्रिप्सन इन सी.पी. एंड बेरार)

धानू लाल श्रीवास्तव (1925) लिखते हैं "बोरिया एक ज़मीदारी है, जो मंडला जिले की सरहद में स्थित है। यहां से 3 मील आग्नेय की ओर एक प्राचीन मंदिर है, जो कंकाली मन्दिर के नाम से विख्यात है।" एक अन्य जगह लिखते हैं "बोरिया के ज़मीदार राजगोड़ हैं। मृत राजा उजियार सिंह ने इस ज़मीदारी को इनके पूर्व पुरूष ठाकुर जैतसिंह को प्रदान किया था, जिनके बहिन का विवाह उक्त राजा साहब के साथ हुआ था।" (अष्टराज अंभोज 1925)

वी.वी. मिराशी (1955) पचराही से प्राप्त अभिलेख को प्रचलित नाम 'बोरिया अभिलेख' से ही सम्बोधित करते हैं, मगर उनको भी स्पष्ट था कि अभिलेख कंकाली मन्दिर से प्राप्त हुआ है जो ग्राम बोरिया 3 मील की दूरी पर है। (कार्पस इंस्क्रिप्सन इंडिकेटम पार्ट-2)

डॉ. सीताराम शर्मा (1990) लिखते हैं- "बोरिया सिली पचराही से 5 कि.मी. पूर्व तथा बोड़ला से 15 कि.मी. की दूरी पर यह (ग्राम) केन्द्र है। सर आर. जेन्किन्स के एशियाटिक रिसर्च में इसका उल्लेख है। साथ ही कल्चुरि संवत् 849 के एक अभिलेख का भी वर्णन है। यहाँ एक चबूतरे पर गणेश और उमामहेश्वर की मूर्तियाँ हैं। समीप ही एक पीपल वृक्ष के नीचे ब्रह्मा की मूर्ति है। ऊँचाई 1.5 फुट तथा स्थानक स्थिति में है। गांव वाले इसे "खुशाल सिंह' की प्रतिमा के नाम से पूजा करते हैं। "आगे डॉ. शर्मा भी 'बोरिया अभिलेखों' का जिक्र करते हैं। मगर इसके लिए "इस केंद्र से प्राप्त" शब्द का प्रयोग करते हैं। ज़ाहिर है अब तक स्थिति स्पष्ट हो चुकी थी। (भोरमदेव क्षेत्र : पश्चिम दक्षिण कोसल की कला)

एस.एस. यादव और अतुल प्रधान लिखते हैं (2010)-

BORIA

This ancient site also referred by the late historian Sitaram Sharma of Khairagarh University in his book "Bhoramdev

Kshetra". But the detail survey to this particular village revealed many new archaeological treasures. There are many Hindu images are found but many of them are worshipped by the local villagers. This particular village is located on the right bank of river Haup. One can see the panoramic view of the Haup here. In this exact site, the river Tamdu, a tributary of Haup is joined here. On the middle of the village, a new shed is constructed by the villagers. Inside it, many fragmented Hindu images are found. Besides this, many fragmented sculptures of Chamunda, Ganesh, Visnu, Uma-Maheswar and many architectural features are found. It is said that this particular village was donated or established by the king, who ruled in Pachrahi (Kankali Tila). From the artistic point of view, all the images and architectural features are very similar to that of Kankali Tial of Pachrahi.So these images of Boria may be in later times transported to Boria from Kankali Tila ofPachrahi. (Excavation at Pachrahi)

डॉ. सीताराम शर्मा के समय जो मूर्तियां चबूतरे में थी वे डॉ. यादव और अतुल प्रधान के समय एक शेड में आ गई थी। अब वहां पर छोटा सा मन्दिर बन गया है। मन्दिर में राजपुरुष दम्पत्ति की एक खंडित मूर्ति, गणेश, जलहरी, नन्दी स्पष्ट दिखाई देती है। उमा-महेश्व तथा कुछ अन्य मूर्तिया व्यवस्थित नहीं रखने के कारण दिखाई नहीं देती।

डॉ. सीताराम ने जिस ब्रम्हा की मूर्ति का उल्लेख किया है वह अभी भी वहीं है। गांव में नव निर्मित 'ठूठी बैगिन दाई' मन्दिर में भी कुछ मूर्तियां हैं।

गांव की एक महिला के कथनानुसार उक्त मन्दिर के स्थल पर पहले एक वृक्ष था जहां 'ठूठी बैगिन दाई' विराजमान थी। वह मूर्ति भी मन्दिर में है। दरअसल वह खंडित सती स्तम्भ है। वहीं सम्भवतः एक उमा-महेश्वर की खंडित मूर्ति भी है, जिसका केवल निचला भाग ही शेष है।

मन्दिर के पास ही 'तमडु' (बीजाधापन) नदी है जो कुछ दूर आगे हाफ नदी से मिल जाती है।

बोरिया की उपर्युक्त मूर्तियां और स्थापत्य खण्ड ऐसा प्रतीत होता है कि पचराही की ही होंगी, जो कालांतर में विभिन्न प्रयोजन से वहां लायी गई रही होंगी। वैसे भी उस क्षेत्र में पचराही के पुरावशेष दूर-दूर तक बिखरे हुए हैं।

****

ब्रह्मा की मूर्ति: बोरिया

पुरावशेष: बोरिया

30. गोपालदेव का पुजारीपाली में प्राप्त शिलालेख सम्वत् 919 [1167-68 ई.]

रतनपुर के कलचुरियों के उत्कर्ष के समय भी छत्तीसगढ़ क्षेत्र में उनके प्रतिस्पर्धी, सहयोगी अथवा अधीनस्थ शासक अथवा सामन्त हुए हैं, जिन्होंने अपने शासनाधीन क्षेत्र में उत्कृष्ट निर्माण कार्य कराये हैं, तथा विभिन्न स्रोतों से जिनकी समृद्धि का पता चलता है। रायगढ़ जिले से लगभग 35 किलोमीटर पर सरिया के निकट पुजारीपाली नामक ग्राम है। यहां महाप्रभु का एक प्राचीन मंदिर है। इस मंदिर के सामने एक शिलालेख प्राप्त हुआ था, जो वर्तमान में रायपुर के पुरातत्व संग्रहालय में अवस्थित है। इस तिथि विहीन अभिलेख से गोपालदेव नामक सामंत के बारे में जानकारी मिलती है। अभिलेख में 25 पंक्तियों में 45 श्लोक हैं। शिलालेख एक काले पत्थर की पट्टी पर उत्कीर्ण है जो 2' 4.5" लंबा तथा 1'6" चौड़ा है। अभिलेख की भाषा संस्कृत तथा लिपि तत्कालीन देवनागरी है।

इस अभिलेख के बारे में प्रारम्भिक जानकारी डॉ. भंडारकर (1903), कजेन्स (1904) से मिलती है। बाद में रायबहादुर हीरालाल ने (1916) 'इंस्क्रिप्सन इन सी पी एंड बरार' में इसकी संक्षिप्त जानकारी दी। इस अभिलेख का युक्तियुक्त सम्पादन और पाठ वी.वी. मिराशी ने 'कार्पस इंस्क्रिप्सन इंडिकेर' वॉल-04, पार्ट-02 (1955) में प्रस्तुत किया। मिराशी के बाद बालचंद्र जैन ने 'उत्कीर्ण लेख' (1961) में अभिलेख का पाठ अनुवाद प्रकाशित किया।

अभिलेख का पाठ [उत्कीर्ण लेख, बालचंद्र जैन से]

(1) ....ता ब्रह्म [वि] ष्ण [महेश्वराः] ....म्मुखा वारा [ही]

(2) ....सा स्वयं ॥२॥ शंखचक्रधरा देवी वैष्णवी गरुडासना गोपालेन महाभक्त्या पुष्पैर्दूपैश्च पूजिता॥३॥ भुजङ्गवलया देवी महावृषभ [वाहना] |

(3).......॥४॥ नाम्ना त्रयीयं साधीरा यत्प्रभावोरणाङ्गणे। नन्वेतस्याः सुगंभीरचित्त गोपाल ते नुतं ॥५॥ आद्यन्तदीपोयं द्वितीयश्लोकश्च ॥०॥ षण्मुखा शक्तिहस्ता.........

(4) [गोपालेन] स्तुता नित्यं सर्वपापप्रना (णा) स (श) नी ॥६॥ वाराही घोरसंरावा दंष्ट्रोद्धृतवसुन्धरा। स्तुता गोपालवी रेण भक्तिभावेन सर्व्वदा ॥७|| नारसिंही सटाक्षेपपातितोडगणाभुवि। चिन्ति-~~-~-

(5) गोपालेन बलाधिका ॥८॥ ऐन्द्री गजवरारुढ़ा वज्रहस्ता महाबला। सहस्त्रलोचना देवी गोपालेन सुपूजिता ॥९॥ नीलोत्पलदलश्यामा चामुंडा प्रेतवाहना। गोपालेन रणेरीणांभयदाभ मिला

(6)-~~ ॥१०॥ इन्द्रगोपकवण्र्णाभा त्वरिता विधुदुज्वला (जवला)। मता सिन्दूरवर्णाभा गोपालेनाभिवन्दिता ॥११॥ त्रिकला त्रिपुरा देवी निष्कलासुकला पुरा। त्रिकोणमंडला नित्यं गोपालहृदये स्थिता ॥१२॥ शत्रुप [क्ष *))

(7) [क्षय] करी [स] मयामलविग्रहा। मारीचा त्रिमुखी भीमा गोपालहृदये स्थिता ॥१२॥ जया रिपुप्रमथनी विजया जयवर्द्धनी। पथि क्षेमंकरी देवी गोपालेनार्च्चिता सदा॥१३॥ सा वरा [स]-

(8) सनामध्ये तु तारा भीममहार्ण वे। गोपालस्य प्रसन्नास्तु स्ता (ता) रणे [नैव चारुणा ॥१४॥.............. पर्वते विन्ध्यवासिनी। महाकाली महामाया गोपालेन प्रपूजिता ॥ १५॥ तोतला वि | प्र *]-

(9) दोषेषु त्रैलोक्या विजया रणे । चर्च्चिका भूतदोषेषु सा गोपालेन [विश्रुता] ॥१६॥ [देवी च कामाक्षी महालक्ष्मीः] क्षमा दया। श्रीगोपालेन वीरेण भक्तिभावेन रंजिता ।।१७।। सिद्धिः सरस्व [ती]

(10) गौरी कीर्तिः प्रज्ञापराजिता। [आराधिता] महाभक्त्या गापालेन दिने दिने [॥१८॥]~~~~~~-~~~~~~- सास्य गोपालवीं रस्य प्रसन्ना वरदाभवत् ॥ १९॥ उवाच परम [प्री]-

(11) ता देवी प्रत्यक्षरर्षिणा। भो गोपाल महावीर [सत्पुत्रस्त्वं] न संशयः [।।२२॥]~~~~-~~~~~~- ~। गोपाल] ~~ भद्रस्त्वं शूद्रकप्रतिमो भुवि॥२१॥ यथा नन्दी महेशस्य

(12) विष्णोश्च गरुडो यथा। तथा गोपाल वाराहदे [वीं पुत्रो] न संशयः [।।२२।।] ~~-~- [संस्कृते | प्राकृते चैवन गोपालसमः परः।।२३।। या सिद्धिः सर्वकार्येषु या विद्या

(13) कथ्यते बुधैः। तस्या प्रभावा [द् गोपालो] [॥२४॥]
~~~~~~- सदाभवत् ॥२५॥ चरणांगुष्ठपातेन निहितं महि-

(14) षासुरं। द्दष्टव गोपालवीं रेण [स्तुता तेनांबिका भवत् [॥२६॥] ~~~~~ [1]~~~~~~~~~-॥२७॥ रक्तबीजो ययाधानि सर्व्वदेवापराजि-

(15) तः। तांस्तुत्वा सर्व्वसंप [त्ति] गोपालस्य [गृहं श्रिता॥२८॥]-~~~~---- ------ ---------- तथाभवत् ॥ २९॥ [नि] शुंभशुंभमथनी महावीर्यपराक्रमा। चं-

(16) डिका चण्डविक्रान्ता गोपालेन [पुनः स्तुता] ॥ ३० ॥ धाम |-~- ~ ~-~~~~~~~~~~~-1 गोपालेन पूजिता ॥ ३१ ।। कंसदैत्यवधार्थाय विष्णुना या स्तुता स्वयं

(17) तां समाराध्य गोपालो वर्णनीयः सतामभूत् ॥ ३२ ॥ पुत्रं प्रति ममत्वं हि ~~~~~~~-~~ []~-~~~~ -~~- ~-

~~ ॥३३॥ कोटिमन्त्रप्रभावेन पुनर्देवीवरं द-
~~~~~~

(18) दौ । अतुलं तव गोपाल बलं वीं र्य पराक्रमः ॥ ३४ ॥~~~~~-- -~~~~~ ~~~~~~~~---- कोटिलक्षसहस्वशः ॥३५॥ गृध्रगोमायुसंकीर्णा रौद्रां रक्तनदीं तदा।

(19) नाभिमात्रान्तरन्ति स्म राक्षस्यो रक्तमोहिताः ।।३६।।---~~-~-~~---------- रविसारिसम्परिपतद्धाणान्धकारे रणे। श्रीगोपालसमोपरः क्षितित-

(20) ले यद्यद्ध तैविक्रमैरासीद [स्ति भविष्यति] ~~-दाधारस्तदा कथ्यताम ॥३७॥ श्री केदारे प्रयागे च पुष्करे पुरुषोत्तमे। भीमेश्वरे नर्मदायां श्रीगोपालपुरे तथा ॥३८॥ वाराणस्यां

(21) प्रभासेच गंगासागरसंगमे। वरलीसी [घ] त [स्था] ने श्रीवैराग्यम [ठे] तथा ॥३९॥अष्टद्वारे शौरिपुरेपेडराग्राम एव च। कीर्तिर्गोपालवीं रस्य शरच्चंद्रसमा भुवि ॥४०॥

(22) कंदर्प इव रूपेण गोपालः शौर्यशूद्रकः। स्थाने स्थाने हयारूढो रेवन्तइव दृश्यते।।४१।। यो मम कुल परवन्से (वंशे) सुमतिः संभवति मण्डले लोकः । पालयतु कीर्तिमेतां

(23) चरणगतो वदतिगोपालः॥४२ श्रीवत्सश्चरणाब्जपूजनमतिर्नारायणः सत्कविः श्रीरामाभ्युदयाभिधं रसमयं काव्यं स भव्यो व्यधात्। स्मृत्यारूढयदीयवाक्यरचना प्रादुर्भव-

(24) निर्भरप्रेमोल्लासितचित्तवृत्तिरभवद्वाग्देवता वल्लकी॥४३॥ *॥ व (ग) रुडाधिप [1*] यच्चंद्रिकायां [8] गोपालेन नमस्कृता ॥ [ठ] ॥ अगस्त्यश्च पुलस्त्यश्च जैमिनिर्लोमशादयः। मार्कंडेयोथ दुर्वासा व्यासःका-

(25) लवसा (शा) यतः॥४४॥ अन्ये दैववशाः सर्वे काले क्षणविनासि (शि) नि। इति दृष्टा जना नित्यं परमा [र्थे | नमोस्तु (मनोस्तु) वः ॥४५॥ पंडितदेदूलिखिता धनपतिरु (नो) त्कीर्णा॥

अनुवाद [उत्कीर्ण लेख, बालचन्द जैन से]

ब्रह्मा, विष्णु और महेश्वर .... वह वाराही .... स्वयं ।२। गोपाल ने शंख और चक्र धारण करनेवाली (और) गरुड़ पर बैठी वैष्णवी देवी की पूजा बड़ी भक्ति से पुष्प और धूप से की ।३। बड़े बैल पर बैठी (और) सांपों के कंकण पहनने वाली देवी .... ।४। यह वह त्रयी नामक देवी है जिसका प्रभाव युद्ध के मैदान में (देखा जाता) है; हे गम्भीरचित्त वाले गोपाल यह वही है जिसे तू प्रणाम करता है ।५। यह श्लोक और दूसरा श्लोक आदि अन्त दीपक है। छह मुख वाली (और) हाथ में शक्ति धारण करने वाली, सभी पापों का नाश करने वाली......... (देवी की) स्तुति गोपाल नित्य करता है ।६। घोर स्वर वाली (उस) वाराही की स्तुति गोपालवीर सदा भक्ति भाव से करता है जिसने अपनी दाढ़ से पृथ्वी को उठा लिया था ।७। अपनी अयालों से पृथ्वी पर नक्षत्र फैलाने वाली अत्यन्त बलवती नारसिंही.......... गोपाल ने.......... ।८। गोपाल ने (उस) ऐंद्री देवी की पूजा की (जो) हजार आंखों वाली है, ऐरावत हाथी पर बैठी है, महान बलवाली है (और) जिसके हाथ में वज्र है ।९। नीलकमल के समान श्याम (वर्णवाली) चामुण्डा प्रेत पर बैठकर युद्ध में शत्रुओं को भयकारी है;। गोपाल ने......... ।१०। गोपाल ने त्वरिता (नामक देवी) की अभिवन्दना की जो विद्युत के समान उज्ज्वल तथा इन्द्रगोप और सिन्दूर जैसे रंग वाली है ।११। त्रिपुरा नामक देवी तीनों कलाओं को जानती है, त्रिकोणमण्डल में पहले (उसकी पूजा करने से) गोपाल के हृदय में नित्य स्थापित है ।१२। मारीची नाम की तीन मुखवाली भयंकर देवी गोपाल के हृदय में स्थित है, वह शत्रुओं की सेना को नाश करने वाली और सफेद वर्ण है, (उसका नाम) समया है ।१२। शत्रुओं का नाश करने वाली जया और जय बढ़ाने वाली विजया (दोनों) देवियां मार्ग में कल्याण करने वाली हैं। गोपाल सदा (उनकी) पूजा करता है ।१३। भयंकर समुद्र में बैठने वाली वह तारा गोपाल पर प्रसन्न हो...... ।१४। पर्वत पर रहने वाली विंध्यवासिनी, महाकाली और महामाया (इनकी) पूजा गोपाल ने की ।१५। विप्रों के दोषाचरण करने पर जो तोतला कहलाती है, रण में तीन लोक को जीतती है, प्राणियों के दोषाचरण करने पर चर्चिका कहलाती है, वह (देवी) गोपाल ने देखी है ।१६। कामाक्षी, महालक्ष्मी, क्षमा, दया, ये देविया गोपालवीर के भक्तिभाव से प्रसन्न हई ।१७। गोपाल ने प्रतिदिन बड़ी भक्ति के साथ सिद्धि सरस्वती, गौरी, कीर्ति (और प्रजापराजिता) की आराधना की ।१८। .... गोपालवीर से प्रसन्न होकर उसने। वर

दिया ।१९। (गोपाल के मन्त्रों के) प्रत्येक अक्षर से परम प्रसन्न होकर देवी बोली, हे गोपाल महावीर, तू सत्पुत्र है इसमें (कोई) संशय नहीं ।२०। ...... गोपालभद्र, तू पृथ्वी पर शूद्रक के समान है ।२१। जैसे महेश का नन्दी और विष्णु का गरुड़, उसी प्रकार वाराही देवी का पुत्र गोपाल है, इसमें संशय नहीं ।२२। .... संस्कृत और प्राकृत में गोपाल के समान (कोई) दूसरा नहीं है ।२३। जो सभी कार्यों में सिद्धि है (और) विद्वान लोग जिसे विद्या कहते हैं, उसके प्रभाव से गोपाल .... ।२४।......... सदा हुआ ।२५। यह देख कर कि पैर के अंगूठे से दबाकर महिषासुर को मार डाला, गोपालवीर ने अंबिका की स्तुति की ।२६। (श्लोक २७ नष्ट हो गया है) सभी देवों से अपराजित रक्तबीज (राक्षस) को जिसने मारा उसकी स्तुति करने से गोपाल के घर में सभी संपत्ति आ गई ।२८। (श्लोक २९ खंडित है) शुंभ और निशुंभ को मारने वाली चण्डिका की गोपाल ने फिर स्तुति की; वह महान शक्ति वाली है और उसका चरण प्रचण्ड है ।३०। (श्लोक ३१ खंडित है) कंस राक्षस को मारने के लिए स्वयं विष्णु ने जिसकी स्तुति की, उसकी भली-भांति आराधना करके गोपाल सज्जन लोगों द्वारा वर्णन करने योग्य हो गया ।३२। पुत्र के प्रति ममता........।३३। करोड़ मन्त्रों के प्रभाव से देवी ने फिर वर दिया कि हे गोपाल, तेरा बल, वीर्य (और) पराक्रम अतुल हो ।३४। करोड़, लाख, हजार......।३५। रक्त से मोहित राक्षसी रक्त की भयावनी नदी को जो नाभि तक गहरी है तथा गिद्धों और सियारों से भरी है, तैरती थी ।३६। बतलाइये कि पृथ्वी पर गोपाल के समान (और कौन) दूसरा हुआ था, है, या होगा, जिसने अपने अद्‌भुत विक्रम से (उस) रण में- जिसमें चारों ओर से छटते बाणों से अंधकार छा गया है......... ।३७। श्रीकेदार, प्रयाग, पुष्कर, पुरुषोत्तम, भीमेश्वर, नर्मदा तथा श्रीगोपालपुर ।३८। वाराणसी, प्रभास, गंगासागर संगम, वरली और श्री वैराग्यमठ ।३९। अष्टद्वार, शौरिपुर तथा पेडराग्राम (इन स्थानों में) पृथ्वी पर गोपालवीर की कीर्ति शरत्कालीन चन्द्रमा के समान (सुशोभित है) ।४०। गोपाल, रूप में कामदेव, शौर्य में शूद्रक और घोड़े पर बैठकर रेवन्त के समान जगह-जगह देखा जाता है ।४१। मेरे कुल में या अन्य वंश में जो माण्डलीक हों, वे इस कीर्ति की रक्षा करें, गोपाल ऐसी प्रार्थना करता है ।४२। विष्णु के चरणकमलों की पूजन में जिसकी बुद्धि है, उस नारायण कवि ने सुन्दर (और) रसभरा श्रीरामाभ्युदय नामक काव्य रचा है। उस कवि की वाक्य रचना को स्मरण कर वाग्देवीं का चित्त प्रेम से प्रसन्न हो गया (और वह) वीणा बन गई (प्रशस्ति रची) ।४३। गरुड़ाधिप जिनको गोपाल ने चंद्रिका

में नमस्कार किया। अगस्त्य, पुलस्त्य, जैमिनि, लोमश इत्यादि और मार्कण्डेय, दुर्वासा, व्यास सभी काल के वश हुए ।४४। और जो दूसरे हैं वे भी इस काल में भाग्य के वश हैं जो क्षण में नष्ट हो जाता है; ऐसा देखकर,भाइयों आप का मन नित्य परमार्थ में लगा रहे ।४५। पंडित देदू ने लिखी। धनपति ने उत्कीर्ण की।

निष्कर्ष के कुछ बिंदु

(1) अभिलेख के अधिकांश हिस्से में इस प्रशस्ति के 'नायक' गोपाल द्वारा देवी के विभिन्न रूपों की स्तुति है।

(2) उसने केदार, प्रयाग, पुष्कर, पुरुषोत्तम, भीमेश्वर, नर्मदा, गोपालपुर, वाराणसी, प्रभास, गंगा सागर संगम, वरली, वैराग्यमठ, अष्टद्वार, शौरिपुर, पेडराग्राम में निर्माण कार्य करवाये रहें होंगे। पुरुषोत्तम जगन्नाथ है। पुष्कर तीर्थ राजस्थान में है, प्रभास सौराष्ट्र में स्थित प्रभासपट्टन है, भीमेश्वर तीर्थ गोदावरी जिले के द्राक्षाराम नाम से भी प्रसिद्ध है। शौरिपुर उत्तरप्रदेश में है। पेंड्राग्राम सारंगढ़ के निकट स्थित आधुनिक पेंडरी हो सकता है। गोपालपुर पुजारीपाली से 15 किलोमीटर दूर गोपालपुर ग्राम हो सकता है।

(3) अभिलेख में आगे उत्कीर्ण है "मेरे कुल में अथवा अन्य वंश में जो माण्डलिक हो, वे इस कीर्ति की रक्षा करे"। इससे प्रतीत होता है कि वह माण्डलिक शासक है। तत्कालीन समय में कलचुरियों की प्रभुता के कारण वह सम्भवतः उन्ही का माण्डलिक रहा होगा।

(4) एक माण्डलिक शासक द्वारा देश के विभिन्न हिस्सो में निर्माण कार्य कराना आश्चर्य जनक है। सम्भव है अभिलेख में अतिरंजना हो, अथवा कुछ स्थलों पर उसने कुछ दान किया हो।

(5) इस प्रशस्ति की रचना नारायण कवि ने की है, जिसने 'श्रीरामाभ्युदय' नामक काव्य की रचना की है।

(6) प्रशस्ति को लेखबद्ध (शिला में) पंडित देदू ने किया तथा धनपति ने उसे उत्कीर्ण किया।

(7) अभिलेख तिथि विहीन है, तथा यह किस अवसर के लिए उत्कीर्ण कराया गया, यह भी ज्ञात नही है। मगर मिराशी लिखते हैं यह जिस मंदिर में लगा रहा होगा उसके निर्माण के उपलक्ष में लिखा गया होगा।

क्या पुजारीपाली का गोपालदेव भोरमदेव का फणिनागवंशी गोपालदेव है

छत्तीसगढ़ के इतिहास का अध्ययन करने से 11-12 वीं शताब्दी के लगभग तीन गोपालदेव का पता चलता है-(1) इस अभिलेख में उल्लेखित गोपालदेव (2) भोरमदेव के फणि नागवंश का छठा शासक गोपालदेव (1088-89 में वर्तमान) (3) जाजल्लदेव (द्वितीय) के शिवरीनारायण अभिलेख में उल्लेखित गोपालदेव (1167-68) में वर्तमान)। पुजारीपाली का अभिलेख तिथि विहीन है मगर अभिलेख प्रकृति 11-12वीं शताब्दी के लगभग ही प्रतीत होता है।

डॉ. भण्डारकर और राय बहादुर हीरालाल, धानू लाल श्रीवास्तव तथा डॉ. विष्णु सिंह ठाकुर भोरमदेव के गोपालदेव तथा पुजारीपाली के गोपालदेव को अभिन्न मानते हैं। जबकि वी.वी. मिराशी, डॉ. संतलाल कटारे, बालचंद्र जैन और डॉ. ऋषि राज पांडेय उन्हें अलग-अलग मानते हैं।

विष्णु सिंह ठाकुर के अनुसार चूंकि पुजारीपाली का गोपालदेव दुर्घर्ष संग्राम में विजित हुआ था, मड़वा महल अभिलेख में भी गोपालदेव को "स्वबाहुदर्पेण जितरीदप्रप:" कहा गया है, इस तरह गुणों में समानता है। दुसरी बात विष्णु जी ने यह भी बताया है कि भोरमदेव के गोपालदेव ने अपने पैतृक राज्य के अतिरिक्त रतनपुर के कलचुरी शासकों के पूर्वी मंडल को धारण किया (प्राच्यमंदधौ मंडल मूर्तवराया:) इस तरह वे दोनों को समान होने की सम्भावना व्यक्त करते हैं। मगर इस श्लोक का बालचंद्र जैन कृत पाठ किंचित भिन्न है

“कुल क्रमप्राप्तमना प्तसर्व्वं [तदा] दधौ मंडलमुर्व्व राया:।”

"कुल-क्रम-प्राप्त" — वंशानुसार राज्य पाने वाला।
"मनाप्त-सर्वं" — जिसने वह सब भी पाया जो पूर्वज न पा सके।
तदा-उस समय
"मंडलमूर्वरायाः दधौ" — संपूर्ण मंडल का शासन संभाला।

जहाँ बालचंद्र जी ने 'तदा' संभावित पाठ किया है वहीं विष्णु सिंह जी ने 'प्राच्य'

लेकिन इस साक्ष्य को (यदि 'प्राच्य मंडल'अर्थ लें) भी पर्याप्त नही माना गया। इधर एस.एस. यादव एवं अतुल प्रधान ने भी इस मत को अस्वीकार किया है।

पुजारीपाल का गोपाल देव खुद को माण्डलिक कहता है। भोरमदेव के गोपालदेव को भी कलचुरियो का माण्डलिक माना जाता है। एक मंडल शासक का साम्राज्य इतना विस्तृत (भोरमदेव से सारंगढ़) होने की सम्भावना कम है, ऐसे में तो वे अपने अधिपति कलचुरियों से अधिक शक्तिशाली दिखाई देते हैं। विष्णु सिंह जी ने अपने आलेख में मिराशी द्वारा उल्लेखित सम्वत् 919 को उन्ही के द्वारा किसी मूर्ति अभिलेख के माध्यम से 922 पढ़ते हैं। विष्णु सिंह जी ने जिस अभिलेख का चित्र दिया है वह सम्वत् 922 ही है मगर यह अमरकंटक मूर्ति अभिलेख का चित्र है। सम्भवतः आलेख के बीच मे इस चित्र के आने से विष्णु जी से चूक हुई है। मिराशी ने जिस शिवरीनारायण अभिलेख का जिक्र किया है वह तो स्पष्टतः सम्वत् 919 है।

गोपालदेव के नाम की पहचान के सम्बन्ध मे एक दूसरा अभिलेख जाजल्लदेव द्वितीय का शिवरीनारायण से कलचुरी सम्वत् 919 (1167-68 ई.) का अभिलेख है। यह कलचुरियों से अलग किसी समानांतर शाखा (माण्डलिक) है। इसमे गोपालदेव का नाम राजदेव के चार पुत्रों के नामोल्लेख क्रम में आया है। अभिलेख से मिराशी निष्कर्ष निकालते हैं कि चेदिनरेश जयसिंह के विरुद्ध युद्ध में अपने भाई उल्हणदेव के साथ सहभागी होने और युद्धभूमि में भाई की मृत्यु के उपरांत अपने

शौर्य से चेदीश्वर पर विजय प्राप्त की होगी। यह शौर्य उसके पुजारीपाली अभिलेख के प्रशंसा के अनुरूप प्रतीत होता है। और दोनों क्षेत्रों की भौगोलिक निकटता की दृष्टि से भी इन दोनों गोपालदेव की सम्यता की सम्भावना अधिक प्रतीत होता है।

बहरहाल भविष्य में शोध और नये साक्ष्यों के आलोक में ही इस समस्या का युक्तियुक्त हल मिल सकता है।

****

संदर्भ

(1) कार्पस इंस्क्रिप्सन इंडिकेर वॉल-04, पार्ट-02 (1955)- वी.वी. मिराशी

(2) इंस्क्रिप्सन इन सी.पी. एंड बरार (1916)-राय बहादुर हीरालाल

(3) चौरा-भोरमदेव मूर्ति लेख एवं पुजारीपाली अभिलेख में उल्लिखित गोपालदेव में अभिन्नता-विष्णुसिंह ठाकुर (कोशल पत्रिका भाग एक)

(4) छत्तीसगढ़ दक्षिण कोसल के कलचुरी -डॉ. ऋषिराज पांडेय (2008)

(5) अष्ट-राज्य-अंभोज (1925)- धानू लाल श्रीवास्तव

31. पचराही का पुरातात्विक वैभव

छत्तीसगढ़ के कबीरधाम जिले में भोरमदेव क्षेत्र अपने पुरातत्विक समृद्धि के लिए प्रसिद्ध है। प्राप्त शिलालेखों से 9वी से 14वी शताब्दी के लगभग इस क्षेत्र में फणिनागवंश के शासकों के साम्राज्य होने के साक्ष्य मिलते हैं। भोरमदेव के मुख्य शिव मंदिर, मड़वा महल, छेरकी महल के अलावा भी आस-पास के क्षेत्रों में मैकल श्रेणी के समानांतर इस राजवंश के शासनकाल के ध्वंशावशेष मिलते हैं। इनमें गंडई, घटियारी, बिलहरी, सहसपुर, राजाबेंदा, सिली पचराही प्रमुख हैं। इसके अलावा भी उस काल की मूर्तियां, शिल्प खण्ड, ईंटो के अवशेष जगह-जगह बिखरे पड़े हैं। कई स्थल आज भी उत्खनन की बाट जोह रहे हैं।

पचराही जिला मुख्यालय कवर्धा से 45 किलोमीटर तथा ब्लॉक मुख्यालय बोड़ला से 17 किलोमीटर की दूरी पर उत्तर-पश्चिम दिशा में हाफ नदी के दाहिने किनारे पर स्थित है। पचराही का तो सर्वप्रथम नाम ही आकर्षित करता है। एक सामान्य अर्थ जहां पाँच रास्ते आकर मिलते हो या जहां से पाँच रास्ते निकलते हो। लोक मान्यता में ये पाँच रास्ते जिनको जोड़ते हैं; वे हैं- रतनपुर, सहसपुर, भोरमदेव, मंडला और लांझी। उत्खनन से प्राप्त अवशेषों से यह बात सही लगती है कि यहां अपेक्षाकृत बड़ी बसाहट रही होगी। स्वर्ण-रजत सिक्के, महल, मंदिरों के अवशेष यहां सम्प्पन्न व्यक्तियों अथवा राजपुरुषों के निवास करने को भी प्रमाणित करते हैं।

पचराही के पुरातात्विक अवशेषों की जानकारी लोकमानस के अलावा इतिहासकारों/सर्वेक्षणकर्ताओं को भी काफी समय से रही है। आस-पास के लोक-जीवन मे प्रसिद्ध कंकाली टीला देवी मूर्ति के कारण 'कंकाली देवी' के नाम से जाना जाता रहा है। इस क्षेत्र का सर्वप्रथम सर्वे सर आर.जेनकिन्स द्वारा (1825 के लगभग) कराया गया, जिसकी रिपोर्ट 'एशियाटिक रिसर्चेस, वॉल्यूम 15' में प्रकाशित हुई। उन्होंने अपने रिपोर्ट में दो शिलालेखों की प्राप्ति का उल्लेख किया है, जो उन्हें ध्वस्त

मंदिर के पास प्राप्त हुआ था। इनमें से एक तीन हिस्सों में खण्डित था जिसमे कोई तिथि अंकित नही थी। दूसरे शिलालेख में 849 अंकित था।

जेनकिन्स के बाद सर अलेक्जेंडर कनिंघम ने 1881-82 में इस क्षेत्र का पुरातात्विक सर्वेक्षण किया जो आर्कियोलॉजिकल सर्वे ऑफ इंडिया के वॉल्यूम 17 में 'रिपोर्ट ऑफ अ टूर इन द सेंट्रल प्रोविंसेस एंड लोवर गंगेटिक दोआब' के नाम से प्रकाशित हुआ। कनिंघम ने अपनी रिपोर्ट में लिखा है कि "कंकाली की मूर्ति ध्वस्त मंदिर के बाहर रखी हुई है, जो एक वीरान किले के अंदर है"। कंकाली टीला (पचराही) ग्राम बोरिआ के निकट होने के कारण बहुत जगह पचराही की अपेक्षा बोरिआ नाम का उल्लेख हुआ है। कनिंघम को जेनकिन्स द्वारा उल्लेखित 'तीन हिस्सों में खंडित' शिलालेख तथा 849 अंकित शिलालेख भी प्राप्त नही हो सका। लेकिन उन्हें एक शिलालेख प्राप्त हुआ जिसे उन्होंने संवत् 910 पढ़ा। यह शिलालेख दाढ़ीयुक्त हाथ जोड़े राजपुरुष की मूर्ति के पादतल (चौकी) में अंकित है। श्री धानूलाल श्रीवास्तव (अष्टराज अंभोज,1925) के अनुसार यह वही अभिलेख है जिसे जेनकिन्स ने 849 पढ़ा था। बहूत कम लोगों को यह मालूम होगा कि यह अभिलेख युक्त मूर्ति वर्तमान में बूढा महादेव मंदिर कवर्धा में है। इस लेख का विवरण आगे दिया जाएगा। इसके अलावा उन्हें एक बिना तिथि का अभिलेख मिला जिसमे "श्री जसराज देव" अंकित है। यह मूर्ति भी बूढ़ा महादेव मंदिर कवर्धा में रखी हुई है। तीसरा अभिलेख जो उन्होंने देखा उसमे केवल 'देवदास' अंकित है। यह अभिलेख धानू लालश्रीवास्तव के समय (1925) तक पचराही में था ; वर्तमान में इसकी जानकारी मुझे नही है। उनके द्वारा देखे चौथे अभिलेख "जोगी श्री मगरध्वज 700" अंकित है। यह अभिलेख वर्तमान में पचराही में ही है।

श्री धानूलाल श्रीवास्तव (उक्त बातें इन्होंने राय बहादुर हीरालाल की 'इस्क्रिप्सनऑफ सी.पी. एंड बरार' 1916 से लिया है) के अनुसार पचराही (बोरिआ) से दो सती स्तंभ भी लाया गया है, जो कवर्धा में करपात्री पार्क के पास स्थित 'राम मंदिर (छोटे मंदिर) के मंडप में लगा है। उनके अनुसार एक स्तंभ में "मार्ग शीर्ष शुक्ल द्वादशी सोमवार संवत् 1414 अर्थात 5 दिसम्बर सन 1356 ई. सोमवार महाराजा श्री रामदेव का शासनकाल लिखा है। तथा दूसरे में ज्येष्ठ सुदी 13 संवत् 1422 सोमवार अर्थात 13 मई सन 1364 ई. अंकित है। इसमें यह उल्लेख है

कि परलोकगत नामक महादेव (सम्भवतः महादेव नामक परलोकगत) की तीन पत्नियां थी (1) मेताई (2) नौरवाई (3) दिवमाई। इनमें से केवल मेताई सती हो गई और यह स्तंभ उसके सम्मानार्थ निर्माण किया गया"। इन स्तंभों को आज भी मंदिर में देखा जा सकता है। इसके अलावा वहां और भी स्तंभ और मूर्तियां हैं, लेकिन वर्तमान में सब के ऊपर काला पेंट कर देने के कारण न तो उत्कीर्ण आलेख दिख रहे हैं, न ही यह समझ आ पाता है कि कौन प्राचीन अवशेष है और कौन अर्वाचीन!

इसके बाद एक लंबे अर्से तक कोई नयी जानकारी उभर कर नहीं आ सकी। ज्ञात तथ्यों के आधार पर ही लेख आदि लिखे जाते रहे। खैरागढ़ विश्वविद्यालय से सम्बद्ध श्री सीताराम शर्मा ने अपने शोध-कार्य के दौरान इस क्षेत्र के बिखरे मूर्तियों, प्राचीन तालाबों आदि का अध्ययन कर 1990 में 'भोरमदेव क्षेत्र:पश्चिम दक्षिण कोशल की कला' नामक शोधग्रन्थ प्रकाशित की। लगभग इसी समय श्री शरद हलवाई अपने निजी रुचि के तहत इस क्षेत्र के पुरातत्विक अवशेषों पर अखबारों में लिखते रहे। 70-80 के दशक में इस क्षेत्र के महत्वपूर्ण प्रस्तर खण्डों, मूर्तियों को इंदिरा कला एवं संगीत महाविद्यालय के संग्रहालय में सुरक्षा की दृष्टि से स्थानांतरित कर दिया गया था, इनमे बौद्ध एवं जैन प्रतिमाएं भी हैं। इसलिए बिना संग्रहालय को देखे यहां की भव्यता का अनुमान नही हो सकता।

पचराही के इतिहास में महत्वपूर्ण मोड़ तब आया जब विधिवत रूप से यहां के पुरातत्विक स्थलों का उत्खनन हुआ। यह उत्खनन 2007-09 के दौरान श्री सोबरन सिंह यादव के निर्देशन और श्री अतुल प्रधान के नेतृत्व में हुआ। इस उत्खनन से पचराही के इतिहास को नई रौशनी मिली और इतिहास के कई कड़ियों को जोड़ने में मदद मिली। अवश्य कोई महत्वपूर्ण प्रस्तर अभिलेख प्राप्त नही हो सका मगर विभिन्न राजाओं के सिक्के प्राप्त हुए हैं, जिनसे महत्वपूर्ण जानकारियां प्राप्त हुई है। इस उत्खनन से प्राप्त अवशेषों को उन्होंने पांच कालों में विभाजित किया है - (1) पूर्व ऐतिहासिक (2) उत्तर गुप्त कालीन (पांडुवंशी) (3) कलचुरी कालीन (4) फणि नागवंशी कालीन (5) इस्लामिक ।

पूर्व ऐतिहासिक काल के अवशेषों में माइक्रोलीथिक औजार जैसे लुनेट (अर्धचंद्राकार), ट्रेपेज (समलंब आकार), स्क्रेपर (खुरचनी), पाइंट(नोक) आदि प्राप्त हुए हैं।

उत्तर गुप्तकालीन अवशेषों में कोई लिखित साक्ष्य प्राप्त नही हुआ है मगर उस काल की बड़े वर्गाकार ईंटें प्राप्त हुई हैं। साथ ही पत्थर का बैल, टेराकोटा, तथा कई पट्टिकाएं प्राप्त हुई हैं जिनमे पार्वती, कार्तिकिय और कई अचिन्हित आकृतियां उत्कीर्ण हैं।

कलचुरी कालीन पर्याप्त अवशेष प्राप्त हुए हैं, जिनमे ईंटो से बने रहवास, किलेबंदी के अवशेष, लोहे और तांबे के समान, चीनी मिट्टी के बर्तन बनाने का कारखाना, सिक्के और मूर्तियां प्राप्त हुई हैं। सिक्को में रत्नदेव का स्वर्ण सिक्का, प्रतापमल के दो स्वर्ण सिक्के, ताम्बे के सिक्के रत्नदेव के दो, पृथ्वी देव् के एक, जाजल्लदेव के दो, प्राप्त हुए हैं।

पचराही में फणि नागवंशियों के भी पर्याप्त अवशेष प्राप्त हुए हैं जैसे-सिक्के, मूर्तियां, वास्तु रूपांकन, भवन अवशेष, टेराकोटा, आदि।इनमें नक्कड़ देव् का स्वर्ण सिक्का, श्रीधरदेव का रजत सिक्का, यशोराज देव् का रजत सिक्का, जयत्रपाल के दो रजत सिक्के। फणि नागवंशियों के सिक्के पहली बार प्राप्त हुए हैं, अभी तक उनके विवरण केवल शिलालेखों में प्राप्त हुए थे।

उत्खनन में इस्लामिक शासन काल के सिक्के भी प्राप्त हुए हैं, जो अपने आप मे महत्वपूर्ण हैं। इनमें अलाउद्दीन खिलजी के दो ताम्र सिक्के(1308-09ई.के) प्राप्त हुए हैं। सम्भवतः यह व्यापार से आये होंगे। एक ब्रिटिश कालीन रजत सिक्का भी प्राप्त हुआ है, जो बाद के समय यात्रा करने वाले व्यक्तियों द्वारा आये होंगे।

जीवाश्म(फॉसिल) के अवशेष

पचराही उत्खनन में मोलस्का फाईलम का एक जीवाश्म प्राप्त हुआ है, जो सर्पिलाकार (1-2से.मी.) है। श्री मैनकर दत्त (उप संचालक, भूगर्भशास्त्र, रायपुर) के अनुसार यह जुरासिक काल के मोलस्क (20.3-13.3 करोड़ साल पूर्व) के समान है और सम्भवतः किसी और क्षेत्र से

यहां पहुंचा होगा, क्योकि इस क्षेत्र की भौगोलिक परिस्थितियां उसको धारण करने के अनुकूल नही है।

बोरिआ (पचराही) अभिलेख संवत् 910(1158 ई.)

इस अभिलेख की खोज अलेक्जेंडर कनिंघम ने 1881-82 में अपने सर्वे के दौरान की थी। सम्भवतः यह वही अभिलेख है जिसे उनसे पूर्व जेनकिन्स ने देखा था और तिथि संवत् 849 पढ़ा था। मगर इसका अनुवाद सबसे पहले कनिंघम ने किया। यह अभिलेख हाथ जोड़े एक दाढ़ीयुक्त राजपुरुष की मूर्ति के पादतल में तीन पंक्तियों में अंकित है। मूर्ति में पुरुष के अलावा दाएं-बाएं दो स्त्रियां भी हाथ जोड़े बैठी हैं। वर्तमान में मूर्ति में लगातार पानी और फूल आदि पूजन सामग्री डालने से अभिलेख गर्द जमा होते जाने से मुश्किल से दिखाई दे रहे हैं। इसके संरक्षण के लिए प्रशासन और मंदिर समिति को कोई रास्ता निकालना चाहिए। कनिंघम ने एक जगह इसे संवत् 910 तथा एक जगह संवत् 1110 लिखा है। राय बहादुर हीरालाल के अनुसार यह 945 अथवा 915 हो सकता है। इस अभिलेख में जिस 'महाराणक जसराजदेव' का जिक्र है उसे इतिहासकारों ने सहसपुर से प्राप्त मूर्ति अभिलेख (संवत् 934, ई.1182) में उल्लेखित 'यशोराज' से सम्बद्ध माना है। अर्थात दोनों एक ही व्यक्ति हैं। सहसपुर अभिलेख का संवत् कलचुरी (चेदि) संवत् ठहरता है (934+248=1182), इसलिए बोरिआ अभिलेख का संवत् 1110 उचित नही ठहरता। विष्णु देव् मिराशी ने सहसपुर अभिलेख के अंकों के बनावट से उक्त अभिलेख की तुलना करके बताया है कि इस अभिलेख (बोरिआ अभिलेख) का आखरी अंक 0 अथवा 1 हो सकता है; तथा किसी भी स्थिति में यह 5 नही हो सकता। इस दृष्टि से संवत् 910 उचित ठहरता है। उन्होंने यह भी लिखा है कि अंक बहुत अष्पष्ट रूप से अंकित किये गए हैं।

फणि नागवंशियों के मड़वा महल अभिलेख में उल्लेखित वंशावली में भी इस वंश के पंद्रहवे शासक 'यशोराज' है। ये तीनो यशोराज एक ही होने चाहिये, क्योंकि फणि नागवंश के छठवें शासक 'गोपालदेव' संवत् 840 (1088 ई.) में वर्तमान थे, उनके छः पीढ़ी बाद 'यशोराज' हैं। चूंकि सहसपुर के 'यशोराज' 1182 ई. में वर्तमान थे, अतः 1088 से 1182 के मध्य 94 वर्ष आठ राजाओं का बदल जाना कठिन लगता है मगर एक

तो कई बार वंशावली समानांतर (भाइयों आदि) स्थानांतरित हो जाती है और कुछ नाम कल्पित भी हो सकते हैं। खुदाई में यशोराज देव् का एक रजत सिक्का प्राप्त हुआ है। अवश्य यशोराज शक्तिशाली राजा रहे होंगे!

अभिलेख का पाठ

इस अभिलेख का पाठ सर्वप्रथम कनिंघम में अपने सर्वे रिपोर्ट में (1881-82) प्रकाशित कराया था। राय बहादुर हीरालाल ने (1916) अभिलेख में उल्लेखित बातों का जिक्र किया है लेकिन पाठ प्रस्तुत नही किया। वी.वी. मिराशी (1955) ने सूक्ष्म रूप से पाठ प्रस्तुत किया। हालांकि कनिंघम से कोई मौलिक भिन्नता नही है। प्रस्तुत पाठ मिराशी से लिया गया है।

(1) स्वस्ति [।*] स्री(श्री) विजयराजजसराजदेव[।*] महाराणाकस्य तस्य महाआमात्य ठाकुर माल्तु [।*] तस्य पु-

(2) त्र (त्रो) मति श्रे(स्र)ष्ठ[*] ठाकुर[*] पाल्तु नामे(म्ना) विस्रु(श्रु)त[।*] तस्य माता वाल्ता[।*] तस्य पुत्रि(त्री) वावो नाम विस्रुत[।*] तस्य पितुस्य[पु]-

(3) ण्यार्थ प्रासाद[स्था] पीत सिव।सवत(त्)[9]10[।*] सूत्रधार धरणीधर[।*]

अनुवाद(मेरे द्वारा किया गया)

शुभ! लब्ध प्रतिष्ठित और विजयी महाराजा श्री जसराजदेव। उनके (उसके) महामात्य (मुख्यमंत्री) ठाकुर माल्तु (है)। जिसके बुद्धिमान (मतिश्रेष्ठ) पुत्र पाल्तु के नाम से विख्यात (विस्रुत) है। जिसकी माता वाल्ता(है)। जिसकी पुत्री वावो नाम से विख्यात है। उनके पिता (ठाकुर माल्तु) के शुभफल प्राप्ति के विचार से (पुण्यार्थ) सिव (शिव) का मंदिर (प्रासाद) स्थापित किया गया है। संवत् 910 (में)। इसका सूत्रधार (शिल्पकार) धरणीधर है।

बिना तिथि का दूसरा अभिलेख

यह अभिलेख भी बूढा महादेव मंदिर में रखे राजपुरुष के एक दूसरे मूर्ति के पादतल पर उत्कीर्ण है। कनिंघम ने इसका भी पाठ किया था। मिराशी के अनुसार पाठ इस प्रकार है-

(1) स्री(श्री) जसराजदेव[।*]

(2) स्री(श्री) धिरछेद्रपुत्र । डडनायक जागु[।*]

(3) ठ सावियभक्त ।

अनुवाद

श्री जसराज देव। (उनके) दंडनायक जागु धिरक्षेद्र के पुत्र है, (जो कि) स्वामिभक्त है।

बूढा महादेव मंदिर में राजपुरुष की तीन मूर्तियां है। दो अभिलेखयुक्त तथा एक बिना अभिलेख के। दो मूर्तियों में राजपुरुष के साथ दो स्त्रियां हैं। एक मे केवल एक स्त्री। जिनमे राजपुरुष के साथ दो स्त्रियां हैं, उनमें एक स्त्री-पुरुष एक साथ बैठे हैं; उनके पीछे मंडल बने हैं तथा अकेली स्त्री के पीछे कोई मंडल नही है। एक मूर्ति में तो उसका आकार भी छोटा है। राय बहादुर हीरालाल के अनुसार मण्डलयुक्त युगल दंपत्ति माता-पिता की है, तथा सादी मूर्ति भक्तिरति कन्या (वावो) की है। ऐसा प्रतीत होता है कि ठाकुर माल्तु और उसकी पत्नी का देहांत हो गया था; और उनकी पुत्री ने उनकी स्मृति में शिव मंदिर का निर्माण कराया।

लेकिन मिराशी मानते हैं कि मंदिर का निर्माण ठाकुर माल्तु ने अपने पिता के पुण्यार्थ के लिए बनवाया था न कि वावो ने जैसा कि हीरालाल जी मानते हैं। हमारी समझ से मिराशी का मत उचित जान पडता है।

कंकाली टीला

पचराही का पुरातत्व कंकाली टीला के नाम से ही अधिक चर्चित रहा है। कनिंघम से लेकर वर्तमान उत्खनन तक इसी नाम से जाना जाता रहा। अधिकांश पुरातत्विक सामग्री इसी के आस-पास बिखरी हुई थी। टीले के उभार को देखकर ही अंदाजा हो जाता था कि यहां कोई स्थापत्य संरचना अवश्य होगी। उत्खनन से पूर्व टीले में स्थापत्य खण्ड के बीच एक मूर्ति थी जिसे कंकाली देवी के नाम से पूजा जाता रहा। यह मूर्ति वर्तमान में पचराही संग्रहालय में अवस्थित है। मूर्ति का शिरोभाग खण्डित है। आशीर्वाद मुद्रा में बैठे हुए यह मूर्ति हमारी समझ मे यह कोई देव (पुरुष) है। इसका वक्ष स्थल सपाट है। लोकमानस में देव मूर्ति पर 'देवी' का आरोपण कोई असामान्य घटना नही है; मगर कनिंघम ने अपने सर्वे रिपोर्ट में जिस देवी मूर्ति का उल्लेख किया है; वह यह मूर्ति प्रतीत नही होती। उन्होंने लिखा है "The fort in which the temple stands is square of 550 feet side. The figure of Kankari Devi is 3.5 feet high, and has 18 arms, which hold amongst other objects, a bow and arrow, a shield, a trident, a human head etc. There is also a standing figure of Siva, 4 feet, in height, with a trident and close by a figure of Ganesa. स्पष्ट है पहले वहां कंकाली की मूर्ति थी, जो अब वहां नही है। मगर डॉ सीताराम शर्मा ने लिखा है (1989-90) यह मूर्ति कई खण्डों में विभक्त होकर वहीं पर है। सम्भव है अधिक खण्डित होने के कारण मूर्ति की पहचान मिट गई हो। इसके अलावा उल्लेखित शिव मूर्ति का भी पता नही चलता।

कंकाली टीला के उत्खनन से उत्तर गुप्तकालीन (पांडुवंशी) ईंटो की संरचना प्राप्त हुई है जिसमे दो कक्ष हैं (3.9मी. गहरे) और बाहर एक प्रदक्षिणापथ है। बाद में कलचुरी काल मे इसके ऊपर पत्थर से निर्माण कार्य के साक्ष्य मिले हैं। ईंटो की सरंचना के बारे में स्थिति स्पष्ट नही है मगर कलचुरी काल मे पत्थर का निर्माण कार्य अभिलेख में उल्लेखित शिव मंदिर हो सकता है, जो मंदिर के ध्वस्त हो जाने के बाद के काल मे कंकाली की मूर्ति के कारण कंकाली मंदिर के नाम से चर्चित हो गया हो। वैसे यहां उत्खनन में अन्य स्थलों पर भी शिव मंदिर होने के साक्ष्य

मिले हैं। कहा नही जा सकता कि अभिलेख में उल्लेखित शिव मंदिर वास्तविक रूप से कौन सा है।

फणिनागवंश से संबंध

पचराही भोरमदेव के अपेक्षाकृत नज़दीक है। उत्खनन पूर्व ही शिल्पखण्ड, मूर्तियों की बनावट में समानता, बोरिआ अभिलेख के जसराज जो कि फणिनागवंश का राजा है, आदि से पचराही को फणिनागवंश साम्राज्य से ही सम्बद्ध माना जाता रहा है। उत्खनन से फणिनागवंश के राजाओं के सिक्के प्राप्त होने से इस बात को और बल मिलता है। यहां फणि नागवंश के सोलहवें शासक नक्कड़ देव का स्वर्ण सिक्का, श्रीधर देव् का रजत सिक्का (जो धरणीधर का संक्षिप्त प्रतीत होता है) पंद्रहवे शासक यशोराज का रजत सिक्का प्राप्त हुआ है। इस तरह यह फणि नागवंशियों का ही शासन क्षेत्र प्रतीत होता है। एक चर्चा इस बात की भी होती है कि 'फणिनाग वंशियो' का मुख्य निवास कहाँ था? भोरमदेव अथवा पचराही में? अवश्य पचराही में मंदिर, राजनिवास के अवशेष उभर कर आये हैं; फणिनागवंशी राजाओं के सिक्के भी प्राप्त हुए हैं; इससे इसके महत्वपूर्ण स्थल होना सिद्ध होता है; मगर भोरमदेव में भी भव्य मंदिरों का होना, मुख्य शिलालेख का मंड़वा महल मंदिर में होना इसकी महत्ता को स्थापित करता है। भोरमदेव में भी उत्खनन के लिए पर्याप्त स्थल हैं; खासकर गढ़ी क्षेत्र (रानी महल)। जब तक वहां उत्खनन नही हो जाता यह स्पष्ट नही हो सकता कि मुख्य निवास कहाँ था। मड़वा महल अभिलेख में चतुरापूरी (चौरा) का विशेष उल्लेख है ।

कलचुरियों(रतनपुर के) से सम्बंध

जिस समय (मुख्यतः10वी से 12वी शताब्दी) भोरमदेव क्षेत्र में फणि नागवंशियों का शासन था। उस समय रतनपुर के कलचुरी शक्तिशाली थे। ऐसा माना जाता है कि फणि नागवंशी उनके अधीनता स्वीकार करते रहे होंगे और करद राज्य के रूप में शासन करते रहे होंगे। कई साक्ष्य इस तरफ संकेत करते हैं; जैसे कई अभिलेखों में कलचुरी संवत् का प्रयोग करना। साथ ही भोरमदेव के राजाओं के नाम के साथ

'राणक' तथा 'महाराणक' शब्द का प्रयोग उनके अधीनस्थ सामंत होने का संकेत करते हैं।

भोरमदेव मंदिर के दक्षिणी दीवार अभिलेख संवत् 1608 (1551 ई.) से पता चलता कि भुवनपाल देव् के मंदिर को किसी मांडोपति द्वारा तोड़कर एवं रतनपुर के दादूराय द्वारा विजय प्रतीक के रूप में (रत्न जड़ित कलश स्तंभ) ले जाने का उल्लेख है। मड़वा महल अभिलेख संवत् 1406 (1349ई.) से पता चलता है कि फणि नागवंशी राजा रामचन्द्र देव् का कलचुरी राजकुमारी धन्यम्बिका देवी से विवाह हुआ था। ब्रम्हदेव के खल्लारी अभिलेख संवत् 1470 (1417 ई.) से पता चलता है कि कलचुरी रामचन्द्र देव ने फणिवंशी भोंणिग देव् को पराजित किया था। यहां यह स्पष्ट नही है कि यह नागवंशी बस्तर का है कि भोरमदेव; क्योकि फणि नागवंशियों के वंशावली में इस नाम के किसी राजा का पता नही चलता। फिर भी 'फणि' ("फणिवंशस्याहत") के प्रयोग से भोरमदेव की संभावना बनती है।

रतनपुर के कलचुरियों ने अपने करद राज्यों में भोरमदेव का कहीं उल्लेख नहीं किया है। इस संबंध में राय बहादुर हीरालाल मानते हैं कि फणिनागवंशियों से उनकी वैवाहिक-पारिवारिक संबंध होने के कारण ऐसा हुआ होगा।

वर्तमान उत्खनन से पचराही में रतनपुर के कलचुरियों के सिक्के मिले हैं। इनमें रत्नदेव का स्वर्ण सिक्का, प्रतापमल्ल देव का स्वर्ण सिक्का। जाजल्लदेव, पृथ्वीदेव, रत्नदेव के ताम्र सिक्के प्रमुख हैं। इस तरह कलचुरियों से फणि नागवंशियो के सम्बंध विभिन्न समयों में द्वंद्व-आधीनता-समानता तीनो तरह के प्रतीत होते हैं।

मड़वा महल अभिलेख संवत् 1406 (1349 ई.) में उल्लेखित फणि नागवंशियों की वंशावली (राय बहादुर हीरालाल के अनुसार)

(1)अहिराज (2)राजल्ल (3)धरणीधर (4)महिमदेव (5)शक्तिचन्द्र (6)गोपालदेव (7) नलदेव (8)भुवनपाल (9)कीर्तिपाल (10)जयत्रपाल

(11)महीपाल (12)विषमपाल (13)जन्हु (14)जनपाल (15)यशोराज (16)कन्नडदेव् या वल्लभ (17)लक्ष्मीवर्मा (18)खड्गदेव (19)भुवनैकमल्ल (20)अर्जुन (21)भीम (22)भोज (23)लक्ष्मण (24)रामचंद्र (25)अर्जुन

****

उमा -माहेश्वर, पचराही

हाफ नदी

उत्खनन से ज्ञात शिव मंदिर

उत्खनन पूर्व कंकाली टीला

चित्र- पचराही क्षेत्र

संदर्भ

1. Excavation at pachrahi- S. S.Yadav, Atul Pradhan

2. Report of a Tour in the Central Provinces And Lower Gangetic,Doab vol. 17 (1881-82)-A. Cunningham

3. Asiatic Research,vol.15- R. Jenkins(1825)

4. Corpus Inscription Indicarium Vol.4, Part-2, V.V. Mirashi(1955)

5. Inscription in C.P. and Berar - Ray Bahadur Hiralal(1916)

6. उत्कीर्ण लेख- बालचंद्र जैन (1961)

7. श्री शरद हलवाई का आलेख

8. भोरमदेव- श्री सीताराम शर्मा (1989)

9. अष्टराज्य अंभोज- धानू लाल श्रीवास्तव (1925)

32. मड़वा महल अभिलेख का पाठ एवं अनुवाद

यह पाठ जैसा कि पूर्व मे उल्लेख किया गया है श्री बालचंद्र जैन ने तैयार किया था जिसे श्री राहुल कुमार सिंह ने अपने ब्लॉग 'सिंहावलोकन' मे प्रस्तुत किया है। पाठ तत्कालीन समय प्रचलित टाइप राइटर की टायपिंग प्रति में है जिसमे बालचंद्र जी ने कई जगह पेन से सुधार किया है। फुटनोट मे छंदो के नाम लिखें हैं। पाठ स्पष्ट है मगर जो कॉपी उपलब्ध है उसमे मुझे 'प', 'म', 'भ' मे कुछ जगह अंतर करने में कठिनाई महसूस हुई। यह टाइपिंग मशीन के कारण है। जिन शब्दों से मेरा परिचय रहा है वो तो सुधार लिया, कुछ जगह मूल शिलालेख की जूम की हुई फोटो से ठीक किया, कुछ शिलालेख के प्रत्यक्ष अवलोकन से भी ठीक किया फिर भी कुछ अशुद्धियां मेरे न समझ पाने के कारण हुई होंगीं। यह बात इन तीन वर्णों के आलावा अन्य वर्णों/मात्राओं में भी संभव है। इसलिए इस पाठ में जो त्रुटि मेरे समझ कारण हुई होंगी उसकी जिम्मेदारी मेरी है। पाठक बालचंद्र जी की टायपिंग प्रति का अवलोकन कर सकते हैं।

बालचंद्र जी ने अभिलेख का श्लोकवार अनुवाद न लिखकर लगभग सभी महत्वपूर्ण श्लोकों में उल्लेखित जानकारियों को अपने आलेख में प्रस्तुत कर दिया है। यह एक तरह से सम्पूर्ण अनुवाद ही है, फिर भी श्लोकवार पाठ अपेक्षित है। मैंने यहाँ जो अनुवाद प्रस्तुत किया है उसे संभावित ही माने क्योंकि मुझे संस्कृत का सम्यक ज्ञान नही है। अनुवाद के लिए मुख्यतः मैंने कंप्यूटर एप्लीकेशन का सहयोग लिया है, जिसकी अपनी सीमाएँ है। अवश्य युक्तियुक्त अनुवाद के लिए बालचंद्र जी का आलेख मार्गदर्शन का कार्य करता रहा। भविष्य में विद्वतजन जो सुझाव देंगे तदनुरूप सुधार कर लिया जाएगा।

यह शिलालेख भी मध्यकालीन संस्कृत शिलालेखों की परम्परा में है जिसमे तत्कालीन फणिनागवंशी शासक रामचंद्र और उसके पूर्वजों का अलंकारिक शैली में यशोगान है। अभिलेख का प्रारम्भिक बहुत बड़ा हिस्सा फणिवंश की उत्पत्ति और मिथिला-शेषनाग के प्रेम और विवाह

प्रसंग से परिपूर्ण है। अभिलेख में प्रकृति वर्णन, मिथिला का सौंदर्य और द्वंद्व प्रभावित करते हैं। बाद के एक बड़े हिस्से में तत्कालीन शासक रामचंद्र की कीर्ति का बखान है। अभिलेख रामचंद्र द्वारा रामेश्वर को समर्पित शिव मंदिर के प्रतिष्ठा के अवसर पर लिखा प्रतीत होता है। सम्पूर्ण अभिलेख छंदबद्ध है, बालचंद्र जी ने लगभग सभी छंदों का नामोल्लेख भी किया है।

अभिलेख का काफ़ी हिस्सा क्षतिग्रस्त हो जाने के कारण बहुत से श्लोक अधूरे रह गए हैं और बहुत सी जानकारियां नष्ट हो गई हैं, जिसके कारण नामों/बातों के संदर्भों को समझना कई बार कठिन हो जाता है। इसलिए बहुत जगह अनुमानों का सहारा लेना पड़ता है। अधिकतर शिलालेखों की तरह इसमें भी कई भाषागत चुके लक्षित की जा सकती हैं। ऐसी त्रुटियां बहुधा उत्कीर्णकर्ता के चूक के कारण भी हो जाया करती हैं।

****

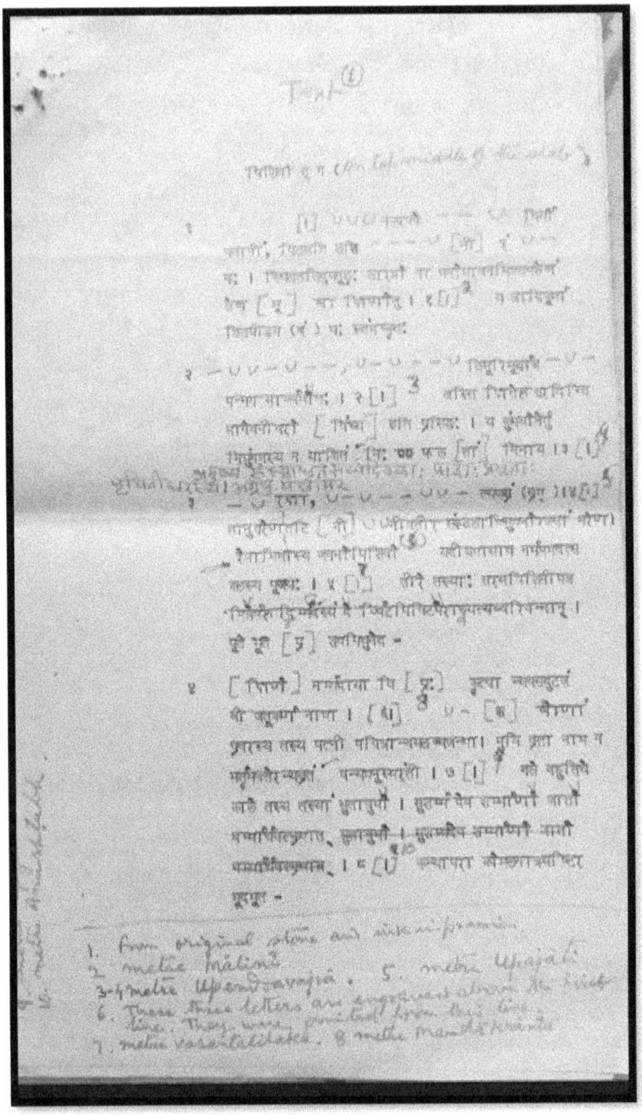

बालचंद्र जैन की टाइपिंग प्रति का नमूना

33. मड़वा महल अभिलेख का श्लोकवार पाठ: बालचंद्र जैन

[1] U U U नकरवगे - - U धिर्यो भवानीं, विकसति शशि - - - U [नी] रं U - नः । स्थिततडिदुपगूढ़ः शारदो वा घनोसावनमिमत शेषं [भू] षा क्षिणोतु ।१। च आदिकूर्मा हितपीढव (बं) स्तम्भम्कृतः

[2] - U U - U - - , U - U - - U तिमूरिमूर्द्धाज - U - पन्नगसार्व्वभौमः: [२] अस्ति क्षितेरुक्षरदिग्वि भागेवनीघरो [विंध्य] इति प्रसिद्धः। य कुंभयौनेर्मू निपुंगवस्य न याचितं निः फल [तां] निनाय ।३। अमुष्य संस्याधृत सर्व्वदिक्काः पादाः प्रभूताः पृथिवीं धरस्य। अग्रेषु येषामर

[3] - U रक्षा, U - U - - U U – त्यजस्त्रं (स्त्रम्) ।४। तानुतरेणतटि [नी] U U - नीवतीर संरुढसाखिसुमनीरजसां भरेण रेवामिधीस्य जननोपिशिवो यदीयमासाद्य गर्भममवत्स क्लस्य पूजयः ।५। तीरे तस्याः सरसविशिनीपत्र मित्रैर्मरुदिकम् र्मदंस्यं दैव्विटंपिविटपैराह्वयत्यध्व-खिन्नान्। पूते भूति [प्र] शमपिथुनेद-

[4] [क्षिणे] नम् र्मदाया वि [प्रः] कृत्वा न्यवसदुटजं श्री जतूकर्ण नामा ।६। U -[ऋ] षीणां प्रवरस्य तस्य पत्नी पवित्रान्वयलब्धजन्मा। भुवि व्रता नाम न भतृभक्तेन्यव्रतं घन्यमनुस्मरंती ।७। गते बहुतिथे काले तस्य तस्यां सुतावुभौ सुषम्रमदेव शाम्माणि जातौ धम्मार्थिवत्क्रमात् ।८। कन्यापरा कोमलगात्रयष्टिर भूदभूद-

[5] [प्र] तिमा पृथिव्यायां क्लैव चांदी कमनीयरूपा मनोभवास्त्रं मिथिला [भि] घाना [९] कियत्यपि ततः काले गच्छत्युच्छयशालिनी। जाता[पत्र] पुटी नाम्ना तत्रैव पुटिका पूरी ।१०। अध्यात्य सवास्तिनुजावृषींद्रश्चतुर्दशापि क्रमशः स विद्याः। विनीतयौस्तां विनिवेश्य कन्यां तपौस्ततः स्वर्ग (ग् र्ग) मगात्सभार्यः ।११। पितर्युपरते तस्मिन्स्वघ

[6] [म् र्म] निरता वुमौ। आचारंतौ निजचारपाविता शेषभूतलौ [१२] - वाय - तै प्रथमं व्यतीत्य वयोविकल्पमथवान भिङ्गं। कालेन कंदप् र्पसहोदरेण वासंतिका वल्लिरिवोल्लास ।१३। अथांकुरदम्यां कु[च]कु-डमलाम्यां सा पद्म नीत्वं सफुटमभ्यघत। आरक्षिकेवाहिपतेस्तदैव रोमावलीसं निधिमावसाद।१४। रेखात्रयणा [म्यु] दितेन

[7] [कंठे] वलित्रायेणाप्युदरस्थितेन। अक्षरमं पन्नगपुंसवस्य सा गा [ढमा] लिंगनमाचचक्षे ।१५। संक्रीडमानाथ कदाचिदेषा गृहांगणे कृत्रिम पुत्रिकाभिः। फणीश्वरस्नायुचरेण कन्या केनापि दृष्टा कथिता च मत्रे ।१६। कौतुकाकृष्टधिया फणीश कृत्वा [त] नुं विप्रकुमारकस्य। प्राप्ययौटजं सा पुरतः कुमारी दृष्टा

[8] च पृष्टा च पदेररुचौ ।१७। सहोदरौ ते सरले कुतस्तौ जगत्यतौभि जतुकर्णवंश्यो। आतिश्यमाम्याम लभर्थयहं त्वं वा तक्राधेहि तयोरनूना ।१८। चक्रे पदंत [त्क्षण] मेव तस्या कंठेवरोधो हृदये विमोहः वक्रत्वभक्षणोविर्व्वस (श) त्वमंगे सु (श्रु) तौ वचो वक्षासि मारवाणः।१९। अमाषमाणैव ततः स्वधम् र्मलोपा [च्चा] सं-

[9] - U रलाय ताक्षी। अर्ध्यं च [प्राप्यं] च निवेदयंति सा प्रौषितावभ्य व - U मत्या।२०।आतिथेयमृषीन्द्रामुट जांगण सैविनः। मृगा अपि विजानन्ति किमापत्यं तथाविघं(घम्)।२१। ततः फणीन्द्रः स्मरभिन्नचे तास्तामेकिकां तत्र निरीक्ष्य तन्तीं। ग्रहणन्करे गूढनिजस्वरूपो जगाद वाक्यं जगदेकमान्यं ।२२। व्दिजोस्मि

[10] मान्यौस्मि महाकुलोस्मि युक्तस्तवाहं पतिरार्यगृहयः। व (ब) हुश्रुतौ मान U - स्त्वापि सहोदरौ सुभ्रु न तेस्तु मीतिः। २२(२३) व (ब) हु प्रकाराः कथिता विवाहा गांधर्व्वमार्गोपि मुनिप्रणीतः अनेन मार्गेण शकुंतलाया दुःखं(षयं) तनाया नृपतिर्व्वरोभूत्। २३(२४) ऊमित्योवदगद या गिरासौ तं मानयामास ववो व्दिजस्य विधेइव्रवधा[[नै]क

[11] निधिर्निदानं कालोहि कल्याण परम्परायाः। २४(२५) तदाप्रमृति तन्वी सा तेन सह सुंदरी। रममाणाग्रजन्यानौ वंचयित्वावसच्चिरं ।२५(२६) अथाग्रजन्मा श्रुत वांसुशम्र्मा(र्मा) विवाह योग्यामनुजां विदित्वा। कौस्याः

सुगात्र्याः सदृशौ वरः स्याव्दिवारयामास विविक्त वु(बु) द्धिः । २६(२७) "
विज्ञातमाभ्यां वृतांतमात्मनः सा विचक्षणा। साक्षा

[12] व्दिचारयामास तस्मिन्नवसरे सती । २७ (२८) तौ च तन्नामगोत्रादि पृष्ट्व्यमिति तन्पुत्रात निर्देशमस्पदेदंतु सा च पृष्टवती रह : । २८ (२९) वा (बा) ले पन्नगपुंगवोहम घुना पूर्णावधिस्ते मया संसक्ते त्वयि यन्यदीयमनघं वीं (बी) जं भविष्यत्यतः। पूपृव भूभृद्भूमिभरापनोदनयिता व्यादिश्य रूपं स्वयं धृत्वा घाम निर्जं यथौ स भगवान् शेषो विशेषो ह -

[13] रैः २९ (३०) श्रुत्वा सुशम् र्मा सुखितः स सर्व्व शुभे मुहूर्ते तनयं प्रसूतं । कृत्वा हिराजाभिधमस्य नाम्ना त्रैलोक्य राज्ये निधियै च तस्याः, ३० (३१) [4] निजभुजव (ब) ल तो विजित्वा सर्व्वं, व्तरपतिचक्रमुदारवा (बा) हुदंडः । अहि कुलतिलको हिराजदेवस्तनय भुदयमवाय राजलाख्यं (ख्यम्) | ३१ (३२) राजल्लदेवोपि कुलक्रमाप्तं प्रसा (शा) सदावारिधि चक्रमुव्वर्याः । धारल्ल–

[14] देवे घरणीधरं तं निवेश्य निव्र्वाणपदंसिषैवे । ३२ (३३) तदनुमहिमदेवो [धारलं तं] विजित्वा नृपतिमुकुट रत्नत्रैणिनीराजितांद्रिः। अवनिमपसपत्नां यत्नवित्सत्वशाली फणिपतिकुल लक्ष्मी केलिकारश्चकार। ३३(३४) तस्यापि तनयो [शक्ति] चंदनश्चंदनौ यथा। वैष्टितो मौमिलोकेन लोकेत्युद्दामसौरमः। ३४ (३५) गोपालदेवः (ब)

[15] स्तनुजौस्य शूरः स्ववा (बा) हुदप्पैण जितारिदप् र्पः। कुल क्रमप्राप्तमना प्तसर्व्वं [तदा] दधौ मंडलमुव् र्व रायाः । ३५ (३६) फणीन्द्रवंशावु (बु) घिशीतमीनोस्तस्यादभूवं नलदैवनाया। सुतस्तदारोपितराज्यभारः स्वराज्यमाय स्वकृतैः पिता तु । ३७ (३८) अमूद्भुवनपालोस्मात्सुतः सत्याभिधानवान् । यस्मिन् वि (बि) भ र्ति भूभारं शेषे शेते सुखं ह

[16] रिः । ३८ (३९) कीर्तिपालस्तनूजौस्य राज्यमाप सपत्नहा यत्कीन्तिपुंडरीक [स्तु] चन्द्र u u u - u। ३९(४०) जैत्रपाल इतितस्य सगभ् र्यः प्रजानद्धरमहीशपशूनां । प्राप राज्यमहिराजकुले -----u---uu-

---४० (४१) सुतौ महीपाल इति प्रसिद्धः श्री जैत्रपालस्य जितारिपक्षः। ततः परं राज्यतमवाप सर्व्वमुव् वींतलं पालयतिस्म वीं -

[17] रः।४१(४२) ततो विषमपालाख्यो राजा तत्त नयौभवत् । जहु-णस्तनयो यस्य मा u तिशयकौधिकः ४२ (४३)। जगपालभिघे सौपि जहुणस्तनयोधरां ।निवेश्य वासमकारोव्दने मुनि u – u u ।४३(४४) अमूद- -UU - U– – राज्यैयथा राज्यधरः कुमारः। दिगंतविस्तारि किरन्नजस्र यथा यशोराज इति प्रसिद्धः । ४४(४५) राज्ञा (ज्ञ)) व (ब) -

[18] भूवुर्जसराजनाम्नः कुल-प्रतिष्ठाः व (ब) हवः कुमाराः। तेष्वग्रजौ चंदनष (ख) ड्गदेवौ जगत्यु - - U U नावि- स्तां। ४५(४६) व(ब)भूव तेषू प्रथम पृथिव्याः श्रीमान्पति कन्हडदेव नामा । तत U - स्ता लक्ष्मवर्मा तत् यौवराज्ये तु स ष(ख) ड्गदेवः । ४६(४७)श्री ष (ख) ड्गदेवाद्भु वनैकमल्लस्तनूभवोभभूद्भुजवीं र्यशाली।आसाधराज्यं फणिवंशकेतो : ससा(शशा) स पृथ्वीं चतु -

[19] रण' वांतां' (ताम्) ।४७(४८) जित्वा वै (बै)रिव (ब) लानि 'ष'(ख)-ड्गसुहृदो दोभ्यां स पूष्णासमस्तेजस्वी चतुरा [पुरी मरचंय] दुर्गावली दुर्ग मां । यस्या दक्षिणतः स्वयं सुरनदीवाहो(भो) भरी शंकरी यत्तीरे हटकेश्वरे फाणिकुल [स्वामी] स्वयं निग्र(ग्रग)त : ४८ (४९) आराधिता तेन राज्ञा' व्र (ब्र) ह्मणी देवता स्वयं । आरक्षिकीकृत यस्याः खड्गस्यंवाधि-देवता । ४७(५०) तामुतरेण नगरीं

[20] तरुणेंदुमौलेर भ्रंलिहो विरचितो निलयः शिवस्य । सिंधौ सपत्न इव तत्र तरंगलेना- - U-UUU-U महास्तडागः । ५० (५१) चंदनस्य सुतो व (ब)लशाली यौत्र विज्जण इति प्राथितोभूत । यौवराज्यपदमाप नृपाला-दन्वभून्नृपति सौख्यम शेषं । ५१(५२) तदनुचभुवनैकमल्लसूनु नृपपदमाय ततोर्जुनाभिधानः । युवनृपतनयोपि विज्जानाख्यो युगपदवाप-तथैव यौवरा-

[21] ज्यं (ज्यम्) ।५२(५३) भीमोर्जुनस्य तनयो भयदः परेषां राज्यं ससा (शशा) स पितरि [प्रगते द्यूलोके]। - - U - U U नृपस्य पितु U वेदं तद्यौवराज्यमथ मलुगिदैवनामा । ५३(५४) भीमादथ भूमीशा भ्दोजोनृप - - -भभव्दो[भवभ्दो?] जा । मलुगिदेवतनूजो युवराजोमूत्स लक्ष्मण नामा ॥

५४ (५५) भोजस्तु भूमीरमणस्तनूजमना प्तवानेव सुरेश्वरेण । निन्यदिवं मन्युपरंपराभिर्मीपिन तस्य स्वप -

[22] प्दापहारात ।५५(५६) राज्ञतस्य प्रक्टमहसो लक्ष्मणस्यो नकीर्ते-र्जामात - U U कुलजना - U श्रीरामचंद्रः । या (जा) तस्त्राता फणिकुलभुवां भूभुजां कीर्तिलक्ष्म्योः सम्यगनीतो विवाह विभवः - U - - प्रभूतः । ५६ (५७) ततोनयज्ञैस्साचिवेः कुलस्यफणीभीतुः पल्लविका-भिवृद्ध्यै । शुभ मुहूर्ते सुकृत्तैः: प्रजानां राज्येभिषिक्त : खलु रामचंद्रः। ५७(५८)) आशिषामदाताः पश्चा -

[23] द्रामस्यारुरुहुः शिरः । पूव्र्वमव गिरींद्राणां विपदा : U U - U U। ५८(५९) [प्राप्त]रामचन्द्रे पत्यो धरित्रीपरिमोदम । वियोगारवेदं रघुवंश-केतो श्चिराव्दिस्मार सपा । ५९(६०) न जिलगत्वं विलेशयत्वं व्दिह्वा वास्ति न रामचन्द्रे।फणीद्रवंश प्रकटी कृयार्थं हालाहलं केवलमस्य मडगे।६० (६१) सु(शुक्रे) भांवि (वि) - ----------- कामूत्सुमगा पुरंध्री या सूत पुत्र -

[24] त्रितयं U - U । यथैव वेदत्रितयं त्रिलोकीं दयाति - - U U--U ---।६१ (६२) - - U - - U डदेवनामा फणीश राज्यार्णविकर्णधारः। यश्चंदनाहीं च भुजव्दयेन च - U - - U U - U - -। ६२ (६३) धन्यांवि(बि) का हैहय वंश या (जा) ता रामस्य राज्ञः खलु धर्म्मपत्नी । पुसै च योगं प्रकृति प्रमन्ना प्रसूत या त्रींस्तनयान्गुणान्वा । ६३ (६४) तेष्वर्जुनोभूतप्रथ-

[25] मं कुमारो वीं रावधृतार्जुनवीं रकीर्त्तिः --U-- U--U--,--U--U - नंद्यसत्वो । ६४ (६५) वन्या रा [मां] विकाराज्ञी - रामस्य गजगामिनी । लक्ष्मी ब्रह्म - U - U- फणिवंशाधिचंद्रमाः । ६५(६६) रामनृपवल्लाभान्या भिल्लांवा वल्लिकेव पल्लविनी । हर्ष पालः फलमस्यां दृष्ट्यैवार्तिं मिनत्ति यो विदुषां (षाम्) ६६ (६७) कमलजवंशस -

[26] मुत्या पद्मा पद्मेव रामनृपपत्नी यस्या : ....। ६७(६८) U U U U नातन्वी रामचंद्रमुपागता । U U U ताः कुंडलिनी पन्नगदि U - तथा । ६८ (६९).................................. रमां पुरोहितः प्राज्ञः । देवौ हरिहर संज्ञौ यस्मिन्नामच्च्छलेन संविष्टौ । ६९(७०) संस्तंभनोच्चाटनमोहनेषु विद्रावणा कर्षवशीकृ (क्रि) यासु

[27] विधांग विव्दैरिमहीपतीनां रत्न U - - UU - U--७०(७१)..... ....महान्क्षतविवले - - रा - त्यर्थि - - । ७१(७२) जगज्योतिरिति प्रसिद्धः । वीं यौंज्झितानां पशुवृत्तिभाजां योयं विभुः पालयिता न हंता । ७२(७३) रि(ऋ) ष यो मुदिताः श्रुतैपुर्राणै स्त्रवजनेभूरि हा -

[28] नैर्गुणा............ प्रभवैः................। ७३(७४) यस्य – चित्रकीर्तिस्तु-ष्टास्तिविटपरा . . मुरहं - -।... .... नु शिरोविघृतैर्य सौभिः ।७४ (७५) पूर्वस्यांदिशि चतुरापुरस्य तस्य प्रासादः फणिपतिवंशराजेन तेन । शंकर्या :सुरसरि -

[29] त U - - ला - - - मम्मानि - यडवौनक - - - -। ७५ (७६) मुकुटसीकररज -- - द्रुमाश्चंद्रकान्तद्‌युति रूपेण विलोल व्यैजयंती त्रिमार्गः । तेन......र्य स्वयं व्योमकेश । ७६(७७) रामेश्वरं तत्र पतिं पशूनां रामः प्रतिष्ठापितवान्नृपालः । सौप्यत्र सांनिध्यप -

[30]............वापिका.................। ७७(७८) आचार्यः पशुपतिमतादिघ- - संज्ञ कला विहुंमी राख्यो गुरूरयमभूत्तापसो घीरचेताः।........... यस्मिन्नाथाः निधिषु निरते पीतयोस्तं प्रजभ्युः।७८ (७९) शैप्वालकृति वृत्त्या फु(कु)लगुरू रैहिराजउयष्टसौरि हत्रौ? । इति वि

[31] - वि न - षाः प्रतिष्ठा......सो - रागाभ गया :।७९(८०) सुरभिस्तरुतटप्ररूढविट - काया निविष्टा स्वर्ग पुराशीः प्रतिमोदनो-धत........... कल्लोल दोर्दंड............मेश्य...........मापिकेयां........ माधुरी समजहन्पद्माकरः पावनः । ८० (८१) रामस्य राज्ञी वाचांवा (बा) तत्रैव गुणशालिनी भर्तुः स्वधम्र्म.

[32] - U U।८१(८२).......... र्यप्र - दि..........दिवं श......... मचंद्रस्य यो प ...... पितुः..........रस्य देवालयं भक्त्या । ८२(८३)भोगाय भोगीश्वर भूषणस्य ••• राम.......वह्वर्थ शस्यो रजपुराभिधोन्यः । ८३ (८४) तन्नाग्रहार व्दितयं वितीर्णः विदाभिधानस्य नृपोत्रमेन । महेश नाम्ने व्दिजपुंगवाय कुम्भीपुर....

[33] त्व ....ता [८४ (८५) क - भिक्रांत संताप• • भिधे इत्यमंगला....... वोपदेवराजतनयो । ८५(८६) योस्मिन्परा - विजाणपति ....रामचंद्रः ।

पूजाहितोः किमपि यदिहोद्दंकितं चंद्रमौलेद्धर्मः साधारण इतिधियां पालयध्वमं परीक्ष्य । ८६ (८७) चंद्रा........

[34] रख्ये शुभे मासे - श्वयुजे तिथौ........दशम्यां - - मेकास्पदा प्रासादः फणिवंशभूषण भूषणम्........... केतने । ८७ (८८) दाक्षिणात्येन दक्षेण कविताकल्प संविदा विट्ठलेन........ण प्रशस्तिः पावनी [कृता] ८८(८९)

[35]......वृता ....सूनुरभवद्गोपालदेवो व (ब) ली ग्रा.... भजि.............।यस्यापा पितुर..... विक्रम........ निर्जिर्जताः ८९ (९०) मंत्रीस्वरो रामदेवोत्र राज्ये नारायणस्यां न्वयलब्धजन्या । प्रज्ञावतां नीतिविदा........

[36].... य............त्यस्तरुः ९०(९१) राज्ञा लक्ष्मणहे............हीमदेव :.............तस्य रामचंद्रस्य सम्पतं (तम्) ९१ (९२) सेवदेव...........९२ (९३) शिल्पशास्त्र प्रवीं णेन हस्तकौशलशालिना । महादेवेन धीरेण कृतो देवा...... ९३(९४)।

[37]................णगुणशालिना । व्यास.............९४(९५)........... विक्रम शक १४०६ जय........ तौभिलः। ९५(९६)

****

श्लोकों के छंद

श्लोक नंबर (१) मालिनी, (२-३) उपेंद्रव्रजा, (४) उपजाति (५) वसंततिलका (६) मंदाक्रांता (७) उपजाति (८) अनुष्टुभ् (९-१६) उपजाति (१७) इंद्रवज्रा (१८) उपजाति (१९-२०) इंद्रवज्रा (२१) अनुष्टुभ् (२२ -२५) उपजाति (२६) अनुष्टुभ् (२७) उपजाति (२८-२९) अनुष्टुभ् (३०) शार्दूलविक्रीडित (३१) उपजाति (३२).........(३३) उपजाति (३४) मालिनी (३५) अनुष्टुभ् (३६) उपजाति (३७)......(३८) उपजाति (३९-४०) अनुष्टुभ् (४१) इंद्रवज्रा (४२) उपजाति (४३-४४) अनुष्टुभ् (४५-४७) उपजाति (४८) उपजाति (४९) शार्दूलविक्रीडित (५०) अनुष्टुभ् (५१) वसंततिलका (५२)...... (५३).......(५४) वसंततिलका (५५).......(५६) उपजाति (५७)

मंदाक्रांता (५८) उपजाति (५९) अनुष्टुभ् (६०) उपजाति (६१–६३) उपजाति (६४) इंद्रवज्रा (६५) इंद्रवज्रा (६६) अनुष्टुभ् (६७-६८) आर्या (६९) अनुष्टुभ् (७0) आर्या (७१) उपजाति (७२).... (७३) इंद्रवज्रा (७४) उपेंद्रवज्रा (७५)........ (७६) प्रहर्षिणी (७७).......(७८) इंद्रवज्रा (७९) मंदाक्रांता (८०) इंद्रवज्रा (८१) शार्दूलविक्रीडित (८२) अनुष्टुभ् (८३) उपजाति (८४).....

34. शिलालेख का संभावित अनुवाद

पंक्ति [1]

"नकरवगे ... धिर्यो भवानीं विकसति शशि ... नीरं ... स्थिततडिदुपगूढः शारदो वा घनः सावनमिमत शेषं भूषा क्षिणोतु । च आदिकूर्मा हितपीढवस्तम्भं कृतः।"

"नकरवगे"-अपूर्ण होने के कारण अनिश्चित पाठ
"धिर्यो भवानीं विकसति शशि..."

→ यहाँ देवी भवानी का स्तवन है। "धीरः यो भवानीं विकसति शशि" – जिसका तेज पूर्णचन्द्र की तरह प्रकाशित है।
"स्थिततडिदुपगूढः शारदो वा घनः"

→ यह रूपक है। बादल जिसमें विद्युत छिपी हो, या शारद ऋतु का मेघ, जो सौन्दर्य से युक्त है।
"सावनमिमत शेषं भूषा क्षिणोतु"

→ "सावन-मिमत" = सावन मेघों जैसा रूप। प्रार्थना है कि देवी की भूषा (अलङ्कार) सारे दोष/अशुभ का क्षय करे।
"च आदिकूर्मा हितपीढवस्तम्भं कृतः"

→ यह सीधा पौराणिक संकेत है – आदिकूर्म (कूर्मावतार) ने पीठ को धारण कर मेरु पर्वत को मन्थन हेतु स्तम्भ रूप बनाया।

यह श्लोक देवी भवानी का स्तवन करता है। देवी का रूप पूर्णिमा के चन्द्रमा की तरह उज्ज्वल है। उनका आवरण/शोभा शारदऋतु के विद्युत्-युक्त मेघों जैसी है। उनकी भूषा सारे अशुभ का नाश करे और जैसे आदिकूर्म ने मन्थन-पर्वत का आधार लिया, वैसे ही वे समस्त लोकों का आधार हैं।

यह श्लोक संभवतः प्रशस्ति अभिलेख) के प्रारम्भ में मङ्गलाचरण है, जहाँ देवी-स्तुति और पौराणिक रूपकों के साथ राजाओं/वंश का वर्णन आगे जोड़ा जाता है।

पंक्ति [2]

"– U U – U – –, U – U – – U तिमूरिमूर्द्धज – U –
पन्नगसार्वभौमः। अस्ति क्षितेः उक्षर-दिग्विभागे वनीघरो [विंध्य] इति प्रसिद्धः। यः कुंभयोनिः मूनिपुंगवस्य न याचितं निष्फलतां निनाय। ३। अमुष्य संस्याधृत सर्वदिक्काः पादाः प्रभूताः पृथिवीं धरस्य। अग्रेषु येषामर ..."

यहाँ "तिमूरिमूर्द्धजः पन्नगसार्वभौमः" कहना किसी राजा का नागवंशीय गौरव-विशेषण लगता है।

अस्ति = है, क्षितेः = पृथ्वी का, उक्षर-दिग्विभागे = दक्षिण दिशा में (उक्षर = दक्षिण) वनीघरः = वनों का घर (पर्वत),
विंध्यः = विंध्य पर्वत, प्रसिद्धः = प्रसिद्ध, विख्यात, यः = जो
कुंभ-योनेः = कुंभयोनिः = अगस्त्य मुनि, मुनि-पुंगवस्य = श्रेष्ठ मुनि का,
न याचितं = (जिसने) न माँगा हुआ,
निष्फलतां निनाय = व्यर्थ नहीं जाने दिया (अर्थात् सफल किया),अमुष्य = उसका, संस्या = संधि/बंधन/संधान,
अधृताः = धारण किए हुए,सर्वदिक्काः = सभी दिशाओं में
पादाः = पांव, आधार,प्रभूताः = बहुत अधिक,
पृथिवीं धरस्य = पृथ्वी को धारण करने वाले (पर्वत के)

पृथ्वी के दक्षिण भाग में एक विख्यात पर्वत है, जो विंध्य नाम से प्रसिद्ध है और वनों का घर कहलाता है।
उसी ने अगस्त्य मुनि (कुंभयोनिः) की प्रार्थना को व्यर्थ नहीं जाने दिया (अर्थात् झुककर मार्ग दिया)।
उसके (विंध्य के) आधार सभी दिशाओं में विस्तृत होकर पृथ्वी को धारण करने वाले महान पर्वत के अंग बनते हैं।

पंक्ति [3]

"- U रक्षा, U - U - - U U – त्यजस्त्रं (स्त्रम्) ।४।"

"त्यजस्त्रम्" का अर्थ है अविराम रूप से, निरंतर।

"तानुतरेण तटिनी ... नीवतीरं संरूढसाखिसुमनीरजसां भरेण रेवाम् इधीस्य जननोऽपि शिवो यदीयम् आसाद्य गर्भम् अमवत्स क्लस्य पूजयः।"

उसके (नदी के) उत्तरी तट पर, जहाँ शाखाओं पर लदे पुष्प-रस (सुमनिरजस् = परागकण) के भार से वृक्ष झुके हैं, वहाँ रेवानदी[नर्मदा नदी] बहती है। उस रेवातट पर, शिवस्वरूप जनक ने (या जननकर्ता ने) उसका गर्भ (स्थान) प्राप्त कर, कुल की पूजा बढ़ाई।

"तीरे तस्याः सरसविशिनीपत्रमित्रैः मरुदिकं रमदंस्यं दैवविटं पिविटपैः आह्वयति अध्वखिन्नान्।"

उसके (नदी) के तट पर, सरसविशिनी (कमलिनी) के पत्रमित्र (पत्तों से युक्त) वृक्षों द्वारा, मंद-मंद पवन से रमणीय बना वह स्थान, यात्रियों को (जो मार्ग से थक गए हैं) आह्वान करता है।

"पूते भूति [प्र] शमपिथुनेद ... (पाठ खंडित है)"

यहाँ सम्भवतः यह वर्णन है कि वह तीर्थ पवित्र है, भूत-प्रेतादि का शमन करता है, और संपत्ति/कल्याण देने वाला है।

पंक्ति [4]

"[क्षिणे] नम् र्मदाया वि [प्रः] कृत्वा न्यवसदुटजं श्री जतूकर्ण नामा ।६।"

"[क्षिणे] नर्मदाया" — नर्मदा के दक्षिण तट पर
"विप्रः कृत्वा" — एक ब्राह्मण (विप्र) ने
"न्यवसत् उटजं" — एक आश्रम/कुटीर बनाकर निवास किया

"श्री जतूकर्ण नाम" — उनका नाम जतूकर्ण था।

"U - [ऋ] षीणां प्रवरस्य तस्य पत्नी पवित्रान्वयलब्धजन्मा।"

"ऋषीणां प्रवरस्य "— ऋषियों में श्रेष्ठ उस पुरुष (जतूकर्ण) की
"पत्नी "— पत्नी
"पवित्रान्वय-लब्ध-जन्मा "— पवित्र कुल में जन्मी हुई

"भुवि व्रता नाम न भर्तृभक्त्या न्यव्रतं घन्यम् अनुस्मरंती।७"

"भुवि व्रता नाम" — धरती पर वह "व्रता" नाम से जानी जाती थी
"भर्तृभक्त्या" — पति के प्रति भक्ति में तत्पर
"अनुव्रतं घन्यम् अनुस्मरंती" — पतिव्रता धर्म को दृढ़तापूर्वक स्मरण करते हुए जीती थी।

"गते बहुतिथे काले तस्य तस्यां सुतावुभौ सुषर्मदेव-शाम्माणि जातौ धम्मार्थिवत्क्रमात् ।८।"

"गते बहुतिथे काले" — बहुत समय बीत जाने के बाद
"तस्य तस्यां" — उस पुरुष और उसकी पत्नी से
"सुतौ उभौ" — दो पुत्र उत्पन्न हुए

"सुषम्र्मदेव शाम्माणि जातौ"— सुशर्मा और देवशर्मा नामक दो संतान उत्पन्न हुए।
"जातौ धर्मार्थिवत् क्रमात्" — जो क्रमश: धर्म और अर्थ के मार्ग पर अग्रसर थे

"कन्यापरा कोमलगात्रयष्टिर भूदभूद—"

"कन्या परा" — एक और संतान कन्या थी
"कोमल-गात्र-यष्टिः" — जिसका शरीर कोमल और पतला था, यष्टि = आकृति/शरीर

नर्मदा नदी के दक्षिण तट पर जतूकर्ण नामक एक ऋषि ने आश्रम स्थापित किया।उनकी पत्नी व्रता, पवित्र वंश में उत्पन्न, पतिव्रता और धर्मनिष्ठ थी।उनके दो पुत्र हुएः सुशर्मा और देवशर्मा, जो धर्म और अर्थ की मर्यादा में रहते थे।
उनकी एक पुत्री भी थी, जो अत्यंत कोमलांग और सुंदर थी।

पंक्ति [5]

"[प्र] तिमा पृथिव्यायां क्लैव चांदी कमनीय-रूपा मनोभवास्त्रं मिथिला [भि] घाना। (९) कियत्यपि ततः काले गच्छत्युच्छयशालिनी। जाता [पत्र] पुटी नाम्ना तत्रैव पुटिका पुरी ।१०। अध्यात्य सवास्तिनुजावृषीन्द्रश्चतुर्दशापि क्रमशः स विद्या:। विनीतयौस्तां विनिवेश्य कन्यां तपोस्ततः स्वर्गमगात्सभार्यः ।११। पितर्युपरते तस्मिन् स्वघ... (अपूर्ण वाक्य)"

"[प्र] तिमा पृथिव्यायाम्" → पृथ्वी पर एक प्रतिमा (या नारी),
क्लैव = अत्यन्त सुन्दर,चांदी = चन्द्र जैसी,
"कमनीय-रूपा" = मनोहर रूप वाली,
"मनोभवास्त्रं मिथिलाभिघाना" = कन्या मिथिला को लक्ष्य करके कामदेव ने अपना बाण चलाया।

पृथ्वी पर चन्द्रमा जैसी अत्यन्त सुन्दर कन्या मिथिला उत्पन्न हुई, जिसकी रूप-माधुरी के सामने कामदेव का अस्त्र भी निष्फल हो गया।

"कियत्यपि ततः काले गच्छति उच्छय-शालिनी"
कुछ समय बीतने पर वह (कन्या) बढ़कर (उन्नति को प्राप्त होकर) ...

"जाता पत्रपुटी नाम्ना तत्रैव पुटिका पुरी। (१०)"
वहीं पर पत्रपुटी नामक नगरी उत्पन्न हुई, जो पुटीकापुरी भी कहलाती थी।"

"अध्यात्य सवास्तिनुजावृषीन्द्रः चतुर्दश अपि क्रमशः स विद्या:। विनीतयोः तां विनिवेश्य कन्यां तपः ततः स्वर्गमगात् स भार्यः। (११)"

"अध्यात्य"= अध्ययन करके, पढ़कर
"स-वास्तिनुज-वृषीन्द्रः = सः वास्तिनुजः वृषीन्द्रः "= वह वास्ति का अनुज (छोटा भाई) वृषीन्द्र (श्रेष्ठ पुरुष/राजा/ऋषि)
"चतुर्दश अपि"= चौदह भी (विद्याएँ)
"क्रमशः" = क्रम से, एक के बाद एक
"चतुर्दश अपि विद्याः" = चौदहों विद्याओं में निपुण
"विनीतयोः ताम् कन्यां विनिवेश्य" = "जतुकर्ण ने अपनी कन्या (मिथिला) को उन दो शिक्षित (विनीतयोः) पुत्रों के अधीन/सौंप दिया।"

"ततः तपः कृत्वा स्वर्गम् अगात् स भार्यः" = तत्पश्चात् अपनी पत्नी सहित तपस्या कर वह स्वर्ग को चला गया।

जतुकर्ण ने अपने पुत्रों (अनुजावृषेन्द्र = पुत्र/शिष्य) को चतुर्दश विद्याओं में पारंगत कराया और उन्हें कन्या(मिथिला) सौंपकर स्वयं पत्नी सहित तपस्या करता हुआ स्वर्ग गया।

"पितर्युपरते तस्मिन्..."
जब उसका पिता स्वर्गवासी हो गया, तब ..." (अंश यहाँ कट गया है)।

पंक्ति [6]

"[मर्म] निरता वुमौ। आचारंतौ निजचारपाविता शेषभूतलौ।"

"मर्म-निरता"– गूढ़ भाव में तल्लीन, "उभौ"– दोनों
"आचारांतौ"– आचरणशील, मर्यादा में रहने वाले
"निज-चार-पाविता "– अपने आचरण से शुद्ध
"शेष-भूतलौ"– शेषधर (अनन्तनाग) के वंश से उत्पन्न / शेष से संबंधित

दोनों गूढ़ भावों में तल्लीन थे, आचरणशील और अपने जीवन से पवित्रता धारण किए हुए, मानो शेषनाग की संतति हों।

"[१२] ... वायुतैः प्रथमं व्यतीत्य वयोविकल्पम् अभिज्ञं।"

वायु (काल) के प्रवाह से उन्होंने पहले युवावस्था की दहलीज पार की और ज्ञान (अभिज्ञता) प्राप्त की।

"कालेन कन्दर्प-सहोदरेण वासंतिका वल्लिरिव उल्लास ।१३।"

"कालेन"– समय के साथ
"कन्दर्प-सहोदरेण"– कामदेव के भाई (वासंत / वसन्त) से
"वासंतिका वल्ली इव"– वसंत ऋतु की बेल के समान
"उल्लास" – प्रफुल्लित

समय के प्रभाव से वह कन्या वसंत ऋतु की लता की भाँति प्रस्फुटित और रूपवती हो उठी।

"अथ अंकुरदम्यां कुचकुडमलाम्यां सा पद्मनीत्वं सफुटम् अभ्यघत।"

जब उसके वक्षस्थल पर अंकुरवत् विकसित होने लगे, तब उसने अपने सौन्दर्य में पद्मनी (कमलिनी) का रूप धारण कर लिया।

स्त्री की युवावस्था का उदय, सौन्दर्य का विकास।

"आरक्षिकेव अहिपतेः तदैव रोमावलीसन्निधिम् आवसात। १४।"

वह नागराज की आरक्षिका (रक्षकनी) जैसी प्रतीत हुई, क्योंकि उसके अंगों पर रोमावली (केश-पंक्ति) का विकास हो गया था।

युवावस्था में देह की सौन्दर्यमयी शोभा और आकर्षण का वर्णन है।

"रेखात्रयणा [म्यु] दितेन..."

उसके शरीर पर त्रिवली (नाभि के ऊपर की तीन रेखाएँ) प्रकट हो गईं।

कवि स्त्री की सुंदरता और यौवन के उदय का अत्यंत सूक्ष्म चित्रण कर रहा है।

पंक्ति [7]

"[कंठे] वलित्रायेणाप्युदरस्थितेन। अक्षरमं पन्नगपुंसवस्य सा गा [ढमा] लिंगनमाचचक्षे।१५।"

"[कंठे] वलित्रायेण अपि उदरस्थितेन अक्षरमं पन्नगपुंसवस्य सा गाढमालिङ्गनम् आचचक्षे ॥१५॥"

"कंठे वलित्रायेण अपि" = गले में पड़े वलित्र (सर्पाकार बंधन, हार या फंदे) से भी
"उदरस्थितेन" = पेट के पास (स्थित होकर / लिपटे हुए)
"अक्षरमं"= अक्षर (नाशरहित) का मान / महिमा (या "अक्षरं" = ब्रह्म, परब्रह्म)
"पन्नगपुंसवस्य" = पन्नग (सर्प) का, अथवा पन्नगस्वरूप पुरुष का,
"सा"= वह (स्त्री / देवी)
"गाढ-मालिङ्गनम्"= दृढ़ आलिंगन, कसकर गले लगाना
"आचचक्षे"= प्रकट किया, व्यक्त किया, दिखाया

वह देवी (या नायिका) सर्पाकार वलय से गले में बँधी हुई, और पेट से भी सर्प से आवृत्त होकर, उस पन्नगस्वरूप (सर्प-पुरुष) का दृढ़ आलिंगन करती हुई अक्षर (परब्रह्म) का स्मरण कर रही थी / या उसका अनुभव प्रकट कर रही थी।

"संक्रीडमानाथ कदाचिदेषा गृहांगणे कृत्रिम पुत्रिकाभिः।"
वह (कन्या) कभी घर के आँगन में कृत्रिम गुड़ियों के साथ खेला करती थी।"

"फणीश्वरस्नायुचरेण कन्या केनापि दृष्टा कथिता च मत्रे।१६।"
उस कन्या को नागराज के एक अनुचर ने देखा और जाकर उसका वर्णन किसी अन्य[शेषनाग] से किया।
"फणीश्वरस्नायुचरेण" —तृतीया विभक्ति, एकवचन) → नागराज के अनुचर द्वारा
"कन्या केनापि दृष्टा" — कन्या को किसी ने देखा

"कथिता च मत्रे" — उसका वर्णन किसी अन्य ने किया।

"कौतुकाकृष्टधिया फणीश कृत्वा [त] नुं विप्रकुमारकस्य। प्राप्ययौटजं सा पुरतः कुमारी दृष्टा"

"कौतुकाकृष्टधिया" — जिज्ञासा से आकृष्ट मन वाली / जिसकी बुद्धि कौतुक (जिज्ञासा/खेल/आश्चर्य) से खिंच गई हो।

"फणीशकृत्वा तु नुं विप्रकुमारकस्य प्राप्य यौटजं"

कौतुकवश नागराज का रूप धरकर वह ब्राह्मणकुमार के (गृह/स्थान) 'यौटज' में पहुँच गई।
"विप्रकुमारकस्य" — ब्राह्मण बालक का / ब्राह्मणकुमार का
"सा पुरतः कुमारी दृष्टा" — "वह कुमारी ब्राह्मणकुमार के सम्मुख प्रकट हुई।"

कौतुकवश उस कन्या ने नागराज का रूप धारण किया और यौटज नामक स्थान पर जाकर ब्राह्मणकुमार के सम्मुख प्रकट हुई।

★सम्भवतः अंकन का उद्देश्य था "कौतुकवश कन्या ब्राह्मणकुमार का रूप धारण किए नागराज के सम्मुख प्रकट हुई। "

पंक्ति [8]

"च पृष्टा च पदेररुचौ ।१७। सहोदरौ ते सरले कुतस्तौ जगत्यतोभि जतुकर्णवंश्यो। आतिश्यमाम्याम लभर्थ यहंत्वं वातथाधेहि तयोरनूना ।१८। चक्रे पदन्त्क्षणमेव तस्याकंठेवरोधो हृदये विमोहः। वक्रत्वभक्षणोविर्वसत्वमंगेसुश्रुतौ वचो वक्ष्यसि मारवाणः ।१९। अमाषमाणैव ततः स्वधम्र्मलोपा [च्चा] सं"

"च पृष्टा च पदेऽरुचौ = जब (वह) पद (शब्द/वाक्य) अप्रिय लगे तब भी पूछी गई (प्रश्न का उत्तर दिया)।
"सहोदरौ ते सरले कुतः तौ" = हे सरल हृदया! तेरे ये दोनों सहोदर कहाँ से (उत्पन्न) हुए?
"जगति अतोऽभिजतुकर्णवंश्यौ" = वे तो इस जगत् में प्रसिद्ध जातुकर्ण वंश के हैं।
"आतिश्यमान्याम् अलभर्थ यः त्वम् "= जो तू आत्म-श्रेष्ठता का अनुभव कर पाई,
"वा तथाधेहि तयोरनूना" = तो फिर उन दोनों से कम न समझ।
"चक्रे पदन् क्षणम् एव तस्या कण्ठ-रोधः, हृदये विमोहः"
यह सुनते ही उस कन्या के गले में रुद्धि आ गई और हृदय मोह से भर गया।
"वक्रत्व-भक्षणः अविर्वसत् त्वम् अङ्गे, सुश्रुतौ वचः वक्ष्यसि मारवाणः"
उसका चेहरा पीला पड़ गया, अंगों में शिथिलता आ गई।
तब एक "मारवाण" नामक व्यक्ति बोला – "तुम सत्य वचन को सुनो।"[यहाँ मारवाण शब्द का संदर्भ और अर्थ अनिश्चित है]
"अमाषमाणैव ततः स्वधर्म-लोप..."
तत्पश्चात् कथा इस ओर मुड़ती है कि धर्म या कुलाचार का उल्लंघन होने का भय प्रकट होता है।

[शेषनाग और मिथिला का संवाद]

पंक्ति [9]

"- U रलाय ताक्षी। अर्ध्यं च प्राप्यं च निवेदयंति सा प्रौषितावभ्यवमत्या।"

"रलाय ताक्षी"- अर्थ अस्पष्ट

"... अर्ध्यं च प्राप्यं च निवेदयंति सा" = उसने अर्ध्य (अर्घ्य) और जो कुछ प्राप्य था, सब अर्पित किया।
"प्रोषितावभ्यमतया '= अतिथि-सत्कार की भावना से (अथवा: पति-प्रोषितभाव से?)

मिथिला द्वारा अतिथि के स्वागत का वर्णन है।

"आतिथेयम् ऋषीन्द्राम् उटजाङ्गण सैविनः"= ऋषीन्द्र के उटज (आश्रम) के आँगन में आतिथ्य हुआ।
"मृगा अपि विजानन्ति "= यहाँ तक कि मृग भी पहचानते हैं (आतिथ्य के नियम)।
"किम् अपत्यं तथाविघम् "= तो भला उनका अपत्य (सन्तान) कैसे अज्ञानी/अविनीत हो सकता है?

यहाँ भाव यह है कि ऋषि के आश्रम में इतना सात्त्विक वातावरण है कि पशु भी मर्यादा समझते हैं, तो ऋषि की संतान कैसे अशिष्ट हो सकती है।

"ततः फणीन्द्रः स्मरभिन्नचेताः" = फिर वह फणीन्द्र (नागराज), जो कामभाव से विचलित हो चुका था,
"ताम् एकिकाम् तत्र निरीक्ष्य तन्त्रीम् "= वहाँ अकेली खड़ी हुई उस युवती (तन्त्री = वाद्य बजाने वाली/सूत्रधारिणी?) को देखकर,
"ग्रहणन् करे गूढनिजस्वरूपः"= उसका हाथ पकड़कर, अपने वास्तविक स्वरूप को छिपाते हुए,
"जगाद वाक्यं जगदेकमान्यम्" = ऐसा वचन बोला, जो समस्त जगत् के लिए मान्य था।

"द्विजोऽस्मि ..." = "मैं ब्राह्मण हूँ ..." (यह नागराज का वचन है, जो अपना स्वरूप छिपाकर ब्राह्मण के रूप में परिचय दे रहा है)।

मिथिला ने अपने अतिथि को अर्घ्य और अन्य सामग्री अर्पित करके स्वागत किया।ऋषि के आश्रम का यह आचार था कि वहाँ पशु-पक्षी तक मर्यादा और आतिथ्य-धर्म जानते थे — तो फिर ऋषिपुत्र कैसे अज्ञानी हो सकते हैं।
उसी समय नागराज (फणीन्द्र), जो कामातुर हो उठा था, उस अकेली युवती को देख कर उसके पास आया, उसका हाथ पकड़ लिया और अपने असली नाग-स्वरूप को छिपाकर, ब्राह्मण का रूप धारण कर बोला — "मैं द्विज हूँ ..."।

पंक्ति [10]

"मान्यौस्मि महाकुलोस्मि युक्तस्तवाहं पतिरार्यगृहयः।"

"मान्यौस्मि" — मैं मान्य (सम्मानित) हूँ।
"महाकुलोस्मि" — मैं महाकुल (उच्च वंश) से हूँ।
"युक्तस्तवाहं पतिरार्यगृहयः" — मैं तुम्हारे योग्य पति हूँ, आर्यगृह (श्रेष्ठ कुल) का सदस्य हूँ।

शेषनाग का अपने वंश, सम्मान और विवाह-योग्यता को प्रकट करते हुए नारी से कहे गए वचनों का उदाहरण है — संभवतः वह विवाह हेतु प्रस्ताव प्रस्तुत कर रहा है।

"व (ब) हुश्रुतौ मान U - स्त्वापि सहोदरौ सुभ्रु न तेस्तु मीतिः। २२(२३)

बहुश्रुतौ मान ... त्वा अपि सहोदरौ = तेरे सहोदर (भाई) भी बहुत श्रुत (विद्वान) और मान्य हैं।

सुभ्रु न ते अस्तु मीतिः = हे सुन्दरभ्रु! तुम्हें कोई संकोच न हो।

यहाँ नागराज/द्विज के रूप में आया पुरुष कन्या से कह रहा है— "मैं महाकुल में जन्मा, तुम्हारे लिए उपयुक्त पति हूँ। तुम्हारे भाई भी मान्य और विद्वान हैं। इसलिए तुम्हें संकोच नहीं होना चाहिए।"

"बहु प्रकारा: कथिता विवाहा गांधर्व्वमार्गोपि मुनिप्रणीत:"

"बहु प्रकाराः कथिता विवाहाः" — विवाह के अनेक प्रकार बताए गए हैं।
"गांधर्वमार्गोऽपि मुनिप्रणीतः" — गांधर्व विवाह मार्ग भी मुनियों (ऋषियों) द्वारा वर्णित है।

"अनेन मार्गेण शकुंतलाया दुःखं(षयं) तनाया नृपतिर्व्वरोभूत्। २३(२४)"

यहाँ महाभारत की प्रसिद्ध कथा का उल्लेख आता है:
"अनेन मार्गेण" — इसी (गांधर्व) मार्ग से।
"शकुंतलाया दुःखं (षयं) तनाया" — शकुन्तला की दुखद संतान (भरत) की उत्पत्ति हुई।
"नृपतिर्वरोऽभूत्" — और वह पुत्र महान राजा बना।

यह गांधर्व विवाह को उचित ठहराने के लिए शकुन्तला और राजा दुष्यन्त के विवाह का उदाहरण दे रहा है। यह कहता है: "इसी मार्ग से शकुन्तला का पुत्र उत्पन्न हुआ, जो बाद में महान राजा बना।"

"ऊमित्योवदगद या गिरासौ तं मानयामास क्यो व्दिजस्य विधेइव्र्वधा [नै] क"

इस पंक्ति का पाठ कुछ खंडित है, लेकिन मुख्य शब्द हैं:

"ऊमिति उवाच" — 'ऊम्' ऐसा कहकर उसने [मिथिला ने] कहा।
"गिरा सः तं मानयामास" — वाणी द्वारा उसने उसका सम्मान किया।
"द्विजस्य विधेः" — ब्राह्मण के विधि अनुसार।

संभवतः स्त्री (या कन्या) की प्रतिक्रिया है। वह उक्त प्रस्ताव को स्वीकार करती है, और ब्राह्मणों द्वारा निर्देशित विधि अनुसार उसे मान्यता देती है।

पंक्ति [11]

"निधिर्निदानं कालोहि कल्याण परम्परायाः। २४ (२५)"

"निधिः निदानं" — निधि (ख़ज़ाना, संग्रह) ही कारण है।
"कालः हि कल्याण परम्परायाः" — काल ही कल्याणकारी परंपरा का कारण है।

यह पंक्ति कहती है कि – समय (काल) ही शुभ परंपराओं का जन्मदाता है, और वही उनके संपन्न होने का माध्यम भी।

"तदाप्रमृति तन्वी सा तेन सह सुंदरी। रममाणाग्रजन्यानौ वंचयित्वावसच्चिरं ।२५(२६)"

"तदा अप्रमृति तन्वी" — तब वह सुंदरी (कमसिन युवती) बिना स्मृति के या भान में नहीं रही।
"सा तेन सह सुंदरी रममाणा" — वह उस (नायक) के साथ रमण कर रही थी।
"आग्रजन्यानौ वंचयित्वा" — दोनों ने अग्रज (बड़े भाई) को छलकर...
"अवसत् चिरं" — लंबे समय तक एक साथ रहे।

यह स्पष्ट रूप से छिपे हुए प्रेम-संबंध या गांधर्व विवाह के उपरांत समाज से छिपकर साथ रहने की बात करता है। अग्रज(बड़े भाई) को इस बात की जानकारी नहीं है।

"अथ अग्रजन्याश्रुतवांसुशर्माविवाहयोग्यामनुजां विदित्वा।"

"अथ "– इसके पश्चात् / तब।
"अग्रज-जन्य-आश्रुतवान्" – अग्रज (बड़े भाई) से उत्पन्न (उसके द्वारा कही गयी बातें) सुन चुका। अर्थात् अग्रज के वचनों को जान चुका।
"सुशर्मा" – व्यक्ति का नाम
"विवाहयोग्याम् "– विवाह के योग्य।
"अनुजाम् "– छोटी बहन को।
"विदित्वा "– जानकर / समझकर।

बड़े भाई को यह ज्ञात होता है कि उसकी छोटी बहन किसी के साथ रमण कर रही है (या संभवतः विवाह कर चुकी है)। इस जानकारी से सामाजिक मर्यादा पर प्रश्न उठते हैं।

“कौस्याः सुगात्र्याः सद्दशौ वरः स्यात् द्विवारयामास विविक्त बुद्धिः । २६ (२७)”

"कौस्याः" — कौशिका कुल की (या कोई विशेष जाति की)।
"सुगात्र्याः" — सौम्य शरीर वाली, सुंदर।
"सद्दशः वरः स्यात्" — यदि कोई योग्य वर मिले...।
"द्विवारयामास = दो बार (उसने) निवेदन/विनयपूर्वक आग्रह किया, या मन में रोक लगाई

"विविक्त बुद्धिः" — विवेकशील बुद्धि वाला (व्यक्ति)।

कौशिककन्या, उस सुगात्रा युवती के लिए उपयुक्त वर ही होना चाहिए — ऐसा विवेकशील बुद्धि वाले [भाई]ने दो बार निवेदन/विनयपूर्वक कहा।

"विज्ञातमाभ्यां वृतांतमात्मनः सा विचक्षणा।

"विज्ञातम् आभ्यां वृत्तान्तम् आत्मनः" — हम दोनों को अपने कृत्य का भलीभाँति भान है।
"सा विचक्षणा" — वह बुद्धिमती स्त्री है।

छोटी बहन (जिसका गुप्त संबंध है), यह कह रही है कि — "हमें अपने कार्य का पूरा ज्ञान है। हमने यह बिना विवेक गंवाए किया है।”

पंक्ति [12]

श्लोक २७(२८)
“साक्षात् विचारयामास तस्मिन् अवसरे सती” = उसी समय वह सती (स्त्री/कन्या) ने प्रत्यक्ष विचार किया।

"तौ च तन्नाम-गोत्र-आदि पृष्टव्यम् "= उसका नाम, गोत्र आदि पूछना उचित है।
"इति तं पुत्रात् निर्देशम् अस्पदेत् "= इस प्रकार (जैसा पुत्र ने निर्देश किया था) उसे स्मरण कर,
"सा च पृष्टवती रहः" = उसने गुप्त रूप से (उससे) पूछ लिया।

कन्या को शंका हुई, उसने नाम-गोत्र जानने के लिए गुप्त रूप से प्रश्न किया।

श्लोक २८ (२९)
"बाले पन्नगपुंगवोऽहम्" = हे बाले! मैं पन्नगपुंगव (नागश्रेष्ठ) हूँ।
"घुनाऽपूर्णाविधिस्ते "= और तुझसे मेरा सम्बन्ध अनन्त काल तक रहने वाला है।
"मया संसक्ते त्वयि यन्न दीयम् अनशं बीजम् भविष्यति "= यदि तुझसे सम्बद्ध होकर जो अमृत-तुल्य संतान उत्पन्न होगी, वही बीज (वंश) भविष्यमान होगा।
"अतो पूर्व भूभृत्-भूमिभर-अपनोदन-यिता "= पूर्वकाल में जो भूधर (पर्वत) के भार को नष्ट करने वाला होगा (अर्थात् धराधारण का कार्य करेगा)।
"व्यादिश्य रूपं स्वयं धृत्वा" = उसका रूप दिखाने के लिए, स्वयं धारण करके
"घाम निर्जं यथाऽउ स भगवान् शेषः विशेषः" = उसी प्रकार मैं स्वयं भगवान् शेष हूँ, विशेष रूप से (प्रकट)।

उस समय कन्या को संदेह हुआ और उसने सोचा— "नाम-गोत्र आदि अवश्य पूछना चाहिए।" पुत्र (या पूर्व निर्देश) का स्मरण करके उसने गुप्त रूप से प्रश्न किया।
तब वह (नागराज) बोला—"हे बाले! मैं नागश्रेष्ठ हूँ। तुझसे मेरा सम्बन्ध अनन्त काल तक रहेगा। तुझसे उत्पन्न बीज (सन्तान) महान् कार्य करेगी। पूर्वकाल में जो धरती के भार को कम करने वाला अवतरित होगा, उसी के रूप को मैंने धारण किया है। वास्तव में मैं कोई और नहीं, स्वयं भगवान् शेष हूँ।"

पंक्ति [13]

रैः ।२९। (३०) श्रुत्वा सुशर्मा सुखितः स सर्व्व शुभे मुहूर्ते तनयं प्रसूतं ।

"श्रुत्वा सुशर्मा" — जब सुशर्मा (या कोई अग्रजा/परिजन) ने यह सुना,
"सुखितः सः" — वह अत्यंत प्रसन्न हुआ,
"सर्व शुभे मुहूर्ते तनयं प्रसूतं" — एक शुभ मुहूर्त में पुत्र का जन्म हुआ।

दैवीं संयोग (नायकः शेषनाग) और नायिका के संयोग से उत्पन्न पुत्र का जन्म होता है — और उसका स्वागत बड़े आनंद से होता है।

"कृत्वा हिराजाभिधम् अस्य नाम्ना त्रैलोक्यराज्ये निधियै च तस्याः । ३० (३१)"

"हिराजाभिधम्" — पुत्र का नाम "अहिराज" रखा गया।
"त्रैलोक्यराज्ये" — तीनों लोकों के राजा जैसा (महान)।
"निधियै च तस्याः" — वह माता की निधि (अमूल्य संपत्ति) था।

"निजभुजबलतो विजित्वा सर्वं, व्तरपतिचक्रमुदारवाहुदण्डः । ३१ (३२)"

"निज भुज बलतः" — अपने बल और पराक्रम से,
"विजित्वा सर्वं" — सभी दिशाओं को जीत लिया,
"उत्तरतपति चक्रम्" — उत्तरी दिशा का चक्रवर्ती,
"उदार बाहु-दण्डः" — जिसकी भुजाएं दान और बल में महान थीं।

अहिराज ने अपने शौर्य, राजनीति, और धर्मशीलता से सम्पूर्ण क्षेत्र पर विजय प्राप्त की। वह राजचक्र (साम्राज्य) का धारणकर्ता बन गया।

"अहिकुलतिलको हिराजदेवस्तनयः भूदयमवाय राजलाख्यं (ख्यम्)"

"अहि-कुल-तिलकः हिराजदेवः" — अहिराजदेव सर्पवंश (शेषवंश) का तिलक था।
"तनयः" — उसका पुत्र,

"भूदयमवाय राजलाख्यं" — राजल (या राजल्ल) नामक पुत्र उत्पन्न हुआ।

"राजल्लदेवोऽपि कुलक्रमाप्तं प्रसा (शा) सदावारिधि चक्रमुव्वर्याः।"

"राजल्लदेवः अपि" — राजल्लदेव ने भी...
"कुलक्रमाप्तं" — वंश परंपरा को प्राप्त किया,
"प्रशासद् आवारिधि चक्रम् उव्वर्याः" — समुद्र (आवारि = जल सीमा) तक चक्रवर्ती शासन किया।

पंक्ति [14]

"धारल्लदेवे घरणीधरं तं निवेश्य"– राजा धारल्लदेव ने उस (पद/राज्य) को धरणीधर नामक उत्तराधिकारी को सौंप दिया।
"निव्र्वाणपदं सिषैवे"– और स्वयं निर्वाण-पद (मोक्ष) को प्राप्त करना चाहा।
"तदनु महिमदेवो [धारलं तं] विजित्वा"- उसके बाद महिमदेव ने, धारल्ल को (या धारल्ल के राज्य को) पराजित/जीतकर...
"नृपति-मुकुट-रत्न-त्रैणि-नीराजित-अंद्रिः" — राजाओं के -मुकुटों में जड़े रत्नों की आभा से सुशोभित पर्वतों को जैसे नीराजना दी हो (अलंकरण किया हो)
"अवनिं अपसपत्नां" -धरती को अपने शत्रु-सहित शत्रुओं से मुक्त किया।
"यत्नवित् सत्त्वशाली" -प्रयत्नशील और अत्यंत सामर्थ्यवान।
"फणिपति-कुल-लक्ष्मी-केलिकार श्चकार" -वह शेषनाग वंश (फणिपति कुल) की लक्ष्मी (राजलक्ष्मी) के केलिकार (प्रेमी, उपभोगकर्ता) की तरह था।
"तस्य अपि तनयः" -उसका भी एक पुत्र हुआ,
"[शक्ति] चंदनश्च" - नाम "शक्तिचंद्र "।
"चंदनौ यथा" - (वह) चंदन की तरह सुगंधित या प्रिय था।
"वैष्टितो मौमिलोकेन" - मर्त्यलोक में प्रसिद्ध हुआ,
"लोकेत्य उद्दामसौरमः" - एक अत्यंत तेजस्वी, साहसी, और सुप्रसिद्ध राजा था।
"गोपालदेवः (ब)"- अगला उत्तराधिकारी है: "गोपालदेव"।

पंक्ति [15]

“तनुजौऽस्य शूरः स्वबाहुदप्पैण जितारिदर्पः ।
कुलक्रमप्राप्तमनाप्तसव्र्वं [तदा] दधौ मंडलमूव्र्वरायाः ।
३५ (३६)”

"तनुजौऽस्य शूरः" — उसका पुत्र[गोपालदेव]एक पराक्रमी योद्धा था।
"स्वबाहु-दप्पैण" — अपनी भुजाओं की शक्ति से।
"जित-अरिदर्पः" — शत्रुओं के अहंकार को परास्त करने वाला।
"कुल-क्रम-प्राप्त" — वंशानुसार राज्य पाने वाला।
"मनाप्त-सर्वं" — जिसने वह सब भी पाया जो पूर्वज न पा सके।
"मंडलमूर्वरायाः दधौ" — संपूर्ण मंडल का शासन संभाला।

“फणीन्द्रवंशावभुशीतमीनोः तस्यादभून्नलदैवनाया।
सुतस्तदारोपितराज्यभारः स्वराज्यमाय सुकृतैः पिता तु ।
३७ (३८)”

"फणीन्द्रवंश-आवभु-शीतमीनोः" —
यह पंक्ति कठिन है, लेकिन “फणीन्द्रवंश” = नागवंश और “शीतमीना” शायद उपमा है – शांत, सौम्य या जलवत्सल राजा के लिए।
"तस्यादभून्नलदैवनाया सुतः" —
उसका पुत्र "नलदैवनाया" (या "नल-दैव-नायः") नामक था — अर्थात् नल की तरह धर्मनिष्ठ या दैवीं स्वभाव वाला।
"तदा आरोपित-राज्यभारः" — उसे राज्यभार सौंपा गया।
"स्वराज्यमाय सुकृतैः" — उसने पुण्य के बल से राज्य को चलाया।
"पिता तु..." — पिता ने स्वयं पीछे हटकर उसे राज्य दिया।

“अमूद्भुवनपालोऽस्मात्सुतः सत्याभिधानवान् ।
यस्मिन् बिभर्ति भूभारं शेषे शेते सुखं ह”

"अमू-उद्भुवनपालः अस्मात् सुतः" —
इस वंश से उत्पन्न हुआ वह पुत्र जो तीनों लोकों का पालक था।[अर्थात भुवनपाल]
"सत्याभिधानवान्" — जिसका नाम “सत्य” था, या जो सत्यस्वरूप था।

"यस्मिन् बिभर्ति भूभारं" — जिसमें (या जिसके द्वारा) धरती का भार वहन किया गया।
"शेषे शेते सुखं ह" —
अब "शेष" (शेषनाग) उस पर विश्राम करता है,
अर्थात: अब पृथ्वी भारमुक्त है, और शेषनाग विश्राम की अवस्था में लौट आया है।

पंक्ति [16]

रिः । ३८ (३९) कीर्तिपालस्तनूजोऽस्य राज्यमाप सपत्नहा
यत्किंतिपुण्डरीक [स्तु] चन्द्र u u u - u ।

"कीर्तिपालः तनूजः अस्य" — इसका पुत्र था कीर्तिपाल।
"राज्यम् आप" — उसने राज्य प्राप्त किया।
"सपत्नहा" — शत्रुओं को पराजित करके।
"यत्किंतिपुण्डरीक [स्तु] चन्द्र..." —
अर्धविकृत पंक्ति में शायद यह कहना है कि
वह "पुण्डरीक (कमल)" के समान सुशोभित था, या चंद्रमा की तरह विकसित/प्रशस्त कीर्ति से चमकता था।

"३९(४०) जैत्रपाल इतितस्य सगभ्र्यः प्रजानद्वरमहीशपशूनां ।
प्राप राज्यमहिराजकुले ----- u --- uu- —"

"जैत्रपाल इति तस्य सगभ्र्यः" — कीर्तिपाल का भाई/सगा (या पुत्र) जैत्रपाल नाम से प्रसिद्ध हुआ।
"प्रजानां द्वर महीश पशूनां" — प्रजा, भूमि और पशुओं के लिए रक्षक (द्वारपाल) के रूप में कार्य करता था।
"प्राप राज्यं अहिराजकुले" — नागवंश (अहिराजकुल) में राज्य प्राप्त किया।

"४० (४१) सुतौ महीपाल इति प्रसिद्धः श्री जैत्रपालस्य जितारिपक्षः। ततः परं राज्यतमवाप सर्वम् उर्वीतलं पालयतिस्म वी -"

"सुतः महीपाल इति प्रसिद्धः" — उसका पुत्र महीपाल नाम से प्रसिद्ध हुआ।
"श्री जैत्रपालस्य जितारि-पक्षः" — शत्रुओं को जीतने वाला पक्षधर/योद्धा।
"ततः परं राज्यतम् अवाप" — उसने संपूर्ण राज्य प्राप्त किया।
"सर्वम् उर्वीतलं पालयतिस्म" — उसने सारी पृथ्वी (उर्वी = पृथ्वी, तलम् = भूमि) का पालन किया।
"वीं -" — संभवतः "वीर" जैसे किसी विशेषण के साथ पूरा होता है, जो नीचे खंड में आता होगा।

पंक्ति [17]
शिलालेख – पाठ एवं व्याख्या

र :४१(४२) ततो विषमपालाख्यो राजा तत्तनयोऽभवत् ।
जहुणस्तनयो यस्य मा u तिशयकौधिकः
४२ (४३)

"ततः विषमपालाख्यः राजा" — इसके बाद राजा "विषमपाल" हुआ।
"तत्तनयः अभवत् जहुणः" — उसका पुत्र था "जहुण" नामक।
"यस्य मातिशय-कौधिकः" — जिसकी माता अत्यंत कौशलमयी/प्रभावशाली थी, या जो स्वयं बहुत महत्वाकांक्षी/उत्साही था (depending on sandhi & reading: माति-शय या मातिशय)।

"४३ (४४) जगपालाभिधे सौऽपि जहुणस्तनयोधरां ।
निवेश्य वासमकारो व्दने मुनि u – u u"

"जगपालाभिधे सः अपि जहुणस्तनयः" — जहुण का पुत्र "जगपाल" नाम से प्रसिद्ध हुआ।
"धराम् निवेश्य वासम् अकारोत्" — धरा (पृथ्वी/स्थान) पर निवास स्थापित किया।
"वनं मुनि..." — वन में (या मुनियों के लिए) कोई आश्रम या वासस्थान बनाया।

"४४ (४५) अमूद... राज्यै: यथा राज्यधरः कुमारः।

दिगन्तविस्तारि किरन्नजस्रं यथा यशोराज इति प्रसिद्धः ।"

"राज्यैः यथा राज्यधरः कुमारः" — जिसने राज्य का ठीक वैसे पालन किया जैसे राज्यधर (धर्मराज/धार्मिक उत्तराधिकारी) करता है।
"दिगन्त-विस्तारि" — दिशाओं तक फैला हुआ।
"किरन् अजस्रं" — निरंतर कीर्ति रूपी किरण फैलाने वाला।
"यशोराज इति प्रसिद्धः" — वह यशोराज के रूप में प्रसिद्ध हुआ।

पंक्ति [18]

"भूवुर्जसराजनाम्नः कुल-प्रतिष्ठाः बहवः कुमाराः ।
तेष्वग्रजौ चंदनखड्गदेवौ जगत्यु – – U U नावि-स्तां ।
४५(४६)"

"भूवु जसराज नाम्नः" — जसराज नामक (एक राजा/व्यक्ति) उत्पन्न हुआ।"
"कुलप्रतिष्ठाः बहवः कुमाराः" — उसके कई पुत्र थे, जो वंश की प्रतिष्ठा थे।
"तेषु अग्रजौ" — उनमें अग्रज (बड़े) थे...
"चंदनखड्गदेवौ" — "चंदनदेव" और "खड्गदेव" नामक दो राजकुमार।
"जगत्यु... नाविस्तां" — संभवतः "जगति प्रसिद्धौ नाविस्तां" –दुनिया में ख्यातिप्राप्त हुए।

"४६(४७) बभूव तेषु प्रथमः पृथिव्याः श्रीमान् पतिः
कन्हडदेव नाम। तत् ... लक्ष्मवर्मा तत् यौवराज्ये तु स खड्गादैवः ।"

"बभूव तेषु प्रथमः" — उनमें से प्रथम राजा हुआ...
"पृथिव्याः श्रीमान् पतिः कन्हडदेव नाम" — "कन्हडदेव" नामक, श्रीमान्, पृथ्वी का अधिपति।
"ततः लक्ष्मवर्मा" — उसके बाद "लक्ष्मवर्मा"।
"तत् यौवराज्ये तु स खड्गादैवः" — राज्य का युवराज बना "खड्गदेव", और वह खड्ग (तलवार) के समान दैवीं तेज वाला था।[अर्थात वही खड्गदेव था]

"श्री खड्गदेवाद् भुवनैकमल्लस्तनूभवोऽभवद्भुजवीं र्यशाली।
आसाध्य राज्यं फणिवंशकेतुः सशास पृथ्वीं चतु..."

"श्री खड्गदेवात्" — श्री खड्गदेव से उत्पन्न।
"भुवनैकमल्लः" — संपूर्ण पृथ्वी पर अद्वितीय योद्धा।[भुवनैकमल्ल यहाँ नाम)भी है]
"तनूभवः अभवत्" — उसका पुत्र हुआ।
"भुजवीं र्यशाली" — बलशाली, बाहुबलयुक्त।
"आसाध्य राज्यं" — राज्य को प्राप्त कर।
"फणिवंशकेतुः" — नागवंश का ध्वज (केतु)।
"सशास पृथ्वीं..." — उसने चतुर्दिक् पृथ्वी पर राज्य किया।

पंक्ति [19]

"४७(४८) रणं वांतां (ताम्)। जित्वा वैरिबलानि
षड्गसुहृदो दोभ्यां स पूष्णा समस्तेजस्वी
चतुरा [पुरी मरचंय] दुर्गावली दुर्गमां।"

"आसाद्य राज्यं फणिवंशकेतुः शशास पृथ्वीं चतुरवर्णान्ताम्"-- फणिवंशकेतु (नागवंशी राजा) ने राज्य प्राप्त कर चार वर्णों (ब्राह्मण, क्षत्रिय, वैश्य, शूद्र) से युक्त पृथ्वी पर शासन किया।
"जित्वा वैरिबलानि" — विरोधियों की सेनाओं को जीतकर।
"खड्ग-सुहृदो दोभ्यां" — खड्गदेव से दो पुत्र/वंशज/सहयोगी
"स पूष्णा समस्तेजस्वी" — वह पूषा (सूर्य) के समान तेजस्वी।
"चतुरापुरी मरचंय दुर्गावली दुर्गमां" — - चतुरापुरी में दुर्गों की श्रृंखला जो दुर्गम है[का निर्माण कराया]

[सम्भवतः भुवनैकमल्ल के विजय में उसके पिता खड्गदेव के दो सहयोगियों ने मदद की थी]

"४८ (४९) यस्या दक्षिणतः स्वयं सुरनदीवाहो(भो) भरी शंकरी यत्तीरे हटकेश्वरे फणिकुल [स्वामी] स्वयं निग्र(ग्रग)तः"

"यस्या दक्षिणतः "= जिसके (दुर्ग के) दक्षिण दिशा में।
"स्वयं सुरनदी वाहोभरी शङ्करी" = स्वयं सुर-नदी(गंगा) की जलप्रवाह से भरी हुई शङ्करी (नदी) है।
"यत् तीरे हाटकेश्वरे = जिसके तट पर हाटकेश्वर नामक (प्रसिद्ध) देवस्थान है,
"फणिकुल-स्वामी स्वयं निगृहीतः" = वहाँ स्वयं फणिकुलस्वामी (हाटकेश्वरे शिव) स्थापित हैं।

"४९(५०) आराधिता तेन राज्ञा ब्रह्मणी देवता स्वयं।
आरक्षिकीकृता यस्याः खड्गस्यं वाधिदेवता।"

"आराधिता तेन राज्ञा ब्रह्मणी देवता" — उस राजा ने ब्राह्मी देवी की आराधना की।
"आरक्षिकीकृता यस्याः" — जिनकी रक्षा की स्थापना की गई।
"खड्गस्यं वाधिदेवता" — जो उस खड्ग (तलवार) की अधिदेवता थी।

उस राजा (भुवनैकमल्ल) ने ब्रह्मणी देवी की आराधना की, जो स्वयं देवता स्वरूपिणी हैं।उन्हें उसने अपने खड्ग (तलवार) की अधिदेवता और आरक्षिका (रक्षिका) के रूप में प्रतिष्ठित किया।

५०(५१)" तामुतरेण नगरीं..."--उस (दक्षिणी क्षेत्र) के उत्तर में स्थित नगरी...

पंक्ति [20]

"तरुणेंदुमौलेर्भ्रंलिहो विरचितो निलयः शिवस्य।
सिंधौ सपत्न इव तत्र तरंगलेना—U-UUU-U—महास्तडागः।
५०(५१)"

"ताम् उतरेण नगरीम्" = उसके (पहले वर्णित दुर्ग/नगर) के उत्तर में एक नगरी।
"तरुणेन्दुमौलेः "= तरुण-इन्दु (नवचन्द्र) को मस्तक पर धारण करने वाले, अर्थात् शिव के।

“भ्रूलिहः ”= भ्रू (भौंह) से उत्पन्न रेखा / ललाटरेखा → यहाँ अर्थ है भौंहों की रेखा के समान सुन्दर आकार वाला।
“विरचितः निलयः शिवस्य” = शिव का निवास (मंदिर) निर्मित किया गया।
“सिंधौ सपत्न इव”= जैसे समुद्र में शत्रु (अर्थात् नदी) प्रवेश करती है।
“तत्र तरङ्गलेन महास्तडागः ”= वहाँ तरंगों से युक्त एक महान तड़ाग (बड़ा सरोवर) भी निर्मित था।

यहाँ किसी शिव मंदिर का वर्णन है जो चतुरापुरी के उत्तर में है और जहाँ एक विशाल सरोवर है, जो समुद्र के समान लहरों से युक्त है, और शिव का यह मंदिर [भुवनैकमल्ल द्वारा, क्योंकि प्रसंग उसी का है] स्थापित किया गया था।

“चंदनस्य सुतो बलशाली यौत्र विज्जण इति प्राथितोभूत।
यौवराज्यपदमाप नृपालादन्वभून्नृपति सौख्यमशेषम्। ”
५१(५२)

“चंदनस्य सुतः बलशाली ”— चंदनदेव का बलशाली पुत्र।
"यौत्र विज्जण" इति प्राथितोभूत — "विज्जण" नाम से प्रसिद्ध हुआ।
“यौवराज्यपदमाप नृपालात् ”— राजा से युवराज पद प्राप्त किया।
“अन्वभूत् नृपति सौख्यमशेषम् ”— और फिर राजा बनकर सम्पूर्ण सुख भोगा/प्रदान किया।

चंदनदेव का पुत्र विज्जण (या "विज्ञान/विज्ञ" नामक) युवराज बना और आगे चलकर राजा बना, जिसने अच्छे शासन द्वारा सुख का विस्तार किया।

“तदनु च भुवनैकमल्लसूनु नृपपदमाप ततोर्जुनाभिधानः।
युवनृपतनयोऽपि विज्ञानाख्यो युगपदवाप्त तथा एव यौवराज्यम्॥”

“तदनु ”→ उसके बाद, तत्पश्चात्।
“भुवनैकमल्लसूनुः” → भुवनैकमल्ल का पुत्र।
“नृपपदम् आप ”→ उसने राजपद (राजसिंहासन) प्राप्त किया।

"ततः अर्जुनाभिधानः "→ उसका नाम अर्जुन था।
"युवनृपतनयः अपि" → उस युवराज (विज्जन) का पुत्र भी।
"विज्जानाख्यः" → जिसका नाम विज्जन (व विज्जानक / विज्जन) था।
"युगपत् अवाप्त "→ उसने भी तत्काल पाया।
"तथा एव यौवराज्यम् "→ और उसी समय युवराज्य (उत्तराधिकारी पद)।

उसके बाद भुवनैकमल्ल का पुत्र राजसिंहासन पर बैठा, जिसका नाम अर्जुन था।
उस युवराज (विज्जन) का पुत्र विज्जन (विज्जानाख्य) भी युवराज नियुक्त किया गया और युगपद् (एक साथ) उसे युवराज्य की उपाधि प्राप्त हुई।

पंक्ति [21]

"५२(५३) भीमोर्जुनस्य तनयो भयदः परेषां
राज्यं सशाश पितरि [प्रगते द्यूलोके] — U - U U
नृपस्य पितु U वेदं तद्यौवराज्यमथ मलुगिदैव नामा।"

"भीमोर्जुनस्य तनयः "— अर्जुन का पुत्र भीम
"भयदः परेषां "— शत्रुओं को भय प्रदान करने वाला।
"राज्यं सशाश पितरि प्रगते द्यूलोके "— पिता के स्वर्गवासी हो जाने पर उसने राज्य किया।
"नृपस्य पितुः वेदं तद्यौवराज्यमथ" — उस राजा [युवराज]के पिता [सम्भवतः विज्जन]ने ही उसे युवराज्य प्रदान किया।
"मलुगिदैव नामा" — उसका नाम मलुगिदेव था।

अर्जुन का पुत्र भीम, शत्रुओं को भय देने वाला था। जब उसके पिता का देहावसान हुआ, तब उसने राज्य संभाला।मलुगिदेव को उसके पिता ने ही युवराज बनाया गया था।

"५३(५४) भीमादथ भूमीशा भ्दोजोनृप —— भभव्दो[भवभ्दो?] जा।
मलुगिदेवतनूजो युवराजोमूत्स लक्ष्मण नामा ॥"

"भीमादथ भूमीशा" — भीम के बाद भूमिश (राजा) ...

"भ्दोजो नृप [...] भवभ्दोजा (?) "— भोजराज (या भद्रभोज?) का उल्लेख प्रतीत होता है।
"मलुगिदेवतनूजः" — मलुगिदेव का पुत्र।
"युवराजोमूत्स लक्ष्मण नामा "— उसका नाम लक्ष्मण था और वह युवराज बना।

मलुगिदेव का पुत्र लक्ष्मण था, जो युवराज बना।

"५४(५५) भोजस्तु भूमीरमणस्तनूजमनाप्तवानेव सुरेश्वरेण।
निन्य दिवं मन्युपरंपराभिर्मीपिन तस्य स्वप –"

"भोजस्तु भूमीरमणस्तनूजम् "— भोजराज ने भूमि के रमण (अर्थात राजा) का पुत्र प्राप्त किया।

"अनाप्तवान् एव सुरेश्वरेण"— या तो वह देवताओं द्वारा प्राप्त किया गया पुत्र था, अथवा उसके पुत्र को देवराज (इंद्र?) ने बुला लिया (दिवंगत)।

"निन्य दिवं मन्युपरंपराभिः "— क्रोध की परंपरा या युद्ध में देवता के द्वारा स्वर्ग पहुंचा दिया गया।

मीपेन तस्य स्वप[...] — उसका शत्रु या प्रतिद्वंदी राजा (मीप / मिप = possibly मिप्र / मिप्रति / मिप्र = राजा)।

यहाँ संभवतः भोजराज और उसके पुत्र का उल्लेख है, जिसे युद्ध (मन्यु) में किसी अन्य राजा द्वारा पराजित कर स्वर्ग भेज दिया गया (मार दिया गया)।

पंक्ति [22]

"तस्य स्वपदे आपहारात्..." या "तस्य स्वपदं आपहारात्–उस (राजा) का स्वपद (राज्य / स्थान / जीवन) हर लिये जाने पर...

[पिछली पंक्ति के अंतिम शब्द और इस पंक्ति के प्रारम्भिक शब्द को जोड़ने से निकला संभावित अर्थ]

"दापहारात ५५(५६) राज्ञस्तस्य प्रक्टमहसो लक्ष्मणस्योनकीर्तेर्जामात - U U कुलजना - U श्रीरामचंद्रः।जातस्त्राता फणिकुलभुवां भूभुजां कीर्तिलक्ष्म्योः सम्यगनीतो विवाहविभवः - U - - - -प्रभूतः।"

"राज्ञस्तस्य प्रक्टमहसो लक्ष्मणस्य "— उस अत्यंत प्रसिद्ध राजा लक्ष्मण का...
"नकीर्तेर्जामात [...] श्रीरामचंद्रः "— किंचित अस्पष्ट, परंतु स्पष्ट है कि श्रीरामचंद्र उसका जामाता (दामाद) था।
"जातस्त्राता फणिकुलभुवां "— वह फणिकुल (नागवंश) की भूमि का रक्षक/पालक बना।
"भूभुजां कीर्तिलक्ष्म्योः सम्यक् अनीतः विवाहविभवः—-प्रभुतः"— वह कीर्ति और लक्ष्मी की समृद्ध परंपरा में विवाह द्वारा सम्मिलित हुआ।

लक्ष्मण राजा के जामाता श्रीरामचंद्र थे। उन्हें विवाह के माध्यम से फणिकुल वंश में सम्मिलित किया गया और उन्होंने राज्य की रक्षा का दायित्व उठाया। वह कीर्ति और लक्ष्मी (यश और समृद्धि) के प्रतीक रूप में राजा बने।

"५६ (५७) ततः नयज्ञैः साचिवैः कुलस्य फणीभीतुः पल्लविकाभिवृद्ध्यै। शुभमुहूर्ते सुकृत्तैः प्रजानां राज्येऽभिषिक्तः खलु रामचंद्रः।"

"नयज्ञैः साचिवैः "— नीति और यज्ञों के जानकार मंत्रियों द्वारा।
"कुलस्य फणीभीतुः पल्लविकाभिवृद्ध्यै" — नागवंश की समृद्धि और विस्तार के लिए।
"शुभ मुहूर्ते सुकृत्तैः प्रजानां "— शुभ समय में, प्रजा की भलाई हेतु।
"राज्येऽभिषिक्तः खलु रामचंद्रः "— रामचंद्र का राज्याभिषेक हुआ।

राजनीतिक और धार्मिक सलाहकारों की देखरेख में, रामचंद्र को शुभ मुहूर्त में राज्याभिषेक करके राजा बनाया गया। उद्देश्य था नागवंश (फणिकुल) की उन्नति और प्रजाजनों की भलाई।

"५७ (५८) आशिषामदाताः पश्चा -"

पंक्ति [23]

"आशिषामदाता: पश्चा -द्रामस्यारुरुहुः शिरः । पूव्र्वमव गिरींद्राणां विपदा"

आशीर्वादों के दाता उस राजा ने, पश्चात् द्राम (रामचन्द्र) ने राजसिंहासन पर आरोहण किया।
किन्तु जैसे पूर्वकाल में पर्वतराजों पर विपत्तियाँ आती थीं, वैसे ही (उस पर भी कठिनाइयाँ आईं)।

[पिछली पंक्ति के अंतिम शब्द और इस पंक्ति के प्रारम्भिक शब्द को जोड़ने से निकला संभावित अर्थ]

"५८(५९) [प्राप्त]रामचन्द्रे पत्यो धरित्रीपरिमोदम । वियोगारवेदं रघुवंशकेतो श्चिराव्दिस्मार सपा ।"

"रामचन्द्रे पत्यो धरित्री परिमोदम् "— राजा रामचंद्र को पाकर धरती (पृथ्वी) अत्यंत आनंदित हुई।

"वियोगारवेदं रघुवंशकेतुः चिराद् विस्मार [सदा]"
रघुवंश के ध्वज समान रामचन्द्र ने लोगों के वियोगरूपी शोक को दीर्घकाल के बाद समाप्त कर दिया।"

"५९(६०) विलेशयत्वं द्विधा वास्ति न रामचन्द्रे।
फणीवंश प्रकटीकृयार्थं हालाहलं केवलमस्य मडगे।"

"विलेशयत्वं द्विधा वास्ति न रामचन्द्रे" — रामचंद्र में कोई द्वैधता (विभाजन, संदेह, कमजोरी) नहीं थी।
"फणीवंश प्रकटीकृयार्थं "— नागवंश को उजागर करने के लिए,
"हालाहलं केवलम् अस्य मडगे "— केवल वह (राजा) ही 'हालाहल' (विष) को अपने अंदर समाहित करने वाला था।

यहाँ रामचंद्र की तुलना शिव से की गई है — जैसे शिव ने सृष्टि की रक्षा के लिए हालाहल (विष) पिया था, वैसे ही रामचंद्र ने नागवंश की रक्षा व प्रतिष्ठा के लिए सभी कठिनाइयाँ स्वयं सह लीं, पर वंश की छवि को प्रकाशमान रखा।

"६० (६१) सु(शुक्रे) भांवि (वि) - ------------ कामूत्सुमगा
पुरंध्री या सूत पुत्र -"

"सुभम्बिका नामक स्त्री/देवी, जो कामोत्सुंगा (कामोन्मादिनी) कही गई है, वह एक पुरन्ध्री (युवती नारी) थी और सूतपुत्री (सूत जाति से उत्पन्न) थी।"

संभवतः इस भाग में भविष्यवाणी, रामचंद्र की पत्नी, या उसके उत्तराधिकारी की चर्चा हो रही थी, लेकिन वह अपूरणीय है।

पंक्ति [24]

"६१ (६२) त्रितयं [...] । यथैव वेदत्रितयं त्रिलोकीं दयाति [...]
[...] डदेवनामा फणीश राज्यार्णविकर्णधारः।"

"त्रितयं२ — त्रैविध्य, अर्थात तीन वेद / तीन रूप / तीन गुण आदि की ओर संकेत।
"यथैव वेदत्रितयं त्रिलोकीं दयाति" — जैसे तीन वेद (ऋक्, यजुः, साम) तीनों लोकों में धर्म का विस्तार करते हैं...
"फणीश राज्यार्णविकर्णधारः" — "डदेवनामा" (संभवतः '....देव' कोई राजा का नाम) फणीश (नागराज) था जो राज्यरूपी समुद्र का 'कर्णधार' (नाविक / शासक) था।

तात्पर्य: यह राजा तीन वेदों की तरह तीनों लोकों में धर्म की प्रतिष्ठा करता है। उसका कार्य राज्यरूपी समुद्र का संचालन करना है — वह कुशल, धार्मिक, और शक्तिशाली शासक है। उसकी तुलना वेदों से और समुद्र-नाविक से करना उसकी व्यापकता और धर्मपरायणता को दर्शाता है।

"६२ (६३) यश्चंदनाहीं च भुजद्वयेन [...] धन्यां विका हैहयवंशजाता रामस्य राज्ञः खलु धर्मपत्नी।
पुंसै च योगं प्रकृति प्रमन्ना प्रसूता या त्रींस्तनयान्गुणान्वा।"

यश्चंदनाहीं च भुजद्वयेन [...] — जिसने चंदनादि (या चंदन नामक राजा/शत्रु) को अपने दोनों भुजाओं से पराजित किया।
"धन्यां विका हैहयवंशजाता रामस्य राज्ञः खलु धर्मपत्नी।"
हैहयवंश में उत्पन्न धन्यांबिका नाम की राजकुमारी, राजा राम (रामचन्द्र) की धर्मपत्नी थी।"
पुंसै च योगं प्रकृति प्रमन्ना — प्रकृति के अनुरूप उत्तम पौरुष का संगम (संभोग)।
प्रसूता या त्रीन् तनयान् गुणान्वान् — उसने तीन गुणवान पुत्रों को जन्म दिया।

राजा रामचंद्र की पत्नी हैहय वंश से उत्पन्न थी, जिसका नाम (संभवतः) धन्यांबिका था। वह न केवल कुलीन थी बल्कि धार्मिक भी थी, और उसने तीन गुणवान पुत्रों को जन्म दिया। यह उत्तराधिकार की ओर संकेत करता है।

"६३ (६४) तेष्वर्जुनोभूतप्रथ-

"तेषु अर्जुनो भूतः प्रथ[...] "— उन पुत्रों में से "अर्जुन" नामक पुत्र प्रमुख / प्रसिद्ध हुआ।

तीनों पुत्रों में 'अर्जुन' नाम का पुत्र विशेष रूप से प्रसिद्ध और संभवतः उत्तराधिकारी बना।

पंक्ति [25]

"६४ (६५) मं कुमारो वीं रावधृतार्जुनवीं रकीर्त्तिः
— — U — U — U —, — U — U — नंद्यसत्त्वो ।"

"कुमारो" — राजकुमार, अर्थात रामचंद्र के पुत्र।

"वीं रावधृत-अर्जुन-वीं र-कीर्त्तिः "— जिसकी वीं रता इतनी थी कि वह अर्जुन (महाभारत का नायक) की भी कीर्ति को लांघने वाली थी।
"नंद्यसत्त्वो "— जिसका स्वभाव आनंदकारी (नंदन-सा), शुद्ध और दृढ़ था।

रामचंद्र के पुत्र को एक महान वीं र, अर्जुन से भी अधिक कीर्तिवान, और धीर-गंभीर स्वभाव का बताया गया है। यह उसे एक आदर्श राजकुमार की तरह प्रस्तुत करता है।

"६५ (६६) वन्यारा [मां] विकाराज्ञी — रामस्य गजगामिनी ।
लक्ष्मी ब्रह्म — U — U — फणिवंशाधिचंद्रमाः ।"

वन्या रामाम्बिका, जो विकारों की अधिष्ठात्री और राम की गजगामिनी (हाथिनी जैसी चाल वाली पत्नी/देवी) थीं....... लक्ष्मीब्रह्म.......... फणिवंश के चंद्रमा (यानी शोभा-स्वरूप)......।

"६६ (६७) रामनृपवल्लाभान्या भिल्लांवा वल्लिकेव पल्लविनी।हर्षपालः फलमस्यां दृष्ट्येवार्तिं मिनत्ति यो विदुषां ।"

"रामनृपवल्लाभान्या" — रामराजा की प्रिय रानी (वल्लभा)।
"भिल्लां वा (बा) वल्लिके व पल्लविनी" — वह रानी भिल्लाम्बा वल्लिका की तरह एक पल्लव (लता) पर खिली हुई थी।
"हर्षपालः फलम् अस्यां "— उस रानी से उत्पन्न "हर्षपाल" नामक पुत्र था।
"दृष्ट्येवार्तिं मिनत्ति यो विदुषां" — जिसका केवल दर्शन ही विद्वानों की पीड़ा को समाप्त कर देता था।

रामचंद्र की प्रिय रानी भिल्लाम्बा से हर्षपाल नामक पुत्र का जन्म हुआ, जो ज्ञानीजनों की मानसिक पीड़ा का निवारण करने में सक्षम था — अर्थात, वह अत्यंत सद्‌गुणी, न्यायी, और ज्ञानप्रिय राजा बना।

"६७ (६८) कमलजवंशस [...]

कमलजवंशस — ब्रह्मा (कमलज) के वंशज, या ब्राह्मण वंश का उल्लेख, अथवा राजसी दिव्यता को दर्शाने वाला विशेषण।

पंक्ति [26]

६७ (६८)
"मुत्या पद्मा पद्मेव रामनृपपत्नी यस्याः ....
..........नातन्वी रामचंद्रमुपागता । ....ताः कुंडलिनी पन्नगदि........तथा ।"

"कमलजवंशसमुत्पन्न्या "— कमल (पद्म) वंश से उत्पन्न (जन्मी/वंशजा)।
"पद्मा पद्मेव" — पद्मा (नाम-स्त्री) — जैसे-कि स्वयं पद्म (अर्थात् 'पूरी तरह पद्म समान')।
"रामनृपपत्नी" — राम नामक नृप (राजा) की पत्नी (रानी)।
"यस्या / यस्याः "— 'जिसकी
"नातन्वी रामचंद्रमुपागता "— संकुचित (या पतली/सुकोमला) नारी/देवी /लता रामचन्द्र के पास पहुँची।
"ताः कुंडलिनी पन्नगदि...तथा" —वह स्त्री "कुंडलिनी" की तरह थी, और "पन्नग" (सर्प / नाग) जैसे शक्ति-प्रतीकों से जुड़ी थी।

[बालचंद्र जी के अनुसार पद्मा के बाद यहाँ सम्भवतः नागवंश में जन्मी एक और रानी का जिक्र है जिसका नाम 'भ' से शुरू होता है]

"६९ (७०) रमां पुरोहितः प्राज्ञः । देवौ हरिहर संज्ञौ यस्मिन्नामच्छलेन संविष्टौ ।"

"रमां पुरोहितः प्राज्ञः "— 'रमा' (शायद राम) का पुरोहित 'प्राज्ञ' (बुद्धिमान, ज्ञानी) था।
"देवौ हरिहर संज्ञौ यस्मिन् नामच्छलेन संविष्टौ "—उस व्यक्ति (या स्थान) में हरि (विष्णु) और हर (शिव) दोनों ही नामरूप से विद्यमान हैं। [अर्थात उसका नाम हरिहर है।]

"संस्तंभनोच्चाटनमोहनेषु विद्रावणा कर्षवशीकृ (क्रि) यासु"

संस्तंभन, उच्चाटन, मोहन, विद्रावण, आकर्षण और वशीकरण जैसी क्रियाओं में...[दक्ष था]

पंक्ति [27]

"७० (७१) विधांगविव्दैरिमहीपतीनां रत्न U - - UU - U –"

"विधाङ्गवित् + द्वैः "— जो वेद, वेदांगों और शास्त्रों में पारंगत हैं।
"महीपतीनां रत्न "— राजाओं में रत्न।

वह शास्त्रज्ञ, धार्मिक परंपराओं में पारंगत, और अन्य राजाओं में रत्न समान था।

७१ (७२) ....महान्क्षतविवले - - रा - त्यर्थि - - । जगज्योतिरिति प्रसिद्धः ।

"महान् क्षतविवले... "— संभवतः "महान्, जो युद्ध में अजेय था", या "जिसके द्वारा शत्रु क्षत-विक्षत हुए"।
"राज्यार्थिनां... "— राज्य की याचना करने वालों के लिए हितकारी / सहायक।
जगज्योतिः इति प्रसिद्धः — "जगज्योति" (संसार का प्रकाश) नाम से प्रसिद्ध।

यह न केवल शस्त्रबल से शक्तिशाली था, बल्कि प्रजा के कष्टों को हरने वाला, और विख्यात प्रकाशपुंज (धर्म और न्याय का प्रतीक) भी था। सम्भवतः यह राजा न होकर पशुपति सम्प्रदाय का उपदेशक है।

"७२ (७३) वीं यौंज्झितानां पशुवृत्तिभाजां योऽयं विभुः पालयिता न हंता ।"

"वीं र्य-उज्जितानां "— जिनमें शौर्य का अभाव है।
"पशुवृत्तिभाजां "— जो पशु-सदृश व्यवहार करते हैं।
"योऽयं विभुः पालयिता न हंता "—यह विभु (राजा) केवल पालक है, संहारक नहीं।

यह राजा दंडप्रिय नहीं, बल्कि धर्मप्रिय है। वह पशुवृत्ति वाले भीरुओं को भी मारता नहीं, केवल पालन करता है। यह एक अत्यंत करुणाशील, नीति परायण शासक का स्वरूप है — जो हिंसा में नहीं, शिक्षा व न्याय में विश्वास रखता है।

"ऋषयो मुदिताः श्रुतैः पुराणैः सर्वजने भू-रिहा ------"

"ऋषयः मुदिताः" — ऋषि (संत, विद्वान) प्रसन्न हैं।
"श्रुतैः पुराणैः" — वेद और पुराणों के श्रवण/अनुकरण से।
"सर्वजने..." — सभी जनों में...।
भूरि-हा... — शायद "भूरि-हार्द्य" (अत्यंत कृपालु), "भूरि-हर्ष" (बहुत आनंद देने वाला), या "भूरि-दान" (बहु दान देने वाला)।

यह राजा वेद-पुराण में श्रद्धा रखने वाला है, जिससे ऋषि-संन्यासी संतुष्ट हैं। उसकी प्रजा सभी जातियों में उसे आनंददायक, दानवीं र, न्यायी के रूप में देखती है।

यहाँ स्पष्ट रामचंद्र अथवा उसका कोई विशेष उत्तराधिकारी (संभवतः हर्षपाल या कोई उसके बाद का नृप) और सम्भवतः पशुपति सम्प्रदाय के उपदेशक जगज्योति की प्रशंसा है।

पंक्ति [28]

"७३ (७४) नैर्गुणा............ प्रभवैः...............।
यस्य - चित्रकीर्तिस्तुष्टास्तिविटपरा . . मुरहं - -। नु शिरोविघृतैः सौभिः ।"

"नैर्गुणा... प्रभवैः "—राजा के "नैर्गुण्य" या "निस्वार्थ भाव" से उत्पन्न "प्रभावों" (सत्कर्मों) का बखान।
"यस्य चित्रकीर्तिः" —जिसकी कीर्ति चित्रवत् (वर्णनातीत या दर्शनीय) है।
"तुष्टास्ति विटपरा..." —संभवतः "विटपराः" = वृक्ष की शाखाएँ / देवता / ऋषिगण, जो राजा की कीर्ति से संतुष्ट हैं।
मुरहं... शिरोविघृतैः सौभिः —

"मुरर्ह" शायद "मुनिः" (ऋषि), या "मुरारि" (विष्णु)। "शिरोविघृतैः सौभिः" — संभवतः "उसकी भव्यता से सिर झुकाए जाते हैं" या "उसके सौंदर्य से मस्तक आभायुक्त होते हैं।"

यह अंश राजा[सम्भवतः रामचंद्र] की महान भक्ति, विवेकशीलता और भव्य कीर्ति का बखान करता है। उसकी प्रसिद्धि इतनी फैली हुई है कि ऋषि, देवता, और प्रजाजन सभी उससे प्रसन्न हैं। "चित्रकीर्ति" और "शिरोविघृतैः सौभिः" जैसे शब्द दिव्य और ऐश्वर्ययुक्त छवि की पुष्टि करते हैं।

"७४ (७५) पूर्वस्यां दिशि चतुरापुरस्य तस्य प्रासादः फणिपतिवंशराजेन तेन । शंकर्याः सुरसरी—"

"पूर्वस्यां दिशि चतुरापुरस्य "—चतुरापुर (शहर) की पूर्व दिशा में...
"तस्य प्रासादः "—उस (राजा) द्वारा निर्मित एक महल/मंदिर...
"फणिपतिवंशराजेन तेन" —फणिपति (नाग) वंशीय उस राजा द्वारा निर्मित।
"शंकर्याः सुरसरी"—शंकर (शिव) की सुरसरी (गंगा) से संबंधित या समीप स्थित।

यह खंड स्पष्ट करता है कि यह फणिपति वंश के एक राजा (रामचंद्र)द्वारा एक विशिष्ट नगर "चतुरापुर" की पूर्व दिशा में निर्मित प्रासाद/मंदिर/धार्मिक केंद्र का वर्णन है।

"शंकर्याः सुरसरी" — यह शिव और गंगा दोनों की उपस्थिति को दर्शाता है, शायद कोई शिव मंदिर, या गंगा तट पर स्थित शैव तीर्थ।[शंकरी/, सकरी नदी जिसके तट पर मंदिर है, का संकेत हो सकता है]

पंक्ति [29]

"७५ (७६) त ...ला... मम्मानि ... यडवौनक ... मुकुटसीकररज ... द्रुमाश्चंद्रकान्तद्युति रूपेण विलोल व्यैजयंती त्रिमार्गः।"

"मुकुट-सीकर-रज... "—मुकुटों से झरते हुए स्वेद या चूर्ण (राजाओं के मस्तक से गिरा चूर्ण), जो सम्मान के प्रतीक हैं।
"द्रुमाः चंद्रकान्त-द्युति-रूपेण "—वृक्ष (द्रुम) चंद्रकांत मणि की ज्योति के समान दीप्तमान हैं।
"विलोल व्यैजयंती त्रिमार्गः "—त्रिमार्ग (तीन मुख्य रास्तों) में व्यैजयंती (विजय का प्रतीक हार) की तरह विलोल (लहराता हुआ)।

यह अंश सम्भवतः धार्मिक स्थल[मड़वा महल मंदिर] की सड़कों / मार्गों का वर्णन कर रहा है, जो राजकीय वैभव और प्राकृतिक सौंदर्य से भरपूर हैं। यह पौराणिक शैली में नगरी का श्रृंगार करता हुआ वर्णन है — जहाँ वृक्ष भी मणियों से दीप्त हैं और मार्ग विजयमालिका जैसे लहराते हैं।

"७६ (७७) तेन......र्य स्वयं व्योमकेश । रामेश्वरं तत्र पतिं पशूनां रामः प्रतिष्ठापितवान् नृपालः ।सौप्यत्र सांनिध्यप—"

"तेन ...र्य स्वयं व्योमकेश "—व्योमकेश = आकाशकेश = शिव। राजा द्वारा स्वयं शिव की आराधना या स्थापना की ओर संकेत।
"रामेश्वरं तत्र पतिं पशूनां "—राम ने वहाँ 'रामेश्वर' (शिव — पशुपतिनाथ) की प्रतिष्ठा की। "पतिं पशूनाम्" — यजुर्वैदिक नाम शिव का।
"प्रतिष्ठापितवान् नृपालः "—राजा ने शिवलिंग की विधिवत प्रतिष्ठा की।
"सौप्यत्र सांनिध्यप"—"सौप्य" = सौम्यता / सुख / मोक्ष। "सांनिध्य" = समीपता। संभवतः यह बताता है कि वहाँ शिव का विशेष सांनिध्य प्राप्त होता है — मोक्ष स्थान।

इस अंश से स्पष्ट होता है कि राजा रामचंद्र शैव उपासक थे। उन्होंने रामेश्वर (शिवलिंग) की स्थापना की थी। यह स्थान शायद उनके राज्य की पूर्व दिशा में स्थित चतुरापुर नगर में था (जैसा कि खंड 28 में उल्लेखित)उन्होंने न केवल राजनीति में, बल्कि धर्म और साधना में भी विशेष रुचि दिखाई।

पंक्ति [30]

"७७ (७८) .... वापिका ....।

आचार्यः पशुपतिमतादिघ- - संज्ञ कला विहुंमी राख्यो
गुरूरयमभूत्तापसो घीरचेताः।"

"वापिका" —यह संभवतः किसी "तालाब" या "जलाशय" (वापी) की ओर संकेत करता है, जिसे आचार्य या राजा ने बनवाया होगा।
"आचार्यः" —यहाँ किसी उच्चकोटि के गुरु / संत की बात हो रही है।
"पशुपतिमतः "—पशुपतमत= एक प्राचीन शैव दर्शन परंपरा, जो शिव को 'पशुपति' रूप में मानती है।
"अधिघ... संज्ञ कला विहुंमी "—शब्द संभवतः "अधिगत-संज्ञा-कला-विनिर्मी" (या "विहारी") जैसा कुछ हो सकता है, जिसका अर्थ हुआ — "जिन्होंने पशुपतमत की तत्वचर्चा या कलाओं का बोध प्राप्त किया था।"
"राख्यः" —संभवतः "राख्य" = प्रसिद्ध या विख्यात।
"गुरुः अयम् अभूत् तापसः धीर्चेताः" —यह व्यक्ति एक तपस्वी था, जिसमें गंभीर चिंतन और तपस्या का तेज दोनों था। वह "गुरु" के रूप में विख्यात हुआ।

"७८ (७९) यस्मिन्नाथाः निधिषु निरते पीतयोस्तं प्रजभ्युः।
शैप्वालकृति वृत्त्या फु(कु)लगुरू रैहिराज उयष्टसौरि हत्रौ?"

"यस्मिन् नाथाः निधिषु निरते पीतयोः तं प्रजभ्यः "—यह गुरु उन निधियों (शास्त्र, तत्वज्ञान, या सांस्कृतिक धरोहर) में रत थे जो उनके पितृकुल से आई थीं; उन्होंने इन्हें प्रजाजनों को प्रदान किया।
"शैप्वालकृति वृत्त्या" —"शैव" + "पालकृति" + "वृत्त्या" — अर्थात् "शैवधर्म की रक्षा और पालन ही जिनका कार्य था।"
"कुलगुरुः "—यह स्पष्ट करता है कि वह व्यक्ति राजवंश का कुलगुरु था।

"रैहिराज उयष्टसौरि हत्रौ ?"—यहाँ पठन अस्पष्ट है। "रैहिराज" संभवतः किसी विशेष राजा का नाम [अहिराज?]या उपाधि है।
"उयष्टसौरि" — शायद "उयष्ट" = प्रतिष्ठित, "सौरि" = सूर्यवंशी/वीं र।
"हत्रौ" = स्थल, स्थान या संभवतः कोई भूभाग।

यह ऐसे तपस्वी-शैव आचार्य का वर्णन करता है जो पशुपतिमत के तत्वों का ज्ञाता था, राजवंश का कुलगुरु था, और उसने धार्मिक निधियों को

जनसामान्य में बाँटकर राजा के राज्य को धार्मिक दृष्टि से समृद्ध बनाया। यह अंश धर्म और सत्ता के समन्वय का अद्‌भुत प्रमाण है।

पंक्ति [31]

"-वि न - षाः प्रतिष्ठा......सो-रागाभ गया :।७९(८०)
सुरभिस्तरुतटप्ररूढविट-काया निविष्टा स्वर्ग पुराशीः
प्रतिमोदनोधत........... कल्लोल दोर्दंड.............मेश्य...........
मापिकेयां........ माधुरी समजहन्पद्माकरः पावनः । ८० (८१)
रामस्य राज्ञी वाचांवा (बा) तत्रैव गुणशालिनी भर्तुः स्वधम्र्म."

"प्रतिष्ठा ... सोरागाभगयाः"
सम्भवतः किसी देवी या प्रतिष्ठा-विधान का उल्लेख है, "सौरागा-भगयाः" शायद "सौरागाभ गता" (किसी देवी या तीर्थ की उपाधि)।
"सुरभिस्तरुतट-प्ररूढ-विटपकाया निविष्टा"
— सुगंधित वृक्षों के तट पर फैली हुई शाखाओं से युक्त वह वापिका (तालाब) स्वर्गपुरी समान प्रतीत होती थी।
"प्रतिमोदनोद्धता"
— देखने पर हर्ष/आनन्द देने वाली।
"कल्लोल-दोर्दण्ड ..."
— तरंगों की भुजाओं के समान उठती जल-लहरियाँ।
"मापिकेयां माधुरीम् समजहन् पद्माकरः पावनः"
— उस वापिका (मापिका) में कमलों का सरोवर (पद्माकर) पवित्र था और उसमें माधुर्य का अनुभव हुआ।
"रामस्य राज्ञी वाचां वा (बा) तत्रैव गुणशालिनी"
— राजा राम की रानी वाचम्बा वहीं पर वाणी में गुणशालिनी कही गई है।
"भर्तुः स्वधर्म ..."८१ (८२
— अपने पति (भर्ता) के धर्म के अनुसार आचरण करने वाली।

पंक्ति [32]

"... र्यप्र - दि ... दिवं श ... मचंद्रस्य यो ... पितुः ... रस्य देवालयं भक्त्या ।८२ (८३) भोगाय भोगीश्वर भूषणस्य ... राम ... वह्वर्थशस्यो

रजपुराभिधोन्यः ।८३ (८४) तन्नाग्रहारद्वितयं वितीर्णः विदाभिधानस्य नृपोत्तरपेन। महेश नाम्ने द्विजपुंगवाय कुम्भीपुर ...”

“...र्यप्रदि... दिवं श... मचंद्रस्य यो ... पितुः ... रस्य देवालयं भक्त्या।”

यह अंश किसी पुत्र द्वारा अपने पिता की स्मृति में एक देवालय (मंदिर) के निर्माण या प्रतिष्ठा की ओर संकेत करता है।
"मचंद्रस्य" (संभवतः 'रामचंद्रस्य') – संभवतः उस राजा का नाम जिसने यह मंदिर बनवाया।
"देवालयं भक्त्या" – श्रद्धा से निर्मित मंदिर, जो धार्मिक कर्तव्य को उजागर करता है।

८२ (८३): “भोगाय भोगीश्वर भूषणस्य ... राम ... वह्नर्थशस्यो रजपुराभिधोन्यः।”

यहाँ 'भोगाय भोगीश्वर भूषणस्य' – संभवतः यह बताता है कि यह मंदिर या स्थान न केवल पूजन के लिए था, बल्कि संपत्ति सहित उपयोग (भोगराग) हेतु इसे 'रजपुरा' ग्राम दिया गया था।

“८३ (८४): “तन्नाग्रहारद्वितयं वितीर्णः विदाभिधानस्य नृपोत्तरपेन।”

"नाग्रहारद्वितयं" – दो आग्रहार (ब्राह्मणों को दिए गए करमुक्त गाँव)।
"विदाभिधानस्य नृपोत्तरपेन" – यह दान राजपुत्र द्वारा एक ब्राह्मण को दिया गया, जिसका नाम "विदा" था (संभवतः बिदा /विदा जैसा कोई नाम अथवा विद्वान)।
"वितीर्णः" – दिया गया, प्रदान किया गया।
“महेश नाम्ने द्विजपुंगवाय कुम्भीपुर ...”
"महेश" नामक श्रेष्ठ ब्राह्मण (द्विजपुंगव) को यह भूमि कुम्भीपुर दान में दी गई।

महेश नामक ब्राह्मण को कुम्भीपुर [ग्राम]अग्रहार के रूप में दिए जाने का उल्लेख है।

पंक्ति [33]

"८४ (८५) त्व ....ता क - भिक्रांत संताप• • भिधे इत्यमंगला....... वोपदेवराजतनयो। ८५ (८६) योस्मिन्परा - विजाणपति ....रामचंद्रः ।पूजाहितोः किमपि यदिहोद्दंकितं चंद्रमौले: धर्म: साधारण इतिधियां पालयध्वम् परीक्ष्य। ८६ (८७) चंद्रा........"

८४ (८५): "...क-भिक्रांत संताप... इत्यमंगला... वोपदेवराजतनयो..."

यह पंक्ति किसी वोपदेवराज नामक व्यक्ति के पुत्र की चर्चा करती है, जिसका संदर्भ नष्ट हो गया है।

"संताप..." और "अमंगला..." जैसे शब्द संभवतः राजनीतिक या सामाजिक अशांति को दर्शाते हैं, जिससे यह राजा उबरा या जिसे उसने पराजित किया।

८५ (८६): "योस्मिन्परा - विजाणपति ....रामचंद्रः ।"

"योस्मिन् परा..." – संभवतः यह पंक्ति रामचंद्र की उत्कृष्टता, धार्मिक विद्वत्ता या राज्य-नीति में पारंगतता का उल्लेख करती है।
"विजाणपति" – विद्वानों के स्वामी, या शायद ज्ञानी राजा।

"पूजाहितोः किमपि यदिहोद्दंकितं चंद्रमौले: धर्मः..."

"पूजाहितोः" – पूजा हेतु जो कुछ भी यहाँ किया गया,
"चंद्रमौले:" – भगवान शिव (जिनके सिर पर चंद्रमा है),
"धर्मः साधारण इति धियां पालयध्वम् परीक्ष्य" – यह सार्वजनिक धर्म है, अतः जाँच-परख कर इसका पालन करो।

सम्भवतः भविष्य के शासकों को यह सिखाया जा रहा है कि धर्म का पालन जांच परख कर, विचारपूर्वक करें।

पंक्ति [34]

"८७ (८८) रक्ष्ये शुभे मासे शरदाश्वयुजे तिथौ ....दशम्यां ....मेकास्पदा प्रासादः फणिवंशभूषण भूषणम् ....केतने ।८८ (८९) दाक्षिणात्येन दक्षेण कविताकल्पसंविदा विट्ठलेन .... प्रशस्तिः पावनी [कृता]।

"रक्ष्ये शुभे मासे शरदाश्वयुजे तिथौ दशम्यां..."
यह पंक्ति स्पष्ट रूप से तिथि को निर्दिष्ट करती है:
"शरदाश्वयुज मासे दशमी तिथि" – यानी आश्विन मास की दशमी तिथि, जो हिंदू पंचांग के अनुसार शरद ऋतु में आती है।
"रक्ष्ये शुभे" – शुभ वर्ष या संभवतः संवत्सर नाम का उल्लेख।

यह दर्शाता है कि शिलालेख सम्भवतः किसी पवित्र तिथि पर अभिलेखित किया गया।

"...मेकास्पदा प्रासादः फणिवंशभूषण भूषणम्..."

"मेकास्पदा प्रासादः" – यह संभवतः किसी मंदिर या राजप्रासाद का उल्लेख है जो "एक स्थान पर स्थित (एकमात्र)" है।

"फणिवंशभूषण भूषणम्" – यह उस राजा या कुल का गुणगान है जो फणिवंश (नाग वंश) का भूषण है।
८८ (८९):"दाक्षिणात्येन दक्षेण कविताकल्पसंविदा विट्ठलेन..."

यहाँ लेखक का नाम आता है:

"दाक्षिणात्य" – दक्षिण भारत से संबंधित व्यक्ति।
"दक्षेण" – कुशल।
"कविताकल्पसंविदा" – काव्य में कल्पना और अभिव्यक्ति में पारंगत।
"विट्ठलेन" – लेखक का नाम विट्ठल है।
"प्रशस्तिः पावनी कृता" –
यह प्रशस्ति (स्तुतिगाथा) विट्ठल द्वारा पावन उद्देश्य से रचित की गई है।

अभिलेख के प्रशस्तिकार का नाम विट्ठल है।

पंक्ति [35]

"......वृता ....सूनुरभवद् गोपालदेवो व (ब) लिग्राह्यं भजि.............। यस्यापा पितुर.......विक्रम........निजिर्जिता: ८९ (९०) मंत्रीस्वरो रामदेवोऽत्र राज्ये नारायणस्यां अन्वयलब्धजन्या । प्रज्ञावतां नीतिविदा ...."

"......वृता ....सूनुरभवद् गोपालदेवो" –...... का पुत्र गोपालदेव हुआ।"
"बलिग्राह्यं भजि............ - -बलिग्राह्य संभवतः बलिदान, यज्ञ या कोई पवित्र कार्य।

यह दर्शाता है कि गोपालदेव ने कुछ पवित्र या धार्मिक उत्तरदायित्व निभाया।

"यस्यापि पितुः ....विक्रम........निजिर्जिता:"
"पितुः विक्रम "= पिता का पराक्रम, विक्रम।
"निजिर्जिता:" = जिन्होंने विजय प्राप्त की।
यह सम्भवतः गोपालदेव के पिता की वीं रता और विजयों का संकेत करता है।

८९ (९०) "मंत्रीस्वरो रामदेवोऽत्र राज्ये नारायणस्यां"

"मंत्रीस्वरः "= मंत्री के समान अधिकार प्राप्त या प्रभावशाली व्यक्ति।
"रामदेवः" = किसी प्रमुख मंत्री का नाम।
नारायणस्यां अन्वयलब्धजन्या = "नारायण" वंश में जन्मे; संभवतः नारायण नामक पूर्वज से उत्पन्न।

यह एक योग्य, प्रभावशाली मंत्री "रामदेव" का परिचय है, जो राजा के शासनकाल में सक्रिय था।

"प्रज्ञावतां नीतिविदा ...."
"प्रज्ञावतां "= बुद्धिमानों में।
"नीतिविदा" = नीति (राजनीति/राजधर्म) का ज्ञाता।

यह पंक्ति मंत्री रामदेव की बुद्धिमत्ता और नीति-कौशल का उल्लेख करती है।

पंक्ति [36]

"... य............त्यस्तरुः ९० (९१) राज्ञा लक्ष्मणहे............हीमदेवः............ तस्य रामचंद्रस्य सम्पत्तं (तम्) ९१ (९२) सेवदेव........... ९२ (९३) शिल्पशास्त्रप्रवीं णेन हस्तकौशलशालिना ।महादेवेन धीरेण कृतो देवा...... ९३ (९४)।"

"...त्यस्तरुः"
"त्यस्तरु "= सम्भवतः "त्यक्ततरु" (छाया त्याग देनेवाला वृक्ष) या संदर्भ में किसी वृक्ष या स्थान विशेष की बात हो रही है।

"९० (९१) राज्ञा लक्ष्मणहे............हीमदेवः............"
राज्ञा लक्ष्मणहेति... हीमदेवः"
सम्भवतः यह राजा लक्ष्मणदेव का उल्लेख है, और हीमदेव उनका पुत्र/उत्तराधिकारी या किसी प्रकार से संबंधित है।

"तस्य रामचंद्रस्य सम्पत्तं (तम्)"

"रामचंद्रस्य सम्पत्तम् "= रामचंद्र की संपत्ति या उनकी शासन-प्राप्ति। यह रामचंद्र की वंश परंपरा या उत्तराधिकार की पुष्टि हो सकती है।

"९१ (९२) सेवदेव..........."
सेवदेव = सम्भवतः एक अन्य वंशज या प्रशासक का नाम।

"९२ (९३) शिल्पशास्त्रप्रवीं णेन हस्तकौशलशालिना।"
"शिल्पशास्त्रप्रवीं णेन "= वास्तु या मूर्तिकला में निपुण।
"हस्तकौशलशालिना "= दक्ष हाथों वाला।

यह बताता है कि यह कार्य (शायद मंदिर निर्माण, मूर्ति निर्माण या भवन निर्माण) किसी अत्यंत कुशल कलाकार द्वारा किया गया।

"महादेवेन धीरेण कृतो देवा......"
महादेवेन धीरेण = 'महादेव' नामक एक 'धीरेण' (बुद्धिमान या धैर्यशील) व्यक्ति द्वारा।
"कृतो देव..." = 'देवालय', 'देवप्रतिमा' या अन्य कोई देव संबंधित निर्माण कार्य।

मंदिर का वास्तुकार महादेव था।

पंक्ति [37]

"..................णगुणशालिना । व्यास............. ९४(९५)........... विक्रम शक १४०६ जय........ तौभिलः। ९५ (९६)"

"...णगुणशालिना । व्यास..."

"गुणशालिनी "= गुणों से परिपूर्ण स्त्री या नारी, यह संभवतः किसी रानी या महिला संरक्षिका का उल्लेख हो सकता है।

"व्यास "= व्यास ऋषि अथवा प्रशस्ति लेखन से कोई संबंध हो सकता है

"विक्रम संवत् १४०६ "=
1406 - 57 = ईस्वी 1349

"जय........ तौभिलः"

"जय..." = यह संभवतः उस समय के शासक के नाम की शुरुआत है, जैसे "जयसिंह", "जयदेव" आदि।

"तौभिलः" = यह "तोम्भिल", "तोहिल" या "तौपिल" जैसे किसी कुल या व्यक्ति का संस्कृत रूपांतर हो सकता है।

मंदिर निर्माण (प्रतिष्ठा) समय का स्पष्ट उल्लेख है।

★ पंक्ति क्रमांक [13-14] में उल्लेख है "अहिराज का पुत्र राजल्ल हुआ। राजल्ल का पुत्र धरणीधर हुआ।धारल्ल देव ने राज्य को धरणीधर नामक उत्तराधिकारी को सौंप दिया। उसके बाद महिमदेव ने धारल्ल को पराजित किया। "

इसका विश्लेषण बालचंद्र जी इस तरह करते हैं कि अहिराज के बाद राजल्ल उत्तराधिकारी हुआ।सम्भवतः राजल्ल के मृत्यु के समय उसके पुत्र धरणीधर व्यस्क नहीं हुए थे इसलिए धारल्ल को शासन सौंप दिया गया जो राजल्ल का भाई प्रतीत होता है। बाद में धरणीधर के व्यस्क होने पर भी उसके चाचा धारल्ल सम्भवतः उसको सत्ता नहीं सौंप रहे थे इसलिए महिमदेव (राजल्ल का ही दूसरा नाम रहा होगा) ने उसे पराजित कर सत्ता प्राप्त की होगी।

★ पंक्ति क्रमांक [18] में जसराज के कई पुत्रों उल्लेख है जिनमे अग्रज चंदनदेव और खड्गदेव थे। उनमे प्रथम राजा हुआ कन्हड़देव, उसके बाद लक्ष्मवर्मा। राज्य का युवराज बना खड्गदेव, खड्गदेव का पुत्र हुआ भुवनैकमल्ल।

बालचंद्र जी इससे निष्कर्ष निकालते हैं चन्दनदेव ही सम्भवतः कन्हड़ देव है और खड्गदेव ही लक्ष्मवर्मा।

★ पंक्ति क्रमांक 32 में उल्लेखित ग्राम 'कुम्भीपुर' जो महेश नामक ब्राह्मण को अग्रहार के रूप में दिया गया था, उसका पता अभी तक नहीं चल पाया था। हमें सर्वेक्षण के दौरान भोरमदेव से लगभग 5-6 कि. मी. दक्षिण स्थित ग्राम राजानवगांव के निवासी श्री जनपद पटेल (आयु लगभग 60) ने बताया कि कवर्धा रियासत के राजा द्वारा जब राजानवागांव को बसाया गया (1751 ई. के लगभग) तो यह गाँव तीन ग्रामों को मिलाकर बसाया गया था। (1) कापा -कुम्ही (2)मदनपुर और (3)वर्तमान राजानवागांव का स्थल। इनमे कापा -कुम्ही राजानवागांव के पश्चिम में वर्तमान में जहाँ पर थाना तथा हायर सेकण्डरी स्कूल है, वहाँ बसा था। मदनपुर गाँव के उत्तर में लगभग एक कि. मी. की दूरी पर बसा था।राजानवागांव के रूप में बसने से इन गाँवो का अस्तित्व मिट

गया। इनमे से ग्राम 'कुम्ही ' मड़वा महल अभिलेख का कुम्भीपुर हो सकता है क्योंकि ग्राम नाम का कुम्भी से कुम्ही हो जाना ध्वनि साम्य के दृष्टि से संभव जान पड़ता है। यद्यपि इसमें अभी और शोध अपेक्षित है।

****

1. Ahiraj

|

---

2. Rajalla	Dharalla
3. Dharanidhara	
4. Shaktichandra	
5. Gopaladeva	
6. Naladeva	
7. Bhuvanapala	

|

---

8. Kiratipala	9.Jayatrapala
	10.Mahipala
	11. Vishamapala
	12. Jahnu
	13. Jagapala
	14. Ysoraja or Jasaraja deva

|

15.Chandana. (Kanhadadeva)	16. Khadagdeva (Lakshmavarman)
17x Vijjana	17.Bhuvanaikmalla
Vijjana	18.Arjun
Malugideva	19.Bhima
Lakshmana.	20.Bhoja
21.Ramachandra	

वंशावली [बालचंद्र जैन]

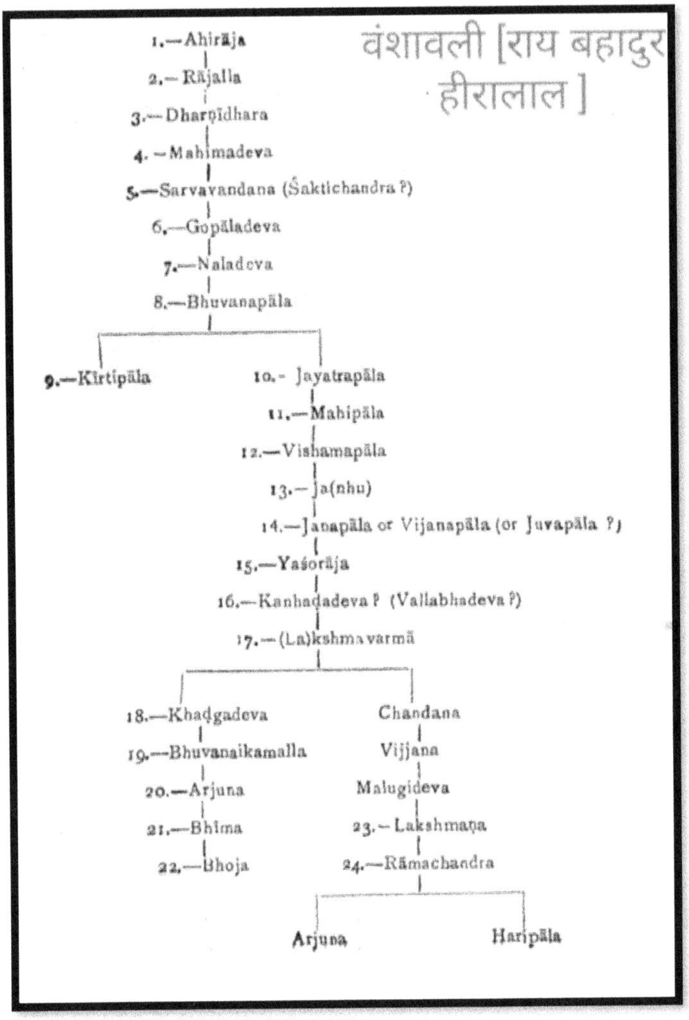
वंशावली [राय बहादुर हीरालाल]
1.—Ahirāja
2.—Rājalla
3.—Dharṇīdhara
4.—Mahimadeva
5.—Sarvavandana (Śaktichandra ?)
6.—Gopāladeva
7.—Naladeva
8.—Bhuvanapāla
9.—Kīrtipāla
10.—Jayatrapāla
11.—Mahipāla
12.—Vishamapāla
13.—Ja(nhu)
14.—Janapāla or Vijanapāla (or Juvapāla ?)
15.—Yaśorāja
16.—Kanhaḍadeva ? (Vallabhadeva ?)
17.—(La)kshmavarmā
18.—Khaḍgadeva
19.—Bhuvanaikamalla
20.—Arjuna
21.—Bhīma
22.—Bhoja
Chandana
Vijjana
Malugideva
23.—Lakshmaṇa
24.—Rāmachandra
Arjuna
Haripāla

www.ingramcontent.com/pod-product-compliance
Lightning Source LLC
LaVergne TN
LVHW052035200926
848481LV00005B/1681
9798905401534